本书是国家社科基金项目最终研究成果

# 南非劳动法研究
## 历史、制度及个案评析

肖海英　著

**A Study of Labor Law in South Africa:**
History, System, and Case Analysis

中国社会科学出版社

图书在版编目（CIP）数据

南非劳动法研究：历史、制度及个案评析 / 肖海英著 . —北京：
中国社会科学出版社，2020.6
ISBN 978-7-5203-6369-3

Ⅰ.①南…　Ⅱ.①肖…　Ⅲ.①劳动法—研究—南非共和国
Ⅳ.①D947.825

中国版本图书馆 CIP 数据核字（2020）第 067962 号

出 版 人　赵剑英
责任编辑　宫京蕾
责任校对　秦　婵
责任印制　郝美娜

出　　　版　中国社会科学出版社
社　　　址　北京鼓楼西大街甲 158 号
邮　　　编　100720
网　　　址　http：//www.csspw.cn
发 行 部　010-84083685
门 市 部　010-84029450
经　　　销　新华书店及其他书店

印刷装订　北京君升印刷有限公司
版　　　次　2020 年 6 月第 1 版
印　　　次　2020 年 6 月第 1 次印刷

开　　　本　710×1000　1/16
印　　　张　15.25
插　　　页　2
字　　　数　258 千字
定　　　价　79.00 元

# 自 序

    非洲是世界第二大洲，它不仅幅员辽阔，而且历史悠久。在这片享有"万花筒"盛誉的黑色大陆上，非洲法律经历了由原生态的习惯法到外来法的引进，以及本土法与外来法的冲突与调适的发展演变。湘潭大学非洲法律与社会研究中心主任洪永红教授在朱伟东教授著《南非共和国国际私法研究——一个混合法系国家的视角》的"总序"中指出，非洲法研究属于非洲学与法学学科的交叉领域。西方发达国家对非洲法的研究颇多，而我国目前对非洲法的研究大多集中于以下四个方面：一是专注于非洲本土法律文化的研究，如宗教法、习惯法、大陆法和普通法；二是对非洲国家的一些部门法进行了研究，主要是宪法、诉讼法、婚姻法、刑法和民商法；三是研究涉及国别民族的国别法和民族法，如南非法、埃及法、丁卡族法等；四是积极开展与非洲国家的法律交流与合作。众所周知，非洲有 53 个国家和 6 个地区，其中南非是非洲经济比较发达的国家之一。南非与我国邦交始于 20 世纪 90 年代，随着两国在各方面的交往密切，南非一直是中国在非洲最大最重要的经贸合作伙伴。因此，我们不仅要关注南非的政治、经济的发展，更应该加强对南非法律的研究。

    我国研究南非法律的学者主要涉及的领域为南非宪法、南非民商法等。随着我国"一带一路"经贸合作模式的推进，我国也加大了对南非的投资力度，那么我国企业就需要在南非设厂和雇用员工。因此，南非劳动法的研究更显得弥足珍贵。当前，我国对南非劳动法的研究局限于对单项的劳动法律制度进行研究，并未对南非劳动法的整体和个体、理论与实践相结合进行研究。所以笔者想就南非劳动法的系统性研究作一点微薄的贡献，为后续对南非劳动法研究有兴趣的同仁起到抛砖引玉的作用。笔者对于非洲法的研究功底深厚，从 2004 年开始跟着导师夏新华教授（湖南师范大学）学习研究非洲法，硕士学位论文为《南非投资法律研究》，博士学位论文为《南非劳动法研究》；翻译了四部非洲宪法，它们分别是《津巴布韦宪法》《毛里求斯宪法》《利比里亚宪法》和《马拉维宪法》；在核心期刊发表了多篇关于非洲法和南非劳动法的论文。2019 年 6 月获得 2013 年度国家社科基金项目"南非劳动法研究：历史、制度及个案评析"的"良好"结项。

在撰写本文之初，为了使本著述内容的丰富与翔实，笔者请教了夏新华教授、洪永红教授（曾到南非、乌干达等非洲国家多次考察）、杨立华教授（中国社会科学院南非研究中心主任，从事非洲研究近 30 年，长期跟踪南非的政治、经济发展，多次到南非和非洲其他国家研究考察），以及其他的专家学者。他们为笔者提供了非常珍贵的研究线索和资料。其他的研究资料主要来源于湘潭大学法学院资料室、西亚非洲研究所资料室、南非的官方英文网站等。

本书的研究内容融合了南非的政治、经济和法律的发展历程，以及南非劳动法在这个历史进程中的发展与变迁。全书分为六个部分：导言、南非劳动法的历史发展、南非劳动法的渊源与体系、南非劳动法的基本制度、南非劳动法案例评析、南非与中国劳动法律制度比较。本书将多学科的综合理论体系、法律制度和司法案例三方面相结合对南非劳动法进行阐述和提炼，这不仅可以为"一带一路"我国对南非经贸投资有劳动法方面的实践参考价值，而且有利于丰富我国有关外国劳动法的理论研究。限于笔者的学识水平，书中谬误之处一定不少，而且由于笔者未亲赴南非考查，资料肯定存在一定的匮乏，还待在以后的学术研究中进一步完善，敬请各位专家学者批评指正！

肖海英
2019 年 11 月 25 日于贵阳

# 目　　录

# 导　言

## 一　学术研究背景

南非共和国（The Republic of South Africa），简称南非。地处南半球，位于非洲大陆的最南端，陆地面积为 1219090 平方公里，其东、南、西三面被印度洋和大西洋环抱，陆地上与纳米比亚、博茨瓦纳、莱索托、津巴布韦、莫桑比克和斯威士兰接壤。[①] 2010 年，南非被纳入"金砖国家"机制，这为南非提高国际地位发挥了重要作用。[②] 南非人口为 5652 万人（南非统计局 2017 年年中统计数字）。分黑人、有色人、白人和亚裔四大种族，分别占总人口的 80.7%、8.8%、8.0% 和 2.5%，有 11 种官方语言，英语和阿非利卡语为通用语言。约 80% 的人口信仰基督教，其余信仰原始宗教、伊斯兰教、印度教等。[③] 由此可见，南非是一个具有多种族和多样化宗教信仰的非洲国家。

1998 年 1 月 1 日，中国与南非正式建立外交关系。自建交以来，两国政治、经济、法律等的交流与合作关系融洽。首先，在政治外交层面，两国高层互访频繁，签订多项合作协议，凸显两国在外交合作中的战略地位。[④] 其次，从经贸合作关系来看，南非是中国在全球第 20 大贸易伙伴，

---

① 参见南非共和国（非洲国家），资料来源于 https：//baike. baidu. com/item/南非共和国/1910574? fromtitle=%E5%8D%97%E9%9D%9E&fromid=127666&fr=aladdin。（访问日期：2018 年 9 月 11 日）

② 参见新华网，潜力——中国与南非关系的关键词，资料来源于 http：//news. xinhuanet.com/world/2015-12/01/c_ 1117323100. htm。（访问日期：2017 年 11 月 2 日）

③ 参见外交部网站，南非国家概况，资料来源于 http：//www. fmprc. gov. cn/web/gjhdq_ 676201/gj_ 676203/fz_ 677316/1206_ 678284/1206x0_ 678286/。（访问日期：2017 年 11 月 2 日）

④ 详情如下：南非总统姆贝基分别于 2001 年 12 月和 2006 年 11 月对我国进行国事访问。2010 年 8 月，南非总统祖马访问我国。两国确立全面战略伙伴关系，并签署多项经济合作协议。

在非洲的第一大贸易伙伴、第一大出口目的国及进口来源国。① 近年来，中南经贸合作发展迅速，中国已连续6年成为南非最大贸易伙伴，南非也是中国在非洲最大的贸易伙伴。2014年，中南贸易额达到603亿美元，比1998年建交时增长了40倍。② 同时，南非还是中国在非洲的第一大投资目的地，累计投资额约130亿美元。双方务实合作不断取得新突破。目前，在南非的中资企业已超过200家，数量居非洲国家之首。③ 2015年11月27日，由中国商务部和南非贸工部主办、中国外贸发展局和南非贸易投资促进委员会承办的"中国—南非企业贸易对接会暨签约仪式"在南非约翰内斯堡举行。④ 2016年4月，南非工业发展公司（IDC）和中国第五大汽车制造商北京汽车股份公司签订了共同发展协议，该项目耗资110亿兰特。⑤ 再次，从法律和社会文化交流来看，1978年9月，湘潭大学非洲问题研究室成立。它是我国"文化大革命"之后成立的第一个研究非洲问题的学术性机构。⑥ 2006年10月21日至11月9日，由国家商务部和教育部主办，湘潭大学非洲法律与社会研究中心承办的"非洲国家法学与社会经济发展研讨班"在湘潭大学举行。来自南非、博茨瓦纳、纳米比亚、加纳、乌干达和坦桑尼亚六国15名法律官员和学者与会。与会者运用比较研究的方法，从宪法、刑法、民商法、劳动法、诉讼法和国际法等角度，对法律与社会经济发展这一主题进行了广泛而深入的探讨。这

---

与此同时，2000年4月，江泽民主席访问南非，两国签署《中南关于伙伴关系的比勒陀利亚宣言》。2004年，两国确立了平等相处、互利互惠、共同发展的战略伙伴关系，在政治、经济、文化等领域内加强友好合作关系。2006年6月，温家宝总理访问南非，两国签署了《中国和南非关于深化战略伙伴关系的合作纲要》。2007年2月，胡锦涛主席出访南非，两国发表联合公报。2013年3月，习近平主席出席在南非德班举行的金砖国家领导人第五次会晤，并访问了包括南非在内的三个非洲国家，加强了中南政治友好合作关系。2015年12月2日，习近平主席在比勒陀利亚同南非总统祖马举行会谈。

① 参见新华网，资料来源于http://news.xinhuanet.com/world/2015-11/28/c_ 1117290924. htm。（访问日期：2016年9月17日）

② 参见凤凰财经，中南关系正处在历史的最好时期，资料来源于http://finance.ifeng.com/ a/20151203/14106055_ 0. shtml。（访问日期：2018年9月11日）

③ 参见新华网，潜力——中国与南非关系的关键词，资料来源于http://news.xinhuanet. com/world/2015-12/01/c_ 1117323100. htm。（访问日期2017年11月2日）

④ 参见中国-南非经贸合作网，资料来源于http://www.csc.mofcom.gov.cn/article/csacsbdt/ 201512/103758_ 1. html。（访问日期：2016年9月17日）

⑤ 参见中国-南非经贸合作网，资料来源于http://www.csc.mofcom.gov.cn/article/ csacsbdt/201608/226215_ 1. html。（访问日期：2016年9月17日）

⑥ 参见湘潭大学非洲法研究中心，资料来源于https://www.fmprc.gov.cn/zflt/chn/xsjl/ xzzs/2/t1032689. htm。（访问日期：2018年9月11日）

是中非法学界首次就法律问题举办国际性学术会议。① 同年 11 月，该研
究中心还与中国人民大学法律文化与法律教育研究中心合作举办了首届
"中非法律教育与法律文化论坛"。② 2009 年 10 月 31 日，由中国非洲史研
究会主办，湘潭大学法学院、知识产权学院和湘潭大学非洲法律与社会研
究中心承办非洲法律与社会发展变迁国际学术研讨会，会议议题有法律原
则、非洲商法与投资环境、非洲法基本理论与习惯法、非洲宪法、非洲法
律与社会、法律与非洲国际关系。③

　　上述资料表明，中国与南非在政治、经济、法律等方面的合作日益增
强。目前，我国正在积极推行"一带一路"投资合作共建发展战略，致
力于亚欧非大陆及附近海洋的互联互通，促进投资和消费，创造需求和就
业。该战略必将促进我国对南非的投资力度，亦即会有更多的中资企业在
南非投资设厂和雇用员工。由于两国相距较远，都不可能从本国雇用大量
的劳动力以满足企业对人力资源的需求，而在投资国雇用员工则是被投资
国作为保护本国劳动力的就业和稳定的重要政策和法律保障。各国都有自
己传统的劳动观念和价值体系，法律制度也不一样。当前我国企业在南非
出现多起因劳动问题引发的纠纷，由于对南非劳工劳动价值理念的追求、
劳资利益关系、工场论坛、集体谈判、工会地位和作用等劳动法规定的具
体内容、制定背景等不了解，并且未能及时发现劳动问题和妥善处理劳资
纠纷，导致部分中资企业受到比较严重的经济损失。④ 因此，本人认为，
亟须加强南非劳动法领域的深入研究。

## 二　国内外研究现状

### （一）国外研究现状

南非劳动法是以本土习惯法、罗马—荷兰法、英国法、制定法、司法

---

① 洪永红：首届"非洲国家法学与社会经济发展研讨班"在湘潭大学隆重召开，载《河北法学》2007 年第 3 期。

② 参见【非洲法研究中心】中心简介，资料来源于 http：//law. xtu. edu. cn/infoshow -17 - 108 -0. html。（访问日期：2018 年 9 月 11 日）

③ 参见浙江在线，非洲法律与社会发展变迁国际学术研讨会在湘潭举行，资料来源于 http：//china. zjol. com. cn/05world/system/2009/10/31/015983958. shtml。（访问日期：2017 年 11 月 2 日）

④ 2010 年 8 月，南非总统祖马在访华寻找投资的时候，中国公司因劳资纠纷关闭其在纽卡索市（Newcastle）的 85 家服装工厂。这些工厂员工数总计 8000 多人，月生产服装 300 万件。参见中国 Miles 因劳资纠纷关闭南非工厂，资料来源于 http：//cn. china. cn/article/d875959，0053b3，d2331_ 11013. html。（访问日期：2013 年 8 月 20 日）

判例、集体协议和国际劳工立法为渊源发展起来的独立法律部门。国外学界有关南非劳动法的研究成果比较多，具体如下。

第一，在专项研究方面，国外学者主要从三个时期对南非劳动法展开研究，如殖民统治时期、种族隔离时期和新南非时期。前两个时期的南非劳动法主要体现为雇用规定和相关劳动的立法，凸显殖民主义和种族歧视的特色。如学者们论述了适用于殖民时期的劳动雇用规定可见于罗马—荷兰法、英国法、1841 年《法令》和 1856 年《主仆法》，并对种族隔离时期的劳动立法予以客观的评价，指出它们的不足。如 1986 年马克·威兹曼（Mark Wiseman）在《最新南非劳动立法：对黑人工人新权利的评价》（*Recent South African Labour Legislation：Assessing the New Rights of Black Workers*），载《波士顿国际和比较法评论》第 9 期①。这篇论文论述了 20 世纪南非黑人劳工历史、介绍了当时受到国际方面和美国政策影响的黑人劳工状况，评论了在国际大环境的背景下南非政治和劳动立法对黑人工会的影响。1990 年，南非纳特尔大学霍华德学院的艾伦·瑞克罗佛特（Alan Rycroft）和斯坦林布什大学法学院的班讷·乔丹（Barney Jordaan）合著《南非劳动法指南》（*A Guide to South African Labour Law*）②。该著作论述了 1990 年以前南非颁布的劳动法律法规，如 1941 年《劳工补偿法》（*Workmen's Compensation Act 30 of* 1941）、1957 年《工资法》（*The Wage Act 5 of* 1957）、1966 年《失业保险法》（*The Unemployment Insurance* Act 1966）、1988 年《劳动关系法修正案》（*The Labour Relations Amendment* Act 1988）等，内容涉及劳动案例表、劳动法规表，雇用合同、集体谈判、不公正劳动行为、劳动纪律和解雇、劳动争议处理等。同年，牛津大学出版社出版了迈克尔·罗伯森（Michael Robertson）主编的《南非人权和劳动法年鉴》，1990，第一卷（*South Afican Human Rights and Labour Law Yearbook*，1990，Volume 1）③。文中对南非共和国特兰斯凯地区劳动关系的变化、集体谈判、争议处理程序（包括民间争议处理准则）、劳工健康与安全、劳工赔偿、大规模解雇、罢工和闭厂等问题进行了探析。新

① Recent South African Labour Legislation："Assessing the New Rights of Black Workers"，available at http：//lawdigitalcommons. bc. edu/cgi/viewcontent.（last visit：3/10/2013）

② Alan Rycroft，Aarney Jordaan，A Guide to South African Labour Law，Cape Town Wetton Johannesburg，Juta Co，Ltd.，1990.

③ Michael Robertson，"South Africa Human Rights and Labour Law Yearbook"，1990，Volume 1，Oxford Press，Cape Town，1990.

南非成立后，国外学者主要关注研究种族隔离后南非劳动法亟待解决的新劳动关系问题、劳动与社会和经济问题、劳动者基本权益问题，以及如何消除种族歧视对劳动领域的影响。2007 年南非大学迈普发里森尼·布德里（Mpfariseni Budeli）撰写博士学位论文《南非的结社自由和工会主义：从种族隔离到宪政民主》（*Freedom of Association and Trade Unionism in South Africa：From Apartheid to the Democratic Constitutional*）①，该论文以一种历史研究的视角，分阶段对南非工人的结社自由权和工会主义进行研究，介绍了殖民主义时期和种族主义时期南非工会主义的发展演变，以及南非法律法规中有关劳工结社自由权的规定，分析上述原因和背景，并且对当时的劳动关系和劳工基本权利进行总体评述。西开普大学达尔西·都·托伊特（Darcy Du Toit）于 2007 年 7 月发表论文《南非的集体谈判和劳动法的前景如何？》［*What is the Future of Collective Bargaining（and Labour Law）in South Africa？*］②，该论文追溯了集体谈判的来源，它对于雇主和雇员的价值，探讨了集体谈判和劳动法在南非的发展前景。同时，国际劳工组织（劳工国际研究中心）于 2007 年出版了由简·特若尼、姗尼·哥德佛雷和玛格雷特·维斯尔（Jan theron, Shane Godfrey and Margareet Visser）撰写的《全球化、贸易自由化、劳动法：以南非为例》（*Globalization，the Impact of Trade Liberalization，and Labour Law：The Case of South Africa*）③，他们论述了全球化和自由贸易对南非经济和雇用的影响，以南非农业部门为例，指出劳动立法的变化，立法对土地占有安全性的影响，以及对其他部门的影响。此外，雇用结构也发生了深刻的变化，如非正式雇用比例逐渐增加而正式雇用比例缓慢减少；技术型和半技术型工作增多而非技术型工作减少。2008 年，地域研究中心非洲研究机构的马基诺·库米科（Makino Kumiko）发表论文《种族隔离后南非雇用类型

---

①　Mpfariseni Budeli's PhD thesis entitled "Freedom of Association and Trade Unionism in South Africa：from Apartheid to the Democratic Constitutional", University of Cape Town, 2007.

②　See "What Is the Future of Collective Bargaining (and Labour Law) in South Africa?", from the Industrial Law Journal, Volume 28, July 2007, available at http：//heinonline. org/HOL/LandingPage? handle＝hein. journals/iljuta28&div＝159&id＝&page＝. （last date：11/11/2017）

③　Jan theron, Shane Godfrey and Margareet Visser："Globalization, the Impact of Trade Liberalization, and Labour Law：The Case of South Africa）", from International Labour Organization (International Institute for Labour Studies), available at http：//www. publiclaw. uct. ac. za/usr/idll/resources/papers/jtheron_ et_ al （2007）globalization_ trade_ liberalization_ and_ labour_ law. pdf. （last date：11/11/2017）

的变化、劳动改革和社会安全立法》（*The Changing Nature of Employment and the Reform of Labour and Social Security Legislation in Post-Apartheid South Africa*），载《经济发展学院研讨论文》（IDE Discussion Paper. No. 140, 2008.3）2008 年第 3 期①，该论文对南非民主化后，南非劳动类型的发展变化、社会安全改革的主要方面、劳工权利意识的增强、劳工劳动保护的程度，以及灵活就业模式的规范化等展开了论述。同年，开普敦大学鲍尔·本杰明（Paul Benjamin）撰写《南非的非正式工及劳动权利》（*Informal Work and Labour Rights in South Africa*）②，该论文来自 2008 年主题为"环境监管及其对南非经济增长和发展的性质和程度的影响"的会议论文集。鲍尔·本杰明（Paul Benjamin）针对改善和提高南非就业状况、南非宪法、法律和国际劳动标准下的南非劳动权利、非正式工的范围、模式及非正式工的不安全性，以及现存南非法律对非正式工的适用等展开了探讨。2009 年 9 月，开普敦大学经济学院的哈伦·波拉特（Haroon Bhorat）和法学院的哈尔顿·奇德尔（Halton Cheadle）合著《南非劳动改革——评价办法和一项政策建议的综合分析》（*Labour Reform in South Africa：Measuring Regulation and a Synthesis of Policy Suggestions*）③，在文中，哈伦·波拉特（Haroon Bhorat）和哈尔顿·奇德尔（Halton Cheadle）以经济学家和法学家的眼光提出了劳动法规应对南非高度发达的经济形势及高失业率的策略，指出劳工权益保护的问题和相应的解决方案。此外，哈伦·波拉特（Haroon Bhorat）等著《理解南非争议处理制度的效率和作用——对调停、调解和仲裁委员会数据的分析》（*Understanding the Effeciency and Effectiveness of the Dispute Resolution System in South Africa：An Analysis of CCMA Data*）④，该论文主要论述了种族隔离后南非的劳

---

① Makino Kumiko, "The Changing Nature of Employment and the Reform of Labour and Social Security Legislation in Post-Apartheid South Africa", available at http：//hdl. handle. net/2344/730. (last date：10/18/2013)

② Paul Benjamin, "Informal Work and Labour Rights in South Africa", available at http：//heinonlinebackup. com/hol-cgi-bin/get_ pdf. cgi? handle = hein. journals/iljuta29&section = 152. ( last date：9/8/2013)

③ Haroon Bhorat, Halton Cheadle, "Labour Reform in South Africa：Measuring Regulation and a Synthesis of Policy Suggestions", available at http：//www. dpru. uct. ac. za/? q = node/176。( last date：11/8/2013)

④ Haroon Bhorat, "Understanding the Effeciency and Effectiveness of the Dispute Resolution System in South Africa：An Analysis of CCMA Data", available at http：//www. dpru. uct. ac. za/? q = node/174. ( last date：11/8/2013)

动争议解决体系和机制，通过对具体数据的分析，评价南非调停、调解和仲裁委员会的效率，最后总结和提出政策性建议。2014 年，开普敦大学鲁安·珀塔斯（Ruan Pottas）撰写法学硕士学位论文《现代南非的高管解雇：劳动法与商法的融合》（*The Convergence of Labour and Commercial Law: Executive Dismissals in Contemporary South Africa*）[①]，论文首先采用历史文献法介绍了有关董事长、董事会等高管规定的公司立法历史，指出普通法和制定法中有关高管责任和义务，然后结合案例法将公司法、南非劳动关系法和七个案例相融进行论证，最后通过比较法与法国、澳大利亚、新加坡、瑞典、美国、加拿大的法律体系进行比较研究和总结。2015 年，非洲专业人员组织联盟的 KC. 马珂胡贝雷（KC Makhubele）和杰奎琳·福特（Jacqueline Ford）撰写的《白皮书：全球劳动法比较，它们对全球劳动力的影响及南非劳动法的应对》（*White Paper, A Comparison of Labour Laws Worldwide, Their Impact on the Global Workforce and South Africa's Labour Disposition*）[②] 包括七个部分，主体部分主要涉及劳动法的界定、劳动和雇用协会、国际雇用环境、南非的工作环境如失业和劳工骚乱、2014 年《南非劳动关系法修正案》的介绍、各国劳动法的差异给全球化劳动力带来的深思等。上述专著和论文充分体现了南非劳动法律体系的发展演变，以及在现代化进程中的不断自我调整与完善以应对新的国际国内政治经济环境的发展变化。

第二，近代以来，国外学界有关南非劳动法与其他国家劳动法比较研究的成果颇多。南非尼尔森·曼德拉城市大学的丽莲·卡斯尤卡·穆努维（Lilian Kasyoka Munuve）撰写了《南非与肯尼亚劳动法律体系比较》（*A Comparison Between the South African and Kenyan Labour Law Systems*）（2008 年法学硕士学位论文）[③]，该论文首先介绍了南非和肯尼亚劳动法的历史发

---

① Ruan Pottas, "The Convergence of Labour and Commercial Law: Executive Dismissals in Contemporary South Africa (Dissertation Paper for LLM, the University of Cape Town, 17-04-2014）", available at http://open.uct.ac.za/bitstream/handle/11427/9150/thesis_ law_ 2014_ pottas_ r.pdf; jsessionid=EE67A4C74993EE226F180D825F28C878? sequence=1. （last visit: 11/19/2017）

② KC Makhubele, Jacqueline Ford, "White Paper: A Comparison of Labour Laws Worldwide, Their impact on the Global Workforce and South Africa's Labour Disposition", available at http://c.ymcdn.com/sites/apso.site-ym.com/resource/resmgr/Weekly_ Newsletter/APSO_ WHITE_ PAPER_ A_ COMPARISO.pdf. （last visit: 11/18/2017）

③ Lilian Kasyoka Munuve, "A Comparison between the South African and Kenyan Labour Law Systems". （Dissertation Paper for Magister Legum, from Nelson Mandela Metropolitan University, 1/31/2008）

展，然后分别论述南非和肯尼亚的劳动法律制度，如集体协议、谈判委员会、法律委员会、罢工和闭厂制度、工会制度、调解、调停和仲裁委员会、劳动法院和劳动上诉法院等，最后对两国的劳动法律制度进行了比较和总结。同校的菲利克斯·穆苏库比利（Felix Musukubili）则撰写了《纳米比亚劳动争议处理机制：与南非比较》（Namibia Labour Dispute Resolution System: Comparison with South Africa）[1]（2009 年法学硕士学位论文），该论文将纳米比亚 2007 年《劳动法》和南非 1995 年《劳动关系法》中有关劳动争议处理机制的立法、争议处理方式和程序、争议处理机构进行比较。他认为非诉讼争议处理机构跟传统司法诉讼处理程序不一样，纳米比亚劳工委员会和南非调解、调停和仲裁委员会都是非诉争议处理机构，然而现实表明这些非诉争议解决机制并不能够明显减少劳动争议案件，而律师在调解过程中的参与，增加了当事人的费用等，这使得新非诉争议处理机制并不能有效地解决劳动争议，而往往不得不诉诸劳动法院。2013 年 9 月南非西开普大学法学院的尼德姆法·瑞格特·玛瓦拉拉（Ndemufayo Regto Mbwaalala）撰写的硕士学位论文（劳动法方向）《劳动法能否成功地调和南非和纳米比亚的劳工经纪人、雇员和雇主之间的权利和利益?》（Can Labour Law Succeed in Reconciling the Rights and Interests of Labour Broker Employees and Employers in South Africa and Namibia?）[2]，在文中，作者首先指出劳工经纪人作为雇主和雇员以外的第三方在南非和纳米比亚所处的不利地位和境况，然后提出应当从三个方面改善劳动经纪人在两国的处境和待遇。此外，英国爱丁堡大学法学院的大卫·卡伯雷（David Cabrelli）于 2013 年发表论文《英国和南非：考察劳动法和人权的社会层面》（Examining the Labour Law and Social Dimension of Human Rights: The UK and South Africa）。[3] 马雷斯·沃尼·布若姆和姗尼

---

① Felix Musukubili, "Namibia Labour Dispute Resolution System: Comparison with South Africa", Dissertation Paper for LLM, Nelson Mandela Metropolitan University, available at http://www. namtranslations. iway. na/dr _ felix/The% 20Namibian% 20Labour% 20Dispute% 20Resolution% 20System%20A%20Comparative%20Analysis_ musukubili_ felix_ dr. pdf. （last visit: 11/19/2017）

② Ndemufayo Regto Mbwaalala, "Can Labour Law Succeed in Reconciling the Rights and Interests of Labour Broker Employees and Employers in South Africa and Namibia", Dissertation Paper for Magister Philosophea", Labour Law, University of Western Cape, September, 2013, available at http://etd. uwc. ac. za/xmlui/bitstream/handle/11394/3006/Mbwaalala _ MPHIL _ 2013. pdf? sequence = 1&isAllowed = y. （last visit: 11/19/2017）

③ David Cabrelli, "Examining the Labour Law and Social Dimension of Human Rights: The UK and South Africa", available at http://vital. seals. ac. za: 8080/vital/access/manager/Repository/vital: 10205. （last visit: 11/19/2017）

格·德佛雷（Marlese von Broembsen and Shane Godfrey）发表在 2016 年 12 月 30 日由爱德华·埃尔加出版社出版的《劳动管理和发展的社会法视角》（*Labour Regulation and Development Social-Legal Perspectives*）中的《第五章：劳动法及其发展——以"南非和莱索托的服装行业的案例研究告诉我们什么？"作为视角》（*Chapter 5：Labour Law and Development Viewed from Below：What Do Case Dtudies of the Clothing Sectors in South Africa and Lesotho Tell Us?*）[①]。可以看到，在上述论文中，他们首先对予以比较的国家的劳动法律制度如集体协议、谈判委员会和法定委员会、集体谈判、集体劳动争议、罢工、解雇、劳动争议处理机制等方面进行评论和比较分析，总结两国劳动法律制度的异同点，指出南非劳动法律制度值得肯尼亚、纳米比亚、英国和莱索托等国参考和借鉴的方面。

从以上搜集到的国外学界有关南非劳动法的研究资料来看，南非国内外不乏有很多专家学者采用多种研究方法，如历史分析法、案例法和比较法，从不同的角度对南非劳动法律制度进行了研究。现代南非劳动法研究，更多的是对南非劳动领域出现的新问题的关注，如劳工新权利、就业歧视、经济全球化带来的劳工问题等。但是总体而言，他们并未从整体研究的角度出发对现代南非劳动法的历史发展变迁、渊源、体系、基本制度、案例、发展趋势等进行系统性地和整体性地深入研究，而且他们的研究视角是单一的，没有注意到具有混合法律体系特色背景下的南非劳动法的形成和发展的独特性。而中国学者对南非劳动法律制度的纯粹制度性研究和比较研究的内容则比较少，理论和实务相结合的研究也不多，正因为如此，在我国推行"一带一路"倡议的背景下，本课题研究具有重要的实践价值和理论意义。

（二）国内研究现状

经过近几年的学术发展，我国国内学界对南非研究的成果越来越多，但是大多倾向于关注南非的政治、经济等方面的发展。关于南非法律发展的研究，大多集中于宪法、商法和国际私法等方面，有关南非劳动法的深入研究还非常欠缺，但是相比前几年而言，有所增加。从目前国内有关南非劳动法的研究成果来看，将南非劳动法律制度进行宏观与微观相结合的

---

① See Labour Regulation and Development，available at https：//www.elgaronline.com/view/9781785364891. xml. （last visit：3/15/2016）

整体性研究不多，同时深入研究不足，仅停留在对南非部分劳动法律制度的简单介绍层面，故可以将当前国内有关南非劳动法律制度的研究概括为以下两个方面，具体表现如下。

第一，国内学界认识到本项目研究有利于增强我国的外国劳动法学的理论与实践研究，但是并未对它的历史发展、渊源、体系、内容、实例等进行全面深入的研究。如郑士贵在《管理科学文摘》1997 年第 6 期发表论文《南非共和国的新劳动法》，简单介绍了南非新劳动法条款修订的大概内容。2006 年法律出版社出版的湘潭大学非洲法律与社会研究中心主任洪永红教授与华东政法大学何勤华教授合著《非洲法律发达史》的第十章第二节"南非法"中提到南非劳动法律制度，如《劳工关系法（1995）》《就业最低保障法（1997）》等，但并未对这些劳动法律制度的渊源、历史发展及变迁等作深入研究。在第二届中非法律合作论坛中，洪永红作报告《非洲劳动法与中国对非投资企业的发展》，中国法学会社会法研究会姜俊禄也在论坛上提交论文《中非国际劳务合作中的问题及法律思考》，他们在汇报中指出非洲劳动法研究的重要性。此外，洪永红与郭炯合著《非洲法律研究综述》，载《西亚非洲》2011 年第 5 期中，文中提出国内非洲部门法的研究主要集中于非洲习惯法、非洲宪法、非洲刑法、非洲民商法、非洲诉讼和仲裁法以及非洲人权法，但并未提到非洲劳动法。刘兰在《西亚非洲》2012 年第 4 期发表论文《白人政府干预政策与南非劳动力市场供求结构的变化》，该论文指出，19 世纪末南非白人政府为扩大劳动力供给，强行推行保留地制度和流动劳工制度；从 20 世纪 50 年代末开始，由于南非白人政府推行家园制度和资本密集型产业发展模式，导致市场对劳动力需求不高，导致失业成为南非社会长期发展的一个难题。2013 年，黄梅波、任培强在《西亚非洲》第 4 期发表论文《南非劳动力市场对中国企业投资的影响》，通过对中国驻南非大使馆经商处关于中国企业投资南非情况的访谈，以及对 16 家在南非约翰内斯堡投资的中国企业的实地调研内容，探讨了南非劳动力市场对中国企业投资南非的影响，指出南非劳工法律制度比较健全，工会势力发展迅猛。由于中国企业与南非的投资合作日益增多，中国企业在南非的投资和经营不可避免地受到南非劳动力市场的影响，突出的表现为：人力成本高昂、罢工频繁、劳工制度僵硬、有经验或有技术人才稀缺等。最后，他们提醒中国企业要不断努力适应并遵守南非劳动法规。这些都充分说明了国内学者已然意识到研究南非劳动法理论和实务的重要性。

　　第二，国内学界已经对南非劳动法作了制度方面的研究，取得一定的研究成果，但是比较法研究和劳动法实务研究还非常欠缺。当前国内的研究成果主要如下。一是硕博学位论文类。如胡述宝著《南非流动劳工制度述论——种族隔离制经济根源的刨析》（1989 年硕士学位论文北京大学）、李琛著《南非工场论坛述评》（2006 年硕士学位论文湘潭大学）、周严著《论南非反就业歧视法》（2008 年硕士学位论文湘潭大学）、周益兰著《南非调解仲裁委员会》（2009 年硕士学位论文湘潭大学）、甘露著《论南非不公平解雇的表现形式》（2009 年硕士学位论文湘潭大学）、刘乃亚著《南非工业化进程中的流动劳工制度研究》（2000 年博士学位论文北京大学）、王鹊林著《南非集体谈判制度》（2010 年硕士学位论文湘潭大学）、黄彪著《南非矿山工伤管理法律制度及其对我国的启示》（2010年硕士学位论文山西大学）、文晓峰著《南非关厂制度探析》（2012 年硕士学位论文湘潭大学）、刘婷著《南非工伤保险法律制度研究》（2012 年硕士学位论文湘潭大学）、黄珍珍著《南非矿山安全健康法律制度研究》（2014 年硕士学位论文中国矿业大学）等。二是期刊论文类。如贵州财经大学的肖海英独著或者与其他作者合著的有关南非劳动法研究的期刊论文有：《新南非劳动关系的形成及其法律保护》载《湘潭大学学报》（社会科学版）2012 年第 6 期、《论南非的劳动争议处理机制》载《中国人力资源开发》2015 年第 1 期、《论南非的劳动合同法律制度》载《北京科技大学学报》（社会科学版）2016 年第 6 期、《南非不公正解雇的立法与实践的启示——以皮厄纳尔诉斯坦陵布什大学及齐科特教授案为例》载《河北科技大学学报》（社会科学版）2017 年第 5 期、《论南非的劳动仲裁——以丰田南非汽车公司诉刘易斯等案为例》载《贵州师范大学学报》（社会科学版）2018 年第 6 期等。中国人民大学劳动人事学院的黄伟和魏薇合著《后种族隔离时代南非劳动关系的转型与发展》载《教学与研究》2013 年第 6 期，厦门大学经济学院的黄梅波和任培强合著《南非劳动力市场对中国企业投资的影响》载《西亚非洲》2013 年第 4 期。这些科研成果是我国对南非劳动法研究的重要性成果，但是它们大部分仅涉及南非劳动法制度研究，没有注意到整体性与局部性之间的关系，缺乏相关案例实证的分析研究，所有的研究都缺乏一定的深度、广度和最新的动态表现。

　　由上可见，南非作为金砖五国成员，也是我国对非投资的重要合作伙伴，自两国建交以来，政治经贸合作关系密切。随着我国"一带一路"倡议政策对非洲国家的推进，我国学界有必要进一步加强对南非劳动与雇用法律制度的研究，既可以加深对南非劳动法律制度的了解，同时可以避免劳动雇用方面给投资带来的法律风险。目前，国内学者还缺乏对南非劳动法的历史发展及变迁、渊源、体系、基本制度、案例、比较等进行整体性和局部性的研究。因此，本项目研究可以填补国内南非劳动法整体深入性研究和比较研究领域的空白。

## 三　学术研究价值

　　学术研究的意义和灵魂是具有独特价值的命题。这种价值主要体现在学术积累和社会发展两方面。就学术价值而言，它应该在研究方向、研究方法、论证逻辑体系或研究结论上，是对已有的学术研究活动的补充或修正。[①] 因此，本课题组成员将从以下本项目研究的学术价值和社会价值两方面来具体阐述。

　　第一，从学术价值来看，本选题的研究有助于推进我国对非洲劳动法的研究步伐。从国内学界来看，当前国内研究非洲法的主要学者有湘潭大学非洲法律与社会研究中心的洪永红、李伯军、曹艳芝，湖南师范大学的夏新华，中国社会科学院西亚非洲研究所的朱伟东，中国海洋大学的贺鉴，同济大学的张怀印，南开大学的韩良，等等。他们出版了多项著作成果，如《非洲法导论》《非洲法律发达史》《非洲法律文化专论》《南非共和国国际私法研究》《非洲刑法评论》《卢旺达国际刑事法庭研究》《非洲法评论》《非洲投资法概览》《中国对非投资法律环境研究》《非洲法律文化史》《南非民商法》《南部非洲国际经济法经典判例研究：兼析中南经济合作中的贸易、投资及劳工权益保护问题》等。从上述成果来看，国内学者对非洲法律制度的研究非常重视，但是在非洲劳动法和非洲国别劳动法的宏观和微观相结合的整体性和深入性研究方面还比较薄弱。南非是典型的混合法律体系国家，南非劳动法作为南非的法律部门，必然呈现混合法特色。因此，研究南非劳动法，不仅有助于我们了解混合法国家劳动法律制度的具体规定和司法实践的详细运作，而且有助于我们了解

---

　　① 于建嵘：《岳村政治——转型期中国乡村政治结构的变迁》，商务印书馆 2001 年版，第12 页。

津巴布韦、莱索托、斯威士兰、博茨瓦纳等深受南非法律影响的南部非洲其他国家的劳动法律制度和司法运作。研究南非劳动法，还可以拓展我国关于外国劳动法理论和实践研究的内容，同时有利于中外劳动比较法学的发展，通过比较研究，发现和总结其中可为我国相关劳动立法和实践提供参考的方面。

第二，从社会价值来看，本选题具有重要的现实意义。首先，国内专家赴非实地考察后，呼吁加强国内的非洲劳动法研究。2010年，湘潭大学乌干达麦克雷雷大学孔子学院的洪永红和郭炯赴肯尼亚实地考察，在考察中他们发现当地中国企业与非洲工人的劳资纠纷非常多，严重影响生产。他们认为这主要是国内有关非洲劳动法的研究非常欠缺，没有及时提供给在非投资企业更多的非洲劳动雇用的法律与实务信息，导致中资企业在劳动雇用方面的纠纷不断。因此，他指出我国必须加强对非洲劳动法的研究。① 其次，随着中国与南非的经贸投资和劳动雇用合作关系等的深入发展，不可避免地涉及劳资纠纷等问题，深入研究南非劳动法成为势在必行的需求。如林海在《检察风云》2013年第16期发表论文《南非：〈劳动法〉照不进的地心深处》，指出新南非以后，南非政府积极修订劳动法，加强对雇员的劳动保护力度，使得雇员的解雇成为一项复杂的司法程序，如果不了解南非劳动法的最新变化，那么在南非因为雇员解雇而导致的司法纠纷和利益损失则成为必然。此外，除了前述的中国供应商网站的报道以外，2011年，新浪财经网站也专题报道了南非华商企业陷入劳资纠纷，被南非雇用员工指控拒付薪酬面临巨额罚单的事件。② 我国"一带一路"对非投资共建战略会顾及投资国的劳动法风险，承包工程项目突破3000个。2015年，我国企业共对"一带一路"相关的49个国家进行了直接投资，投资额同比增长18.2%。③ 2017年11月，南京大学商学院MBA教育中心特别邀请到原中国驻摩洛哥王国特命全权大使孙树忠先生讲解《共建"一带一路"新形式下，中国企业对非合作的风险防范》，他指出非洲，特别是东部和南部非洲国家是海上丝绸之路的历史和自然延伸。非洲是"一带一路"的重要节点，也是中国向西推进"一带一路"

---

① 洪永红、郭炯：《非洲法律研究综述》，载《西亚非洲》2011年第5期。

② 参见新浪财经，南非华商陷劳资纠纷，被指拒付薪酬面临巨额罚单，资料来源于 http：//finance. sina. com. cn/g/20111226/110111063556. shtml。（访问日期：2013年8月20日）

③ 参见"一带一路"，资料来源于 https：//baike. baidu. com/item/%E4%B8%80%E5%B8%A6%E4%B8%80%E8%B7%AF/13132427？fr＝aladdin。（访问日期：2017年11月28日）

建设的重要方向和落脚点。该战略将给中非合作发展带来前所未有的新的机遇。①

　　上述这些学者的实践考察、网络报道，以及我国正在推行的"一带一路"倡议都深刻表明，我国应当加快对非洲投资国的劳动雇用法律制度的深入了解和研究。因为企业的关闭会导致国内投资企业巨大的经济损失，不但影响企业的生产，更影响企业的生存与发展。与此同时，企业倒闭也意味着工人的失业，失业会造成投资国社会环境的不稳定，导致恶性循环。因此，对于投资南非的中国企业而言，了解南非的相关劳动法律制度，规避风险，追求双赢的发展情势是非常重要的。然而，很遗憾的是，迄今为止，我国还没有全面系统深入地研究和比较研究南非劳动法律制度的著述，为此，本课题组成员意欲借助相关的外文资料、中国和南非的官方网站搜集相关的信息对南非劳动法进行研究，填补该项空白，为促进我国维护与南非互利共赢的经贸投资关系与和谐的劳动雇用合作关系作出自己应有的努力和贡献。

## 四　学术研究内容

学术研究内容

　　本项目研究一共包括六个部分。第一，导言部分。该部分主要探讨本项目研究的背景、国内外研究现状、学术研究价值、学术研究内容和创新之处、学术研究方法。第二，论述南非劳动法的历史发展。该部分将以南非的殖民地和种族隔离政策作为研究依据，结合南非混合法的萌芽、形成和发展作为研究背景，探讨南非劳动法的历史发展演变。第三，南非劳动法的渊源和体系。该部分主要从制定法、集体协议、司法判例、习惯和习惯法阐述南非劳动法的渊源，从典型的混合法体系和职能结构模式体系论述南非劳动法的体系。第四，论述南非劳动法的基本制度。该部分主要从南非劳动关系制度、南非劳动条件基准制度和南非劳动保障制度三个方面对南非的集体谈判制度、工场论坛制度、劳动解雇制度、劳动争议处理制度、劳动合同制度、工资制度、工作时间和休假制度、儿童用工制度、就业平等制度、职业健康与安全制度、失业保险制度、劳动检查制度展开论

---

① 参见"一带一路"系列讲座，走进非洲——中资企业在非投资与经营风险防范，资料来源于 http://www.mbachina.com/html/sxyxw/201711/114616.html。（访问日期：2017 年 11 月 28 日）

述。第五，从南非劳动法院官方网站下载三个案例对南非劳动司法实务进行评析。第六，对中国和南非两国在工会制度、集体协商谈判制度、劳动解雇制度和劳动争议处理制度展开比较与借鉴。通过比较，总结两国在劳动法方面的相似之处和不足的地方。

## 五　学术研究方法

本项目研究属于劳动部门法学、法律史学、社会学和劳动经济学的交叉学科。作为跨学科综合研究项目，本课题将主要运用文献研究法、跨学科研究法、案列研究法和比较研究法的多方法和多元化视角对南非劳动法的历史发展变迁、渊源、体系、基本制度、案例进行分析、比较两国的劳动法律制度，探讨其对于我国劳动立法理论和实务的借鉴价值，在布局谋篇和行文过程中，力求论述清楚、分析合理和观点正确。

第一，文献研究法。文献研究法是搜集、鉴别、整理文献，并通过对文献的研究形成对事实的科学认识的方法。文献法是一种古老而又富有生命力的科学研究方法。[①] 本项目研究的文献研究法是指搜集使用大量的与课题有关的原始事实资料来说明南非劳动法的历史发展、渊源和体系、制度与案例等。本项目研究在撰写成文之前，通过各种渠道收集了大量的相关资料，包括学者的专书论著、法规、判决、政府文件、期刊论文等，仔细阅读资料并加以分析归纳，阐明要旨，融会贯通以建立本文的理论体系与完整的架构。本研究资料主要来源于两个途径。一是湘潭大学法学院资料室和图书馆。湘潭大学非洲法律与社会研究中心是研究非洲法律的重要之地，该研究中心的洪永红老师、夏新华老师、朱伟东老师、张怀印老师等都从国内外相关非洲研究机构带回大量的原始研究资料，这些资料是本项目研究团队得以顺利进行的重要前提。二是电子文献资料。本人通过贵州财经大学的电子图书馆、百度学术网站、北大法律资源网站、南非英文官方网站等网络资源网站搜集了很多权威性的和重要的中英文原始资料。三是积极参加国际性学术会议，与来中国进行学术交流的非洲学者和南非学者取得联系，通过他们获得有关南非劳动法的最新发展成果与信息。以上这些途径都将为本研究结果的真实可靠性提供了基本的保障，避免了未能亲赴南非实地考察而导致研究结果不实的情况出现。

---

① 参见文献研究法，资料来源于 https://baike.baidu.com/item/文献研究法/3668258? fr = aladdin。(访问日期：2018 年 9 月 11 日)

　　第二，跨学科研究法。本研究方法是指运用多学科的理论、方法和成果从整体上对某一课题进行综合研究的方法，也称"交叉研究法"。① 本项目研究将整合南非政治学、经济学、劳动法学、社会学等学科的资源对南非劳动法进行研究，从多个角度分析和理解当前南非劳动法律制度与实务的现状，总结其特点，评价其劳动法律体系在现代非洲乃至全世界的劳动法律体系中的存在优势与不足之处。

　　第三，案例研究法。本课题组成员认为，案例研究法是指通过对一个案例或多个案例进行研究，经过对案例的分析，以便增加对抽象的理论知识的理解和掌握，理论与实践的结合又可以进一步地提升理论的层次。通常而言，典型的单个案例研究可以用作确认或挑战一个理论，也可以用作提出一个独特的或极端的案例。多案例研究的特点在于案例内分析和交叉案例分析。案例研究能够给研究者提供系统的观点。通过对研究对象尽可能地完全直接地考察与思考，从而能够建立起比较深入和周全的理解。前者是把每一个案例看成独立的整体进行全面的分析，后者是在前者的基础上对所有的案例进行统一的抽象和归纳，进而得出更精辟的描述和更有力的解释。② 因此，为了更好地阐述法律移植和本土化对南非劳动法的影响，南非劳动法的混合法特色，以及具体劳动法律制度在调整南非劳动司法实务中的适用，本文特精选三个带有典型性的案例来予以说明，使本项目研究成果不仅具有较强的说服力，更能增强国内学界和劳动法实务界对南非劳动法理论和实践的理解。

　　第四，比较研究法。古罗马著名学者塔西陀曾说："要想认识自己，就要把自己同别人进行比较。"比较是认识事物的基础，是人类认识、区别和确定事物异同关系的最常用的思维方法。比较研究法现已被广泛运用于科学研究的各个领域。③ 在法学研究中，比较研究是一种重要的研究方法。此研究方法乃是针对两个或数个不同的对象，将数据加以比较以凸显其差异性与相似性。我国与南非同属于发展中国家，两国在很多方面还是

---

① 参见跨学科研究法，资料来源于 https：//baike. baidu. com/item/跨学科研究法/6868004。（访问日期：2018 年 9 月 11 日）

② 参见案例研究法，资料来源于 https：//baike. baidu. com/item/％E6％A1％88％E4％BE％8B％E7％A0％94％E7％A9％B6％E6％B3％95/1580792？fr＝aladdin。（访问日期：2017 年 12 月 3 日）

③ 参见比较研究方法，资料来源于 https：//baike. baidu. com/item/％E6％AF％94％E8％BE％83％E7％A0％94％E7％A9％B6/5447336？fr＝aladdin。（访问日期：2017 年 12 月 3 日）

具有可比性和相互借鉴之处，如南非和我国都有受到西方列强侵略的历史，以及法律移植和本土化的历史，两国的法系都属于混合法系，我国倾向于大陆法系特点，而南非倾向于英美法系的特色，等等。因此，本课题意图在论述南非劳动法律制度的历史和制度，以及对案例进行评析之后，将南非与我国的劳动立法和实践进行全方面的比较，探讨两国的异同之处，以及它对于我国在劳动法方面的借鉴价值。

# 第一章

# 南非劳动法的历史发展

南非共和国（简称南非）是一个典型的混合法律体系国家，其法律体系是由若干种独特的法律传统相互混合形成，如罗马—荷兰法、英国法、本土习惯法和制定法。其中罗马法体系传承于荷兰，普通法体系来源于英国，习惯法体系来自非洲本土人（也经常被称为非洲习惯法，大部分的非洲习惯法都依赖于部族的起源）。这些法律传统之间有着比较复杂的相互关联。① 正如南非法学家哈罗和卡恩所说："今天，南非的罗马—荷兰法像一个胸针上的宝石，它镶嵌在英国制造的底座上闪闪发光。"② 南非的这种混合法律体系融合发展的状况对南非劳动法的历史形成影响非常深刻。如果从南非劳动法律体系形成的视角来看，可以将它的历史发展分为罗马—荷兰法时期、英国法时期、混合法时期和新南非法时期。如果从南非社会政治、经济发展演变的角度来看，南非劳动法的历史发展又可以分为殖民前期、殖民时期和新南非时期，而这三个时期又是南非劳动法萌芽、形成和发展的三个时期。以下将对南非劳动法的历史演变展开论述。

## 第一节　南非劳动法的萌芽时期

劳动法又被称为劳资法，是一个独立的法律部门，它的大部分立法都是为了调整劳资关系。因为劳资关系的调整往往会牵涉到国家公权力的干

---

① See Law of South Africa, available at https：//en. wikipedia. org/wiki/Law _ of _ South _ Africa.（last visit：4/10/2017）

② ［德］K. 茨威格特、H. 克茨：《比较法总论》，潘汉典、米健、高鸿钧、贺卫方译，法律出版社 2003 年版，第 345 页。

涉，因而劳动法是公法领域的一部分。然而，劳动法与税法一样，一些大学将劳动法归类于商法的范围。① 劳动关系是劳动法赖以产生的前提，只有当存在大量存在的劳动关系时才会导致劳动立法的出现。然而劳动关系并不是自古以来就有的，它的形成受到政治、经济、社会文化习俗以及地理环境等因素的影响，所以说劳动法是特定历史时期的产物。依据这一标准或尺度，可以从远古南非来探寻南非劳动法的诞生、形成与发展。

## 一　南非殖民社会前期（1652 年以前）

此处所指的南非殖民社会以前是指 1652 年荷兰殖民者进驻南非大陆以前的时间段。英国博物学家查尔斯·达尔文在其进化论分析人类起源时，认为人类的诞生地可能是非洲（《人类的由来》，1871 年）。② 随着早期人类化石在东非、南非以及撒哈拉地区被发现，500 万年前的化石资料不断地得到扩充，包括持续到 150 万年前的材料，这些材料充分展现了大量早期原始人类及相关动物种类的进化和灭绝的复杂历史。随着最早的工具制造者的进化，这种情况在约 250 万年前出现了重大的变化。正是因为这一重要变化，这些原始人成为能人，即最早的人类。③ 从南非各地的考古发现，南非次大陆在 250 万年以前，甚至更早，就有人类存在。现代人在 10 万年前就已经在南部非洲生存。④ 他们主要以狩猎、捕鱼和采集为生，其中男性主要负责狩猎和捕捞，而女性则主要负责采集。相关研究显示，狩猎—采集者群体为了生存而依赖合作劳动和集体努力，这是当时群体社会组织的最重要的特征之一。男人和女人之间虽然存在劳动分工，但是地位没有高低之分。他们认识到彼此间的相互依赖关系。⑤ 劳动力强的狩猎者也并不会因此而获得特殊地位。到了晚石器时代末期，随着种植业

---

① W. J. Hosten, A. B. Edwards, Carmen Nathan, Francis Bosman, Introduction to South African Law and Legal Theory (Chapter Ⅲ), Hayne & Gibson Ltd. Pinetown Natal 1977, reprinted in 1980, p. 275.

② ［美］凯文·希林顿：《非洲史》，赵俊译，刘鸿武校，中国出版集团东方出版中心 2012 年版，第 1 页。

③ 同上书，第 3 页。

④ 2012 年 11 月，本人就中国社会科学院杨立华教授主编《南非》一书中的数据"300 百万年以前"存疑，特意与杨立华教授进行探讨，电话中，杨立华教授指出上述数据属于印刷错误，并且告知本人准确的数据应该是"250 万年"，因此，在此处，特采用数据为"250 万年以前"。参见杨立华主编《南非》，社会科学文献出版社 2010 年版，第 43 页。

⑤ ［美］凯文·希林顿：《非洲史》，赵俊译，刘鸿武校，中国出版集团东方出版中心 2012 年版，第 10 页。

和畜牧业的出现，族群社会和技术发生重大变革，出现了依旧贫穷的生产者和比较富有的非生产者，非生产者主要是专业工匠、牧师、行政人员和掌管、组织社会规划的首领。此时，逐渐产生了比较简单的和少量的劳动关系。在铁器时代（公元 1000 年前后），南部非洲在以农业发展为基础的前提下，仍旧以狩猎和采集为重要的食物来源方式，男女之间有着明确的劳动分工，女人负责管理作物、做饭和照料小孩，男人则负责照管家畜、狩猎。①

南非原住民族群的社会结构比较松散，一般以家庭血缘族亲或者受庇护者为单位组成氏族。在非洲历史上的大部分时间里，土地充足而劳动力不足。农业社会的发展需要争夺更多的劳动力而非土地。一般富有的族群或富有的个人往往控制着开辟和耕种土地所需的劳动力。在南非，组织劳动力的方式通常都是有着血缘关系的亲属集团。不同类型的家族集团都会被召集参加农业劳动，而女性则是主力军。为了扩充劳动力，班图人实施一夫多妻制，通过繁衍更多的孩子来促使亲属集团中劳动力的增加，富裕的班图男性和有权势的酋长可以娶多房妻子。另外，男性劳动力通过成立年龄组承担不同体力需要的劳动任务，如较年轻的年龄组一般从事较费体力的工作，而较年老的年龄组多承担经验和判断的任务，比如管理和参加司法事务。这种按年龄组分化的劳动方式仅存在于非洲。② 所以，美国学者埃里克·吉尔伯特和乔纳森·T. 雷诺兹③指出，食物生产方式和获取方式深刻改变了非洲人的生活，它们不仅开启了社会等级制度和建立国家的大门，而且塑造了社会习俗，尤其是在劳动方面。当氏族群体面对涉及劳动方面和其他方面的矛盾纠纷时，一般都交由酋长通过管理族群事务的族群理事会处理，酋长听取各方意见来解决纠纷，而酋长的权力也是有限的，没有任何暴力机构可依赖，其权力的实施往往依靠族群理事会成员的合作，包括男性亲属和平民。17 世纪中叶以前的南非科伊桑人和班图人的自给自足的原始社会生活方式特别漫长，既不能产生真正的社会分工，也不可能有效地使经济贸易得到快速发展。但是总体来看，在 17 世纪荷兰东印度公司进驻以前的南非社会里虽然存在简单的劳动分工与协作，但

---

① ［美］凯文·希林顿：《非洲史》，赵俊译，刘鸿武校，中国出版集团东方出版中心 2012 年版，第 69 页。

② ［美］埃里克·吉尔伯特和乔纳森·T. 雷诺兹：《非洲史》，黄磷译，海南出版社、三亚出版社 2007 年版，第 39—40 页。

③ 同上书，第 38—39 页。

是并没有形成大量劳动关系，少量的劳动关系不需要专门的劳动法律法规进行调整。劳动关系是劳动法调整的对象，它作为劳动力与生产资料相结合以实现劳动过程的社会关系，只有在劳动资料与生产资料需要通过一定社会关系进行结合的条件下，才会产生。① 从南非的社会历史发展来看，原始社会中实行生产资料氏族所有制，亲属集团中的氏族成员既是劳动力所有者又是生产资料所有者。他们之间不存在劳动力与生产资料的分离，也就无从产生劳动关系。

## 二　荷兰殖民统治时期（1652—1806 年）

在 17 世纪，荷兰东印度公司是参与印度洋贸易的占支配地位的欧洲机构，这就开始激起荷兰人对南非地区的关注。荷兰东印度公司于 1652 年在开普设立了一个前哨基地，而这个原来不过供荷兰东印度公司船只自己前往印度或从印度返航时补充给养的基地，最后变成了开普敦城。② 这个前哨基地是荷兰人范·里贝克奉印度公司之命，率领部分士兵和水手组成的远征队来到开普半岛南部海域设立的，负责为公司过往船只提供一些物质必需品。建站之初，公司招聘一批员工在开普半岛办农场，从事农业生产劳动。由于雇员的劳动与经济收益关联不大，导致雇员缺乏劳作的积极性，农场经营一段时间就结束了。在此情况下，1675 年范·里贝克向东印度公司建议解除 9 名公司雇员与公司的雇用关系，让他们成为开普半岛上的"自由民"，允许他们按一定条件获得公司土地，建立私人农场，自主经营园圃、农场，产品由公司收购，售给商船。③ 这样，"供应站"单纯供应给养的模式最终发生了变化，加之 17 世纪下半叶荷兰加大对亚洲大张声势的殖民扩张，导致南非在荷兰殖民体系链条中的地位相应发生了变化，好望角建站的历史因此结束。这些早期脱离荷兰东印度公司的早期欧洲移民，是荷兰语"布尔人"④ 的祖先。在开普半岛南端出现了一些欧洲白人定居点，荷兰在南非殖民统治的帷幕从此拉开。之后，该公司又陆续把从欧洲大陆其他国家招收的雇员和难民运到开普。⑤

---

① 王全兴：《劳动法》，法律出版社 2008 年版，第 2 页。

② ［美］埃里克·吉尔伯特、乔纳森·T.雷诺兹：《非洲史》，黄磷译，海南出版社、三亚出版社 2007 年版，第 246 页。

③ 郑家馨：《南非史》，北京大学出版社 2010 年版，第 3 页。

④ 荷兰语 Boor（布尔）意为农民，早期多指开普地区的荷兰农场主。

⑤ 杨立华主编：《南非》，社会科学文献出版社 2010 年版，第 53 页。

　　与此同时，该公司从亚洲的殖民地和非洲其他国家大量贩运奴隶。到18世纪初期，开普奴隶数目已超过白人"自由民"人数。① 这些奴隶只是会说话的劳动工具而已，不仅他们的劳动力被无偿占有，而且没有人身自由。随着开普殖民地移民队伍的壮大，白人殖民者对土地和劳动力的需求也不断增加。他们除在向东推进的过程中侵占大量"无人占用的"土地的同时，发动了一系列武力征伐行动，导致科伊人丧失牲畜和土地，成为出卖劳动力为生者或者沦为奴隶。② 自此，荷属开普殖民地便成为一个以外来种族为主的混合社会。从荷兰、德国和法国等欧洲国家来的白人移民，经过长期的同化融合后，他们的后裔也成为操南非荷兰语的单一白人群体，即"布尔人"，后来他们自称"阿非利卡人"。③ 而白人移民与奴隶或科伊人和桑人妇女的混血后代，成了后来被称为"有色人"的社会群体，他们是下等人，虽有一定的人身自由，但基本上靠向自由民出卖劳动力为生。丧失基本人身自由的奴隶处于社会最底层。到19世纪初英国人入侵并占领开普殖民地时，开普殖民地大约有白人自由民1.5万，奴隶约2万。④ 此时的经济结构是以牧为主的粗放式奴隶制经济。在奴隶制经济结构中，不仅生产资料为奴隶主所有，而且寓于奴隶身体的劳动力也归奴隶主所有，因为奴隶不是人而仅是会说话的工具。虽然也有奴隶和农奴少量自由人以自己的劳动力为他人劳动，但是这种现象在社分中所占分量甚微，不可能产生大量的劳动关系，但是它却成为工业革命时期劳动法的产生在原始氏族社会劳动分工合作的基础上的一层奠基石。

　　荷兰所辖开普殖民地当时所适用的是宗主国尼德兰联省共和国的法律，特别是荷兰行省的法律，该法律为罗马法复兴运动中经由前期和后期注释法学派整理评注过的罗马法。在17世纪和18世纪，荷兰法学家为适应当时的需要，对历史上的法律加以研究，把罗马法与大量的本地习惯加以融合，形成了罗马—荷兰法。⑤ 罗马—荷兰法通过两个方面的途径得以在南非迅速发展。一方面是依托频繁的立法活动，包括正式的成文立法和其他法律如公共著述家的著作、法院的判决、若干习惯以及罗马法与圣经典籍等；另一方面是通过司法实践，设立司法机关和立法机关，培养职业

---

① 杨立华主编：《南非》，社会科学文献出版社2010年版，第54页。
② 叶兴增：《南非》，重庆出版社2004年版，第41页。
③ 同上书，第40页。
④ 同上书，第41页。
⑤ 朱伟东：《南非共和国国际私法研究》，法律出版社2006年版，第13页。

化的律师，审理民刑事案件。早期荷兰殖民者来到南非后，在开普殖民地最初使用的法律是荷属东印度公司制定的被称为"Artychelbrief"的规章条例，它详细地列出了公司机构与雇员的关系。[①] 罗马法及罗马—荷兰法中有关劳动雇用方面的思想为后来南非劳动立法奠定了基础。例如罗马法规定自由民的劳动或服务的租赁有两种表现形式：一是个人服务的出租和雇用（法典主义者称其为 locatio conduction operarum，即劳工雇用），二是某项特定工作或可作为整体完成的职业（locatio conduction operas，即劳务契约）的出租和雇用。既然奴隶仅是一个物品（res），那么他就没有能力出租自己的劳动或服务，但是如果他的主人出租该奴隶的服务，那么主人和承租人之间的合同被称为租赁合同（locatio conduction rei）。[②] 此外，罗马法规定，劳动雇用关系如同一份协商一致的合同，在合同中雇员将自己的劳动服务提供给愿意接受其劳动服务并同意将劳动报酬作为回报的雇主处置。劳动雇用关系的主体是劳动，但是这种劳动并不是由奴隶提供的。那么，在奴隶数目多于"自由民"时，关于劳动立法的可能性是微乎其微的。

虽然罗马—荷兰法学家仍将劳动雇用合同视为租赁合同的类型，但是罗马—荷兰法中关于劳动雇用租赁在某些重要方面与罗马法中的原型有所不同，主要表现为：首先，其适用的范围虽然得到极大的扩展，但是自由职业人提供的服务没有包括在内而是属于委托授权的合同范围内；其次，大多数雇用关系内容在很大程度上由成文法调整，如家庭仆役和农业劳动者；最后，劳务雇用服务（locatio servi）已经不再使用。这些变化导致涉及雇用双方之间潜在的经济关系发生了彻底变化。这种简单的经济交易曾使某特定的人临时通过获得一笔钱作为回报就把物品（奴隶）转交给另外某特定的人使用，而现在却孕育发展为平等个体的雇主和雇员的自由交换，坚决维护他们在雇员的服务租赁上的自由。[③] 在当时的司法实践领域，任何一个熟知罗马—荷兰法的律师都不会将雇用关系处理的规定视为一种自治条例，他们都赞同把这种雇用关系置于物件租赁的语境中进行探讨，或依据制定法条文或在特定情形下适用地方习惯来进行调整和规范。

---

[①] 夏新华：《非洲法律文化专论》，中国社会科学出版社 2008 年版，第 88 页。

[②] Reinhard Zimmermann and Daniel Visser, Civil Law and Common Law in South Africa（Ⅱ），Clarendon Press · Oxford, 1996, p. 391.

[③] Ibid..

对于上述情况，荷兰殖民统治者于 1657 年至 1800 年间在开普颁布了大量的涉及雇用关系的法律。这些法律主要关于以下事项：如雇主承担雇员的错误行为导致的替代责任、土著人必须携带通行证的规定，以及对殖民地以外自由民提供的服务进行规定。而英国在南非进行殖民统治时候针对上述内容的第一次立法是 1841 年 3 月 1 日的《法令》。该《法令》是纳塔尔、德兰士瓦和奥兰治自由邦在制定类似法令时候的范本。它废除了自 1787 年以来的立法，并且在此期间通过了各种各样的其他法律和宣言书。由此可见，南非在荷兰殖民统治时期并未真正制定和颁布劳工法律法规，但是由于当时殖民地经济发展的需要而大量引进和适用荷兰宗主国的有关雇用关系的法律规定来调整和规范当时的南非殖民地逐渐增多的劳动关系，缓解劳工纠纷和社会矛盾。

## 第二节    南非劳动法的形成时期

南非自从被英国占据之后，其劳动法的形成时期主要包括两个时期，分别为：英国殖民统治初期（1806—1850 年）和英国殖民统治中后期（1850—1910 年）。在这两个时期里，英国将本国包括劳动法在内的基本制度都搬迁过来，从政治到法律都进行了全面的移植和本土化。

### 一    英国殖民统治初期（1806—1850 年）

1795 年，英国出兵占领好望角。1815 年的维也纳会议最终确认英国对荷属开普殖民地的所有权，荷兰殖民统治者至此结束对开普地区 154 年的统治。英国自占领开普殖民地后，就开始施行英国模式的管理，并且大量移植英国的实体法和程序法至统治地区，从而使英裔白人不仅在政治文化上占优势，而且逐渐在经济上起着主导地位，因此极大地抑制了布尔人的社会，造成英、布矛盾加剧，冲突不断。而废奴制度是引发开普殖民地社会发生重大变化的因素之一，也是加深英、布关系进一步恶化的重要原因。1833 年，英国宣布废除奴隶制度，开普殖民地的奴隶制也随之也宣告终结。科伊人和桑人重新获得人身自由，被称为"开普有色人"。虽然他们不再是奴隶，但是仍然过着奴隶的生活，依靠出卖他们廉价的劳动力给白人农场来维持生存。取消奴隶制度以后，英殖民当局将南非有关歧视有色人种的旧立法废除了，并且为了实现表面的平等和公正，立法规定规定白人和非白人在法律面前一律平等，然而这种举措并没有给明显改善有色人的经济状况和提高他们的政治和社会地位，那么在劳动场所的不平等对待更是如此。1828 年以后，英国在南非实施"解放"科伊仆役（农奴）的政策，这项政策导致农场的劳动力逐渐减少，农业生产能力大幅度下降，各阶层布尔农场主强烈地意识到劳动力缺乏带来的危机。1834 年，南部非洲废除奴隶制①，进一步加剧了农场田园劳动力不足的困境。以前充足的劳动力充分地保障了农场主的利益和财富，为了继续维持农场原有的富足状况，一些富裕的布尔农场主不得不参加和主导大迁徙活动。正如古罗马思想家西塞罗所说，"离开人的劳动，就不能从土地中获得我们所必需的石头以及金银铜铁"。② 因此，布尔人迁徙到德兰士瓦高原，建立了"独立的共和国"，并于 1854 年制定了第一部宪法，该宪法宣称"无论在教会或在国家中，有色人种（指所有非白人）与白人之间绝对没有平等可言"。③ 这部带有种族歧视的宪法成为布尔人的面具，掩盖他们在废奴运动的冲击下仍旧想掩盖继续奴役获得所谓自由身的"奴隶"的真实面目。就这样，那些获得自由身的"奴隶"必须与仆人一样，仍旧依附于布尔农场主为谋生计。只不过奴隶名称已改称"学徒"，他们的子女也可按 1812 年补充条令，加上"学徒"名义，其实质并未有任何改变。

1820 年以后，南非开始法制"英国化"的进程。1823 年，比格（Bigge）与克勒布罗克（Colebrooke）受英国政府委派对开普法制英国化的必要性进行调查。1827 年后，英国政府根据二人调查委员会的建议制定了《司法宪章》，正式开始以英国制定法取代开普的罗马—荷兰法。④ 合同是契约精神的具体表现。然而此时，南非的劳动雇用合同概念已经牢固地建立于罗马—荷兰法之上，而其基本原则的理念表现为订立合同当事人之间的合同自由和主体平等，而类似的一般概念在英国的出现是在 18 世纪。在那个时候，劳动雇用关系开始由部分人法或由适

---

① Mpfariseni Budeli, "Workers' Right to Freedom of Association and Trade Unionism in South Africa: An Historical Perspective", available at http://uir. unisa. ac. za/handle/10500/3944 (last visit: 9/5/2013).

② ［苏联］卡达拉耶夫：《经济学说史讲义》（上册），雷金娜译，中国人民出版社 1957 年版，第 27 页。

③ 郑家馨：《南非史》，北京大学出版社 2010 年版，第 77 页。

④ 夏新华：《非洲法律文化专论》，中国社会科学出版社 2008 年版，第 92 页。

用于特定工业和特定阶层的制定法调整。特定的工业和阶层是指那些从事农业或畜牧业、矿业工作的劳工和技工。可以说，这些关于劳动雇用的法律不是依据劳工所被雇用的合同类型来进行调整，而是由劳工工作的性质来进行规范。① 劳动雇用合同里面涉及的一些基本概念的不断完善是由法院主导的，因为法院在新工业革命发展时期必须调整概念的范围和内容以适应不再属于劳工法和贫民救济法调整范围的新工业雇用关系。② 随后，殖民地区的制定法发生改革，一是劳动雇用制定法的适用范围被逐渐扩大，二是以前经常适用的《主仆法》也逐渐不再适用。这种制定法方面的发展变化在 1875 年达到了顶峰，《主仆法》中的刑事规定也被废除。从那时起，雇主与雇员之间因违背合同而产生的纠纷由合同法管辖而不是刑法。③

　　从表面看，为促进普通法劳动雇用合同的形成，南非法院经常从英国法中寻找可以适用的法律，而这种对英国法的继受往往出现在当罗马—荷兰法已经不能够确定是否可以适用和确实无法适用之时，如替代责任问题和雇员默认的效忠责任和胜任工作。在很多情况下，南非法院都试图把英国法的规则和理念融入罗马—荷兰法中以作为对英国法的适用，主要是那些有关物的租赁的情形，这是因为南非劳动雇用合同的原始起萌状态是物的租赁。但是当面对特别（in specie）劳动雇用合同的时候，法院往往不会适用英国法，比如生病期间工资的丧失和工资的支付，在这种情形下，英国法的特定规则被拒绝考虑适用，因为法官可以在罗马—荷兰法中找到更多相关的可以适用的、明确和公正的条款以弥补英国法之不足。因此，杰·荷玛斯（J. Holmes）在《片面的迪·温纳尔》（*ex parte De Winnaar*）中指出："当我们现存的法律是南非的而不是罗马荷兰的时候，我们的国家已经发展到了一定的阶段，毋庸置疑现存法律根源于罗马荷兰，并且这些法律根源是璀璨夺目的，但是持续性的发展已经通过现代的条件、案例法、制定法以及通过对英国法特定原则和特征的同化而进行。罗马—荷兰法的起源是很重要的，但是对罗马—荷兰法排外式的关注就如同把橡树还给橡树种子一样，是一种倒退。我们国家的法学在前进，必要时要把它的

---

① Reinhard Zimmermann and Daniel Visser, Civil Law and Common Law in South Africa（Ⅱ），Clarendon Press·Oxford，1996，p. 395.

② Ibid.，p. 394.

③ Ibid.，p. 395.

襁褓置于一旁。"① 据此可见，在现代南非法里，劳动雇用合同法的性质为普通法，英国普通法对南非劳动雇用法的影响已经远远超越了罗马—荷兰法的影响。

## 二　英国殖民统治中后期（1850—1910 年）

1856 年，开普白人农场主要求立法解决劳动力缺乏问题。立法以非种族方式规定了主人和仆人各自的权利和义务。在此期间，工会主义问题还没有引起任何关注。② 于是，1841 年 3 月 1 日的《法令》被废除，由1856 年第 15 号《主仆法》取而代之。《主仆法》的适用范围非常有限，仅对部分阶层的雇员具有效力。它规范的事项有：雇用合同的期限、雇用终止通知的时间、病假、提供食物和暂住的规定、雇主破产或者任何一方死亡情形下的合同终止和工资支付。此外，还有对上述情形的处分规则和刑事制裁的规定，比如对于雇主强迫劳工劳役的监禁，或者即使雇主未强迫劳役但仅提供简单饮食的监禁，以及对具有不当行为、不服从、疏于职守和擅离职守的雇员的单独监禁。《主仆法》也在条款中对"主人"和"仆人"设定了不同于普通法的权利和义务，但它还是建立在合同的基础之上的。正如该法第一章第 1 条所说，"服务合同或者学徒关系合同的成立或者解除、涉及任何权利、责任、义务、权力、债务或者由任何服务合同或者学徒关系合同导致的其他事项、任何维系主仆或者学徒相互关系的事项，应当依据殖民地的法律分别审理、判决和裁决，除了以上所述的事项应当由本法规定以外，一般情况下应尊重和适用双边合同"。该法虽然在 1873 年第 18 号法令中进行了全面修订，但是最终被 1974 年第 94 号《一般法修正案》废除。③ 虽然《主仆法》并不是一部劳动立法，但是其对"主人"和"仆人"的权利和义务的规定不同于普通法，而且非常重视"主仆之间"的合同关系。

随着钻石和黄金在南非的发现导致了大量劳动力的流入，以及为支持

---

① Reinhard Zimmermann and Daniel Visser, Civil Law and Common Law in South Africa（Ⅱ）, Clarendon Press·Oxford, 1996, p. 415.

② Mpfariseni Budeli, "Workers' Right to Freedom of Association and Trade Unionism in South Africa：An Historical Perspective", available at http：//uir. unisa. ac. za/handle/10500/3944. （last visit：9/5/2013）

③ Reinhard Zimmermann and Daniel Visser, Civil Law and Common Law in South Africa（Ⅱ）, Clarendon Press·Oxford, 1996, p. 397.

矿业群体而设立的其他工业，劳动关系也因此日益增多和显得复杂。由于
南非没有充足的技能型劳动力，主要来自英国的欧洲移民被雇用从事技术
性工作。这些工人带来了他们欧洲的英国工会主义。然而，南非第一次工
人运动的开展没有绝对的确定性。据菲尼莫和凡·德·摩威（Finnemore
and Van der Merwe）所说，南非第一个有文献记载的工会是建立于 1881
年的木匠和工匠工会（Carpenters and Joiners Union）。这个工会代表了招
募于澳大利亚和欧洲的技术型白人工人。但是凡加·尔斯维德和凡·艾克
（Van Jaarsveld and Van Eck）则认为南非第一个工会应是成立于 1892 年的
约翰内斯堡（Johannesburg）的工会组织。① 这些记载说明了工会在南非
的最初发展状况，工会是南非最有社会政治地位和最重要的代表劳动者与
雇主和雇主组织进行磋商和集体谈判的劳动法组织机构。为了适应英国经
济的快速发展，英国人在南非殖民地大力发展畜牧业和农业，然而劳动力
却远远不足以满足社会生产发展的需要，英国只得从其他殖民地批量招募
合同制劳工，如 1860—1866 年约有 6000 印度人来到纳塔尔。到 1907 年，
有近 10 万印度人"输入"南非。印度人大多在这里定居，成为南非多种
族社会的一部分。② 即使有大批的外来雇工涌入南非，那时候的南非仍是
一个以农牧业为主的社会，非洲人传统的部落社会组织、家庭机构以及生
产生活方式基本上得以维持。③

　　19 世纪 60 年代，随着南非金刚石和黄金矿藏的大量发现，使采矿业
迅速繁荣起来，而由此引发的工业革命对南非社会冲击巨大，南非整个政
治、经济的发展进程发生了彻底性的变化。矿业开采不仅需要足量的技术
型劳动工人，也需要非技术型劳动工人，而本土非洲劳动工人不具备承担
技术性工作的能力。因此，除主要来自欧洲英国的技术工人之外，大量的
非技术性劳动主要靠当地人承担。但是，19 世纪 60 年代的布尔人社会和
非洲人社会都处于前资本主义的农业社会时期，布尔人占据大片非洲土地
和拥有大部分黑人为他们劳作的现实状况严重阻碍了英国资本的迅速发
展。不仅如此，布尔人还在继续他们的土地扩张和争夺劳动力，因此导致
一系列的英布战争，而掠夺土地的殖民战争一直持续到 19 世纪末，其结

---

　　① Mpfariseni Budeli, "Workers' Right to Freedom of Association and Trade Unionism in South Africa: An Historical Perspective", available at http://uir. unisa. ac. za/handle/10500/3944. (last visit: 9/5/2013)

　　② 杨立华主编：《南非》，社会科学文献出版社 2010 年版，第 64 页。

　　③ 叶兴增：《南非》，重庆出版社 2004 年版，第 48 页。

局是非洲人的武装反抗被镇压，而非洲人的土地大部分被白人占据，只剩下零星的"土著保留地"。传统农业遭到破坏，人口对土地的压力越来越严重，大批非洲人男子离开土地到矿区出卖劳动力。黑人劳工是价廉物美的劳动工具，不受任何组织的保护，丰富的矿藏和廉价的黑人劳工大大地提升了矿业生产所带来的财富。为了获得更多廉价的非洲人劳动力，英国殖民当局想方设法迫使非洲人放弃自己的土地成为矿工，如通过暴力剥夺非洲人的土地田园使其生存无所依，然后通过制定法律法规和征收赋税来逼迫非洲人出卖劳动力。1894 年英国殖民当局施行《格伦格雷法》，该法规定非洲的男子必须在上一年的 12 个月内在自己的聚居地之外曾劳动 3 个月，否则必须缴纳 10 先令劳动税。① 这样就迫使非洲人与矿主订立雇用劳动合同，从事一定时期的劳动，期满后才可以回到原籍。这种长时期实行的制度逐渐地形成了南非的流动劳工制度，并且成为南非矿业的主要用工制度。其主要内容包括：非洲人劳工只身住在兵营式的单身宿舍区，不得携带家眷同往；非洲人劳工必须随身携带通行证（1895 年制定通行证法）；合同期满前不得擅自离开，否则视为违反相关法律（1872 年钻石矿的《主仆法》）；非洲人不能组织自己的工会；等等。这种制度的实行对南非的影响导致大量非洲人青壮年男子长期离家外出做工，农业主要由妇女承担，造成很多家庭破裂。非洲人社会失去了自主发展的条件，完全服务于白人资本的需求。② 19 世纪中叶的后半期，钻石矿和金矿的技术工人和工匠大多来自欧洲的英国。他们有组织工会的传统，到南非后很快就组织了白人工会。他们的工会不包括黑人工人，他们通常认为这些廉价且没有技能的劳动力可能会因被雇主的使用而降低他们工作的安全感和高标准的生活。因此，按照惯例和传统，黑人工人被排斥在这些工会之外。③ 如 1892 年成立的威特奥特斯兰德矿雇员和技工工会。1894 年，英国殖民政府试图在约翰内斯堡成立总工会（trade council）以整合协调一些工会组织。因为一些工人拒绝参加，导致这些尝试失败。即使有一些在 1895 年后期成立的总工会，但是成立后不久就丧失其原有的社会地位、功能和作用。在英国工会主义盛行之下，矿主不敢任意压低白人矿工的工资。白

---

① 杨立华主编：《南非》，社会科学文献出版社 2010 年版，第 67 页。

② 同上书，第 69 页。

③ Mpfariseni Budeli, "Workers' Right to Freedom of Association and Trade Unionism in South Africa：An Historical Perspective", available at http：//uir. unisa. ac. za/handle/10500/3944. （last visit：9/5/2013）

人矿工的工资相当于黑人矿工所得的 11 倍，而且，矿主还为白人矿工提供住房补贴。① 由此可见，自南非工业化时起就已存在着同工不同酬的就业歧视待遇。

南非战争后，大量的黑人劳工没有回到矿场继续劳作，导致矿场极度缺乏劳动力。为了缓解这种境况，英国政府决定利用 1860 年的《北京条约》第 5 款的规定，去中国招募劳工。② 1904 年，大量的中国劳工被进口到南非。③ 由于中国劳工的引进触发了很多的问题，导致了英国工会的反对和德兰士瓦内部的不满，于是，英国政府于 1907 年 1 月决定停止招募华工，并遣送中国劳工回国。此后，东非殖民地的非洲人（莫桑比克人）成为金矿劳动力的重要来源。劳动力紧缺的状态，是促使矿业资本要求政治统一的原因之一。④ 与此同时，德兰士瓦立法部门制定和颁布了 1909 年《劳资争议防止法》。这是南非第一次指定用于调整一般劳动关系的立法。根据该法的规定，雇主有责任和义务对适用于企业内部的雇用条件和期限的任何变动提前一个月告知雇员，如果雇员对该变动有任何异议，那么就必须指定一个调解和调查委员会对该事项进行调查并且在一个月内作出反馈报告。除非争议双方当事人同意以外，委员会的调查结果不会约束争议双方当事人而仅具有建议的作用。除非调解和调查委员已报告该项争议并且直至单方行为的延期履行已经失效，否则不允许有任何劳资诉讼行为。而且该法不适用于雇用不足 10 个雇员的雇主及公务人员（public servant）。⑤ 由此可见，这部立法已经明文规定允许依法设立第三方组织机构来参与调解雇用双方的矛盾纠纷，在某种程度上已经开始关注到雇员利益的保护，有较大的进步意义，但是其适用的范围有限制。1910 年，南非联邦的人口共 592.5 万，包括非洲人 400 万，"有色人"（混血人种）50 万，印度人 15 万和白人 127.5 万。⑥ 然而，南非仍是一个以原住居民

---

① 杨立华主编：《南非》，社会科学文献出版社 2010 年版，第 69 页。

② 同上书，第 74 页。

③ Mpfariseni Budeli, "Workers' Right to Freedom of Association and Trade Unionism in South Africa：An Historical Perspective", available at http：//uir. unisa. ac. za/handle/10500/3944. （last visit：9/5/2013）

④ 杨立华主编：《南非》，社会科学文献出版社 2010 年版，第 75 页。

⑤ Mpfariseni Budeli, "Workers' Right to Freedom of Association and Trade Unionism in South Africa：AnHistorical Perspective", available at http：//uir. unisa. ac. za/handle/10500/3944. （last visit：9/5/2013）

⑥ 杨立华主编：《南非》，社会科学文献出版社 2010 年版，第 75 页。

非洲人为主的社会，其与"有色人"和印度人处于被压迫民族的地位。而此时，英国法对罗马—荷兰法影响的结果，正如一些学者所说，"经过在南非的长期存在，原来的罗马—荷兰法'两层蛋糕'已经加进了第三层——英国法"①。就这样，"英国人造成了普通罗马法与英国普通法的混合——他们在苏格兰也有过这样的作为——这是罕见的罗马法对非罗马法的继受，值得注意的是，即使是这种继受，也不是通过立法活动，而是通过法学家的渗透作用完成的"②。正如瑞哈德·孜梅蔓和丹聂·维萨（Reinhard Zimmermann and Daniel Visser）指出："甚至在关于劳动雇用关系的重要问题上，他们的观点也是独特的，比如雇主承担雇员的非法行为的替代责任，虽然有时候观点不同。但是这些观点的不同归因于来自英国法的原则被同化到南非的劳动雇用法律之中。"③

## 第三节　南非劳动法的发展时期

### 一　南非种族隔离时期（1910—1993 年）

1910 年南非联邦的成立是南非种族主义统治制度正式建立的标志。1910 年建立的南非联邦，乃是英帝国所属的一个自治领地，它的政治制度依照"英国宪法的原则"，英国总督是最高行政长官，立法的批准权在英国议会，英国政府对南非的行政干预权力直至 1996 年南非脱离英联邦，才彻底结束。④ 在这一时期，虽然两部分白人的矛盾依然存在，但是种族矛盾远远超过白人内部之间的矛盾，强化对非洲人的统治就必然在所有的矛盾中占据了首要地位。因此，可以说 1909 年的《南非法》，奠定了白人至上的种族主义的基础。⑤ 它是一部具有种族主义性质的宪法。该法倾向于保护白人的权利和利益，忽略对非洲黑人权益的保障。在法律领域，法制英国化的进程逐渐变得缓慢，而被"遗弃"

---

① 夏新华：《非洲法律文化专论》，中国社会科学出版社 2008 年版，第 93 页。

② 同上书，第 93—94 页。

③ Reinhard Zimmermann and Daniel Visser, Civil Law and Common Law in South Africa（Ⅱ），Clarendon Press·Oxford, p.391.

④ 杨立华主编：《南非》，社会科学文献出版社 2010 年版，第 76 页。

⑤ 叶兴增：《南非》，重庆出版社 2004 年版，第 52—53 页。

的罗马—荷兰法重新受到重视。① 虽然实体法的内容仍然趋向于获得英国殖民当局和枢密院审判委员会的满意，然而在具体的程序法实务中，南非法院则倾向于重视古代"荷兰法"学家的著述以及从他们那里发展起来的法律原则，并努力使之适应现代南非的社会发展情况。② 南非法院一方面加紧改造源于大陆法系的罗马—荷兰法以适应社会法制发展的需要；另一方面模仿英国判例法的模式，大量援引和运用司法判例于具体的案件审理中，这一种将两种法系结合在一起的法制变革状态，深深地反映了罗马—荷兰法与"英国法"之间微妙的混合关系。③ 可以说，自 1910 年以后，英属南非殖民地的人民已经意识到两种法系和本土习惯法的混合存在，他们面对这种"混合法"的态度是坦然接受，并且将它们本土化，以适应当时社会政治、经济和文化发展的需要。然而在种族隔离制度时期，南非"混合法"状态表现为在原有的土著习惯法、罗马—荷兰法、英国法的基础上，融入了南非特有的种族主义法制。这种特殊形式的"混合法状态"的出现根源于南非种族隔离制度。而"炮制这种制度的不只是阿非利卡人，而且是由荷兰殖民者、英国殖民者、布尔人统治者相互借鉴，共同蓄意制造成的"④。1994 年南非多种族大选后，各种族开始真正享有平等的地位，分享同等的社会经济和政治权利。随着曼德拉政府对南非种族隔离时期的法律的大规模的清理，一切有关种族歧视的法律都被废除，但在司法领域仍大多沿用以前的法律。⑤ 这是理解南非种族隔离时期"混合法"形成的重要历史原因，因为它与新南非时期的"混合法"在性质上有明显区别的。

　　英属南非联邦于 1911 年又实施了《矿山作业法》（*the Mines and Works Act*），该法是按照技术型白人矿工的要求制定和颁行的。这些非南非本土的技术型白人工人不仅主张他们不与任何非技能性和低报酬的非白人劳工的竞争，还要求发给他们证明有技术能力的证书，这样可以把矿场中的黑人劳工从所有的技术性或半技术性的工作中隔离出去。同期通过的《土著劳工管理法》（*the Native Labour Regulations Act*）明文规定禁止黑人

----

① 夏新华：《非洲法律文化专论》，中国社会科学出版社 2008 年版，第 52 页。
② 同上书，第 93 页。
③ 同上书，第 95 页。
④ 同上书，第 98 页。
⑤ 同上书，第 95 页。

劳工罢工，该法的实施得到雇主和矿山所有者的极力支持，他们对雇员更加从严监督和管理，并且对违反劳工雇用合同的黑人劳工进行刑事处罚。这种从立法上加强对黑人劳工的排斥和权益的漠视，导致了后续黑人劳工的极度不满和奋起反抗。1912 年，南非土著人国民大会（the South African Native National Congress）成立，随后立即展开了轰轰烈烈的暴力运动反对剥夺黑人政治权利的 1910 年《宪法》，以及仅为白人和有色人提供的职位保留。尽管南非土著人国民大会想方设法消除肤色限制，但是南非当局仍继续通过法律以限制黑人工人的权利和自由。[①] 随着历史的发展变迁，它后来发展成为非洲国民大会（the African National Congress）。为了争取与白人工人同等的权利和利益，1918 年年末和 1919 年年初，黑人劳工多次开展罢工运动，呼求提高工资水平和取消肤色制约。面对黑人劳工的强烈诉求，南非当局为了尽快恢复社会秩序而采取了镇压措施和更严格的立法规制，他们及时通过了《土著人城市地区法》来加强管控黑人劳工。该法的规定进一步限制了黑人劳工在城市地区进行活动的范围。比如男性黑人进入受限地区时必须报告当局，如果他们找到了工作，那么雇主就必须将他们的劳工雇用合同登记在警察局。如果合同终止了，那么黑人雇员就必须离开该地区，除非他在规定的时间内在该地区又找到了另一份工作。

南非工会的成立在种族隔离时期对劳工权益的保护起着非常重要的作用，特别是黑人工人劳动权益的保护。工会作为工人的组织机构不仅可以更好地保护工人的劳动权益，而且可以促进劳动立法的发展。相应地，劳动立法的发展也可以促进工会的发展，起到保护工会和工人劳动权益的作用。在种族隔离政策施行的早期，工会活动是没有专门的立法给予调整和规范的。工会主要是致力于执行和提升劳动雇用工作条件，以及通过罢工方式提出工人的其他要求。南非的第一个黑人工人工会是工商业工人工会（the Industrial and Commercial Workers' Union），成立于 1919 年。虽然没有进行正规的登记，但是它向法院提出了很多有关黑人工人权益的问题，并且努力为黑人工人争取权益。然而，最终因为外部的压力、内部的效率

---

① Mpfariseni Budeli，"Workers' Right to Freedom of Association and Trade Unionism in South Africa：An Historical Perspective"，available at http：//uir. unisa. ac. za/handle/10500/3944.（last visit：9/5/2013）

低下、领导阶层的分派和缺乏民主性机构，该工会瓦解了。① 与此同时，尽管存在黑人工人遭受矿主和雇主的压迫和剥削，当矿主为了追求更多的剩余价值和利益时，白人工人也被迫接受糟糕的工作条件和低微的工资。在此种工作境况下，白人工人的地位也同样变得不安稳了。为了与黑人工人竞争工作机会，这就引发了白人工人举行频繁的工业动荡，反对雇主试图引进更多廉价黑人劳动力。比如 1922 年白人工人在威特沃特斯兰德举行大规模的劳动力动荡和暴力罢工运动，其原因一是一些白人工人的工资遭遇削减，二是黑人工人与白人工人之间的工作竞争，三是白人工人与黑人工人的同工不同酬。这次劳动力动荡就是闻名于世的兰德叛乱（the Rand Rebellion）。在这次暴力运动中，大部分的工人受伤严重，甚至死亡。"兰德叛乱"让政府意识到必须立即采取措施缓解当前那种日益紧张的劳动关系。就这样，这些罢工直接导致了有序协商解决劳动雇用条件的调解机制的出现。同样的，为调和劳动社会矛盾冲突，劳动立法也就加速了内容的转变。于是，在史末资政府失败后不久，1924 年通过了《劳资调解法》（the Industrial Conciliation Act）②，是南非第一次综合性劳动立法。该法使南非的工会运动、工会及其成员都得到法律的认可和保护，并且工会被允许以组织的形式行使其职责和发挥作用。该法以 1909 年《劳资争议防止法》的基础性条款和基本原则为依据，提出通过限制劳资诉讼来支持和促进自发性集体谈判的发展，引进了集体谈判机制，以及为解决争议和规范罢工和闭厂的制度，对工会和雇主组织实行强制性登记规定。然而，该法虽然在制度改进方面有所进步，但是在种族歧视和就业歧视方面仍存在一定的缺陷和问题，如该法在雇员的界定中明确规定排斥黑人雇员，因此，黑人雇员不能从该法的条款中获得任何福利。只有白人工人和"有色"工人才允许组织和参加登记的工会，并从中获取权益。为了进一步掌控劳资关系和化解劳动纠纷，当局颁布了 1925 年《工资法》。该法主要是关于工资待遇由单方面决定和工作条件的规定。与《劳资调解法》不一样，它适用于黑人工人，而且一些工会可以根据《工资法》中有利于黑人成员的条款为他们争取福利。因为该法的规定没有许可种族

① Mpfariseni Budeli, "Workers' Right to Freedom of Association and Trade Unionism in South Africa: An Historical Perspective", available at http: //uir. unisa. ac. za/handle/10500/3944. (last visit: 9/5/2013)

② 又译作《工业调解法》。

歧视，所以雇主有关工资福利待遇的决定对所有的种族应当是平等的，但是在现实的运作中，通过操控工资董事会的管辖权，南非当局还是确保该工资体系仅仅是为了白人工人的福利。① 这就是所谓的用同工同酬的形式平等掩盖了内在的实质不平等，即同工不同酬。

　　1926年，当南非贸易和劳工委员会成立之时，南非境内的自由结社和工会主义达到了历史的顶峰时刻。为努力获得民族团结，该委员会对所有的工会实行开放式的成员政策。与白人工会具有同等地位的黑人工会也因此得以建立，但是它的成员结构不稳定、组织松散和缺乏纪律性，所以尽管它制定和颁行了非种族歧视的政策，仍然有很多工会存在种族歧视的现象。因此，委员会设立的价值、意义，以及社会的重要地位和作用基本丧失。从上述内容可见，研究南非劳动法在种族隔离时期的发展状况，必须得从其工会制度的形成和发展及与政治发展的关系来进行研究，因为在南非，政治因素对立法的影响甚于经济的作用。根据1909年《南非法》的规定，由白人主导国家的政治生活，"非白人"则完全被排斥在国家政治权力之外。② 由于有关黑人和白人区别对待的双重体制引发了很多的社会问题，殖民政府于1930年对1924年《劳资调解法》进行修订。该修正案授权劳工部部长详细规定了"被排斥在'雇员'定义以外的人"的最长工作时间、最低工资标准，以及劳资委员会或调解委员会享有建议或推荐的权力。③ 由于在南非人口中，非洲人占绝大多数，因此白人政府将他们视为种族主义统治的最大威胁。因此，严格限制和剥夺他们的政治权利，并颁布1936年《土著人代表法》以取消非洲人最后保留的一点选举权。此外，白人政府还疯狂地掠夺非洲人的土地，为了使掠夺行为合法化，他们还颁行了1931年《土著土地法》和1936年《土著人托管和土地法》，不允许非洲人在保留地外购买或占有土地，划分非洲人保留地的范围，为最终形成"黑人家园"奠定基础。在剥夺非洲人的政治权利和占有他们的土地后，白人政府加强对非洲人的控制和剥削，在种族主义劳工制度

---

　　① Mpfariseni Budeli, "Workers' Right to Freedom of Association and Trade Unionism in South Africa: An Historical Perspective", available at http: //uir. unisa. ac. za/handle/10500/3944. ( last visit: 9/5/2013)

　　② 叶兴增：《南非》，重庆出版社2004年版，第52—53页。

　　③ Mpfariseni Budeli, "Workers' Right to Freedom of Association and Trade Unionism in South Africa: An Historical Perspective", available at http: //uir. unisa. ac. za/handle/10500/3944. ( last visit: 9/5/2013)

上，体现得更加明显。随后不久，1937 年第 36 号《劳资调解法》取代了 1924 年《劳资调解法》。该法规定了设立一名代表非洲工人的劳工部监察员出席劳资委员会会议。尽管如此，不管是 1930 年修正案还是 1937 年法案都未能妥善解决黑白双重劳资关系体系导致的一系列社会问题。

　　20 世纪 30 年代末和 40 年代初期，南非作为第二次世界大战的战时重要供应国，大量的武装军备需求促进了南非制造业的蓬勃发展，南非工业部门的快速扩大导致对劳动力的渴求，而此时南非境内的黑人势力也在慢慢地增长。比如 1946 年的南非制造业工人中，非洲人所占比例已经超过了当时南非白人的总和。此外，非洲人大量涌入工厂矿山、城镇与不同种族的人混居，引发白人对自身生活和安全的担忧。同时，因为有更多的非洲人进入技术性、半技术性工业部门，使战后大批白人退伍军人进入劳动力市场后，面临更加激烈的竞争。① 到了 1946 年，大约有四分之一的非洲人在城市生活，黑人工会成员越来越多。年底，罢工频频爆发，导致很多人严重受伤或者死亡。为此，政府提出加紧修订《劳资调解法》的相关规定以禁止黑人工人罢工和其他反抗行动。可见，在种族隔离制度建立的之前，不仅黑人工人的罢工受到镇压，黑人工会的运动也受到严重的创伤。② 从国内环境来看，因为害怕非洲人将白人的社会地位和利益夺走，到了 1948 年，以马兰为首的国民党政府将南非的种族歧视和种族压迫引向了极端，他们开始从社会的政治、经济、文化和地域等方面把白人和非洲人彻底分隔开来，然后通过颁行一系列的种族主义法律、法令和政策，促使相对完整的种族隔离法律体系正式形成，并且很快成立了博塔调查委员会调查南非全部范围内有关劳工关系方面的问题。该委员会的责任是为工场实行种族隔离制度提供蓝图和为镇压黑人工会主义提供意见。从国际环境来看，当 1948 年联合国大会（the United Nations General Assembly）正式宣布接受《世界人权宣言》（*the Universal Declaration of Human Rights*），虽然南非是联合国成员，但仍然坚持推行种族隔离制度。即使国际社会强烈要求南非遵守《世界人权宣言》的相关规定，但是未能获得南非政府的同意，他们已经对于贯彻实施人权保护不感兴趣，例如平

---

① 叶兴增：《南非》，重庆出版社 2004 年版，第 53—55 页。

② Mpfariseni Budeli，"Workers' Right to Freedom of Association and Trade Unionism in South Africa：An Historical Perspective"，available at http：//uir. unisa. ac. za/handle/10500/3944. （last visit：9/5/2013）

等，特别是种族间的平等。因为这与他们的种族隔离政策背道而驰。相反地，他们制定和颁布了大量的镇压性法律法规，意图通过法律的强制性以保障和推行种族隔离的意识形态。[①] 南非种族隔离制度全面贯彻实施的结果，使得其国内各阶层的白人从中得到了很大的好处，他们享受到社会生活的各个方面的特权，他们从事的是最好的工作，而所有非技术性的脏活、累活和重活都由非白人担任。此外，白人家庭还大量使用黑人仆人，承担繁重的家务工作[②]。

1950 年，在博塔委员会提供的调研结果和相关建议下，南非政府通过了《镇压共产主义法》以镇压集体组织活动或者黑人工人运动。许多黑人工会领导人和政治党派如非洲国民大会和南非共产党都是这项立法的对象，他们被捕或被禁止从事相关运动。该委员会的建议是允许黑人工会与法定机构协商谈判，但是该法定机构只能是国家授权设立的调解委员会，而且必须由国家行政官员主持。另外，它认为不应该完全禁止黑人工人的罢工，而是根据罢工的性质和具体情况来确定，并且应当禁止已登记的工会参加政治性的活动。由此可见，南非政府非常担心黑人工会利用维护黑人劳工的权益而成为政局改变的政治平台，所以他们决定让黑人工会置身于制度化的集体谈判结构以外。1953 年，为了调和已登记工会之间的分歧和提高黑人工人组织的效率性，南非政府颁行了《土著人劳工争议处理法》。该法规定了雇用 20 个以上黑人工人的工业企业内部委员会进行选举的办法和程序。然而，该委员会的权力有限，仅为在工厂发生的劳动争议提供咨询和建议。次年成立的南非工会委员会（the South African Trade Union Council）后来成为南非的工会委员会（the Trade Union Council of South Africa）。黑人工会被再次排斥出这个工会委员会，但是鼓励它们的成员之间形成并列的联盟，相互之间可以保持联络和维系亲密的工作关系。[③] 此外，南非的工会委员会原来的一些附属机构与非欧洲工会委员会（the Council of Non-European Trade

---

① Mpfariseni Budeli, "Workers' Right to Freedom of Association and Trade Unionism in South Africa: An Historical Perspective", available at http://uir. unisa. ac. za/handle/10500/3944.( last visit: 9/5/2013)

② 叶兴增：《南非》，重庆出版社 2004 年版，第 59 页。

③ Mpfariseni Budeli, "Workers' Right to Freedom of Association and Trade Unionism in South Africa: An Historical Perspective", available at http://uir. unisa. ac. za/handle/10500/3944.( last visit: 9/5/2013)

Unions）的一些成员一起成立了一个新的机构，被称为南非工会代表大会（the South African Congress of Trade Unions，SACTU）。南非工会代表大会反对平行联合主义，并且为了确保政治解放，决定调动黑人工人阶级的积极性。与此同时，南非工会代表大会与非洲国民大会保持密切的政治联系，并且积极活动以提升工会的政治角色作用。① 在工会活动积极开展之时，为了促使博塔委员会有关黑人劳工的调研和建议发挥作用，国民党政府于 1956 年废除了 1924 年《劳资调解法》，并通过了一项新的法律，即 1956 年《劳资调解法》（后更名为《劳动关系法》）。该法的一个很明显的特点是为了进一步推进种族隔离政策和制度。通过牢固确立工人的种族区分，禁止登记同时具有白人成员和"有色"成员的新工会，以及为"特定种族的人"保留工作。② 这样，南非境内具有种族排斥的劳资体系结构就完整的建立了。然而，就在这一双重劳资体系构建的过程中，黑人劳工为了争取自己的劳动权益而进行的反抗与斗争就一直没有间断过。从 20 世纪 20 年代初到 30 年代中期，除非洲人国民大会外，还曾出现过"工商业工会"和"全非洲人大会"等黑人政治组织，举行过各种工人运动以争取诉求，如提高工资待遇和改善劳动环境和条件，反对通行证法、要求取消肤色限制，给予非洲人有限的公民权利和自由。此外，1955 年 6 月 26 日，来自非国大、印度人大会、有色人人民组织和民主人士大会的 2884 名代表，在约翰内斯堡郊区的克里普敦召开了一次"多种族"的"人民大会"，会议通过了《自由宪章》。③ 宪章提出了多项劳工权益，如就业权利、同工同酬的权利。

1956 年《劳资调解法》是第一次颁布的适用于结社自由和工人工会权利的成文法。如该法规定，不管是通过工作期限或者工作条件或者其他方式，雇主都不能要求雇员必须是工会成员，或者要成为工会成员或者其他类似协会的成员。劳动雇用合同中的任何有关此类规定的情况都属于无效。总体来说，1956 年《劳资调解法》是对 1924 年《劳资调解法》中有关种族歧视条款的进一步加强和具体化。比如它对"雇员"的界定是"通过雇主雇用或者为雇主工作，并且接受或者允许接受任何劳动报酬的

---

① Mpfariseni Budeli，"Workers' Right to Freedom of Association and Trade Unionism in South Africa：An Historical Perspective"，available at http：//uir. unisa. ac. za/handle/10500/3944. （last visit：9/5/2013）

② Ibid..

③ 叶兴增：《南非》，重庆出版社 2004 年版，第 68 页。

任何人（非班图人），以及以任何方式协助执行或者完成雇主的工作的任何其他人（非班图人）"①。这一类人都被称为雇员，此规定明显地将班图人置于雇员身份以外，也就是表明班图人不适用该法。同时，该法进一步禁止多种族工会的登记，并且逼迫已成立的工会转化为种族隔离性质的工会。为了避免白人工人与黑人工人竞争职位，规定在很多地区的职位为白人工人保留，而且只有白人工人和"有色人"工人可以名正言顺地成立工会及参加已登记的工会。至于那些被排斥于"雇员"定义以外的黑人工人仅可以成立和参加他们自己的非登记的工会组织。此种类型的黑人工会的规模比较大，它们的成员包括城市黑人工人、流动劳动者、边远地区上下班族和外国黑人工人。② 由于这些工会依法不能登记，所以不具有法律资格，所以只能在《劳资调解法》的规定以外进行规范。它们可以和个人公司协商和签订集体协议，但是由于其不具有合法资格，所以它们的权力和权益不能依据《劳资调解法》中的条款得到法律的保护和强制执行。随后，1957 年，由代表矿山企业、铁路和钢铁工厂工人的白人保守工会组成南非劳工联盟（the South African Confederation of Labour）成立，并且与当时的政府结成联盟。1960 年 3 月的沙佩维尔大屠杀（the Sharpville massacre）血流成河，一些政治党派被实行禁令，所有南非劳工联盟的领导人也因此被迫流放，而同期，黑人工会的活动销声匿迹。时至 1961 年，南非联邦更名为南非共和国，但仍由国民党统治，并通过了新的宪法。1961 年宪法与《选举法律加强法》的规定一样，即只有"白人"在国家最高事务中享有社会和政治的各项权利，而非洲黑人不仅不能与"白人"享受同等的权利，而且他们的生存、劳作与发展只能在当局炮制的种族隔离体系下进行。面对南非境内愈演愈烈的种族隔离局面，联合国大会于 1962 年通过一项决议，强烈谴责南非的种族隔离政策与立法，并要求所有的联合国成员断绝与南非在军事和经济上的各种来往关系。南非当局对国际社会的批评和指责所采取的方式是于 1966 年退出国际劳工组织，自愿受到国际社会的孤立和无援。

就这样经过十多年后，1973 年，南非黑人工人终于因为工资福利待

---

① Mpfariseni Budeli, "Workers' Right to Freedom of Association and Trade Unionism in South Africa: An Historical Perspective", available at http://uir.unisa.ac.za/handle/10500/3944. (last visit: 9/5/2013)

② Ibid..

遇的问题频频举行罢工运动，导致工业领域受到颠覆性的损失，生产几乎停止。这是历史上第一次黑人工人自发组织的示威游行活动，要求授予他们真正的权力和权益。这次罢工运动深深地表明即使没有得到正式工人组织的帮助和支持，黑人工人也能够独立且态度强硬地要求政府重视和正确对待黑人劳工的劳动权益问题。罢工结束后，这些黑人工人开始有意识、有组织地建立工会，并被称为"独立工会"，因为它们跟当时的白人工会是相分离的。到了年末的时候，《班图人劳工管理法》（*the Bantu Regulations Act*）正式通过。它规定了设立劳动委员会的程序、黑人雇员的劳动条件，以及黑人雇员和他们雇主之间劳动争议的防止和处理。该法的出台削弱了工会主义的发展，因为黑人工人受限于由雇主发起的委员会，而这些委员会基本没有任何谈判的权力。此外，并不是所有的黑人工人都属于该法调整的范围，例如从事农业、金矿和煤矿的工人，以及政府工作人员就不适用该法。在上述劳资法律体系的规范下，当时的政治、经济和劳动社会关系还基本稳定，但是带有种族歧视色彩的体系和制度终究要面对逐渐觉悟的非洲工人阶级提出的新的要求和问题。他们纷纷加入罢工运动后出现的新的没有登记的工会，原有的双重劳资关系体系不再发挥作用，并且强烈呼吁彻底消除以前的不平等对待和种族排斥现象，实现种族间的公平与公正对待。自 1976 年开始后的阶段是南非劳动关系和工会主义发展的最重要的时期。在这一期间，南非国内技能型劳动力严重缺乏，劳动社会矛盾重重，加之南非国内经济不景气，各国均提出要收回在南非的投资。

在国际社会的巨大压力之下，1977 年南非当局委任威哈尼调查委员会（the Wiehahn Commission of Inquiry）全面调查劳动立法的状况，深入了解民心。该委员会于 1979 年发布它的第一次调研报告，指出双重劳资法律体系是当前劳资社会矛盾的根源，提出必须废除导致这种劳资关系体系的政策和立法。同时，它建议所有雇员享有结社自由权，不论其性别、种族或宗教信仰，并且允许工会登记，不考虑它们成员的肤色、种族或性别。① 工会可以自主决定自己的活动规则，并且雇主在合同中限制雇员成为工会成员或参加工会活动的举措被视为不当劳动惯例。此外，委员会还

---

① See Report of the Wiehahn Commission of Inquiry into Labour Legislation（"Wiehahn Report"）Part 1 RP 47/1979 of South Africa.

提议建立劳资法庭及取消专为白人工人设置的职位保留。① 可以说，1979年是南非种族不平等劳动关系转型的关键点，因为它见证了各种族融合的劳动法律体系建立的开始。随着威哈尼调查委员会的大部分建议和调研结果被采纳，当局分别于1979年和1980年对1956年《劳资调解法》进行两次修订。② 而1981年修正案则改其名为《劳动关系法》，并在1982年、1983年、1984年、1988年和1991年进行多次修订。③ 修订后的《劳动关系法》涉及更多的是保护所有雇员的结社自由权，不会因为其出生或者种族归属而受到歧视。赋予工会完全独立自主的权利，不会因为它们的成员资格而受到限制，以及废除所有关于种族歧视的条款。同时，为了方便黑人工人进入已登记的工会，该法特意对"雇员"定义进行修订以防止任何涉及种族歧视或者其他歧视的理由或者情况出现。南非《劳动关系法》内容的一系列重大变化，导致黑人工人的工会数目的迅速增长。④ 此外，1981年，威哈尼调查委员会又发布了建议。它认为国内劳动法和劳动惯例应当与国际公约和法规相一致，而且工会登记的法定要求和程序应当进行修订。该报告的公布让绝大多数黑人感到了他们存在的价值和意义，黑人的劳动权益已经充分引起了国内外社会的高度重视，实现种族平等、社会公平、民主和自由近在咫尺。但是同时也引发了大部分白人的忧心忡忡，因为他们见证了黑人工会的规模变得越来越壮大、权力也越来越增强，并且有可能会引发国家在社会政治、经济和法律等方面的改变。尽管如此，威哈尼调查委员会提出的建立劳资法庭对于这个时期来说非常关键，劳资法庭在南非劳动法历史的发展中起着重要的作用，这可以从它的判例法中得到证实。劳资法庭把平等、公正、权益等的观念和国际劳工标准融入南非劳动法的"熔炉"中，使其逐渐成长为一个强大的法学体系，为更好地保护工人的权益和维护工会集体谈判的权力提供强大的法律力量支持。

---

① Mpfariseni Budeli, "Workers' Right to Freedom of Association and Trade Unionism in South Africa: An Historical Perspective", available at http: //uir. unisa. ac. za/handle/10500/3944. (last visit: 9/5/2013) 1970-1984 (1987) 14-15.

② See Industrial Conciliation Amendment Acts 94 of 1979 and 95 of 1980 of South Africa.

③ See Labour Relations Amendment Act 51 of 1982, 2 of 1983, 81 of 1984, 83 of 1988 and 9 of 1991of South Africa.

④ Mpfariseni Budeli, "Workers' Right to Freedom of Association and Trade Unionism in South Africa: An Historical Perspective", available at http: //uir. unisa. ac. za/handle/10500/3944. (last visit: 9/5/2013).

　　20 世纪 80 年代是南非国内民众运动蓬勃开展的时候，表现最明显的是黑人工人阶级队伍的不断壮大。初期，南非禁止开展户外工会会议。①户外工会会议的召开必须获得法律秩序部的部长或者对该特定地区享有管辖权的治安法官的批准和授权，并且向统治政府保证出席会议的只能是特定的人，会议的日程和主题都应获得统治政府的许可。然而，户内工会会议的召开不需要经过官方的批准，但受到法律的限制。上述这些规定只是为了削弱黑人工会主义的积极性，规范它们的发展速度和规模。为了从最高法上进一步加强种族隔离制度的施行，南非颁行了 1983 年宪法。与之前宪法制定的性质和目的相似。该宪法继续贯彻执行种族隔离制度的主体思想，即种族不平等和区别对待不同种族的人民。它将大多数黑人排除于国家政治、经济活动以外，剥夺了黑人的政治权利。第二年，当局创设了"三院制议会"（a tri-cameral parliament）②，该议会虽然拓展了中央政府的政治权利至"有色人"和印度人，但是仍然不包括非洲黑人。为此，黑人劳工积极勇敢地开展各种运动，想方设法来与加剧种族隔离局面的政府作抗争。到了 80 年代中期，南非全国性的工会组织达到 30 个，而成立于 1985 年的"南非工会大会"（the Congress of South African Trade Unions，COSATU）是南非最大的工会联合会，成员共计 50 多万。在工会的组织和领导下，规模宏大的黑人工人又经常举行全国性的罢工浪潮，而且他们斗争的目标由经济性的要求如提升工资福利待遇、改善劳动环境和条件等，转为要求统治政府彻底废除种族隔离制度的政治目标。③ 与此同时，南非工会大会一方面极力要求恢复非洲国民大会的政治地位和活动能力，该大会曾因反抗种族隔离政策而被禁止言行；另一方面强烈呼吁国际制裁和联合抵制以对抗统治当局。1986 年，在因卡塔自由党（the Inkatha Freedom Party）的保护下，南非联合工人联盟成立了，它的成员主要是祖鲁工人。它与该自由党的关系密切，它们曾经一起协助政府应对权力逐渐

---

　　① See the prohibition was in terms of s 46 (3) of the Internal Security Act 74 of 1982 of South Africa.

　　② 博塔政权为了给白人统治披上多种族的外衣，为了把"有色人"和印度人从黑人反抗的阵营分化出来，在 1983—1984 年进行"宪法改革"，即在白人议院之外，另立"有色人"议院和印度人议院。"三院制议会"不仅在议席分配上保证了白人占压倒多数，而且通过划分"内部事务"和"一般事务"，使"有色人"议院和印度人议院无权过问防务、财政、外交、司法等重大问题，只有权管理本种族内部的教育、文化和社会福利。参见杨立华主编《南非》，社会科学文献出版社 2010 年版，第 117 页。

　　③ 叶兴增：《南非》，重庆出版社 2004 年版，第 77—78 页。

增长的南非工会大会和它的支持者。当阿扎尼亚工会委员会（the Azanian Council of Trade Unions）和南非联盟委员会（the Council of Unions of South Africa）合并成立国民工会委员会时，另一个重要的新的工人联盟诞生了，并且与泛非大会（the Pan African Congress）有紧密的联系。在 1988 年和 1990 年间，工会与其他所有的南非组织一样面临维系成员人数的挑战。①所以说，在所有的黑人工会联盟中也存在一些私下里与实施种族隔离政策的当局有密切联系的工会组织机构。然而，1988 年《劳动关系法》就雇员保护与工会歧视，以及不当劳动惯例进行了修订。首先，它扩大了对黑人工人的保护，对抗反工会歧视，比如给予求职人员因为他们先前参与的工会而受到歧视对待以保障。它的保护仅限于法律保护范围内的雇员，法律范围以外的雇员不受保护，而且公共行业的雇员、家仆和农场工人都不属于该法调整的范围。其次，它将干涉雇员的自由结社权视为一种不当或不公正的劳动惯例。劳资法庭可以授权紧急禁令禁止此类劳动惯例。对于因为不法劳资诉讼导致的劳动争议实行过错推定责任，但是仅适用于部分工会成员、公务员和行政官员。再次，该法规定设立劳工上诉法院。这些新的变化，说明了雇员权利的保障、不公正劳动惯例的界定，以及劳动争议解决机制的完善都得到进一步的改进。

20 世纪 90 年代的南非经受着前所未有的社会政治、经济、法律等问题的考验，引发了消费者的全面抵制，工人罢工次数日益上涨。这些问题大多涉及劳动关系和新劳动权益，表现为新劳动的重新分配与组合。在南非宪政民主秩序建立前，劳资关系体系表现为支离破碎。白人工人、"有色人"工人和印度工人可以依法成立工会，可以利用劳资关系机制如劳资委员会和调解委员会来维护自己的权益，然而黑人工人则不能享受这些权利。国民党政府颁行一系列的成文法，如 1941 年《工人赔偿法》、1966 年第《失业保险法》、1981 年《劳动力培训法》、1983 年《就业基

---

①　其时的雇主认为他们在与工会竞争，并且决定划分工人以削弱工会的力量。他们能够提出一些策略以赢取工人反对工会。这些策略包括关注免费搭便车的人，给予他们特别的关照。例如，如果工资协商谈判陷入僵局而引发罢工时，那些没有参加罢工的工人就会被给予最近一次的增加工资，而参加罢工的工人则只能从解决之日开始增加工资。工会领导被强迫应对公开的或隐秘地试图通过管理使工会与它们的成员相分离的挑战。南非种族隔离制度的延续导致工会和劳动领导们的进一步的屈从和烦忧。See Mpfariseni Budeli, "Workers' Right to Freedom of Association and Trade Unionism in South Africa: An Historical Perspective", available at http: //uir. unisa. ac. za/ handle/10500/3944。（last visit: 9/5/2013）

本条件法》、1983 年《机械和职业安全法》等，不允许结社自由和在工场强制执行种族歧视制度，黑人工人因此被剥夺最基本的劳动权利且不能主张自己的权益。虽然如此，南非工会主义发展的历史表明，尽管黑人工人最基本权利如结社自由权、集会权和工会权被剥夺，黑人工人还是能够通过建立制度化的论坛来获取上述权利。1990 年德克勒克总统宣布释放曼德拉和其他政治犯，同时取消对诸如非洲国民大会、泛非大会和联合民主阵线（the United Democratic Front）等各种政治组织的禁令。同年 9 月，政府与南非劳动事务咨询委员会、南非工会大会、国民工会委员会签订协议，同意修改不利于正常劳动关系的劳动法条款，并且与劳工进行协商和对话，最终形成协议，答应取消质疑性条款。在上述基础上，修正《劳动关系法》，将政府与工会、工人之间的协议上升为法律的内容予以保障。从此以后，劳动关系和工会主义在南非进入了一个新的民主时期。从1991 年 2 月到 6 月，共有 80 多项种族主义法令被废除，近 140 项法令中的种族主义内容被删除。① 颁行了 1990 年《劳动力培训法修正案》、1993年《职业健康和安全法》和《职业伤害和职业病赔偿法》等。1993 年 12月 22 日，南非议会特别会议以 237 票赞成、46 票反对，通过了南非历史上第一部非种族主义的临时宪法。这部宪法宣告了南非延续 300 多年的少数白人种族统治的终结。② 与此同时，该临时宪法也宣告了从 1910 年至1990 年维持了 80 年的南非种族隔离制度的结束。

## 二　新南非时期至今（1994 年至今）

1996 年 5 月 8 日，制宪会议通过《南非共和国宪法草案》。在此后两年多的制宪谈判中，各政党的论点聚焦在劳工关系、财产法案、语言教育以及中央和地方的权力分配等宪法条款上。③ 新宪法规定："所有南非公民，不分种族、性别、宗教信仰和社会地位，法律面前一律平等。"新宪法表明南非"始于种族隔离最黑暗时期解放斗争时代的结束"。可以说，新南非政府成立后，主要进行了三项变革。一是政治体制的变革。各种族人民享有同等的政治权利，参与政治活动，制定和颁行新政策与制度。废

---

① 叶兴增：《南非》，重庆出版社 2004 年版，第 82 页。

② 参见"历史上的今天：《南非过渡时期临时宪法》通过"，资料来源于 http：//www.todayonhistory.com/12/22/NanFeiGuoDuShiQiLinShiXianFa－TongGuo.html。（访问日期：2013年 9 月 11 日）

③ 叶兴增：《南非》，重庆出版社 2004 年版，第 95 页。

除与新宪法不相符合的旧制度与政策。二是解决种族隔离制度遗留的黑白双重经济结构性和劳资体系问题，使南非尽快回到与国际政治、经济和劳资法律发展相一致的轨道上。三是全国性范围内的消除种族隔离政策与立法对劳动场所的影响，制定和颁布适应新劳动关系发展的劳动法律法规。当前南非主要有现代采矿业、冶炼业等。到了 21 世纪，矿业雇用工人数在 40 万—57 万，占全国劳工总数 5% 以下。南非实力最强的"全国矿工工会"的会员有 26.2 万，其中的三分之二为矿业工人。[1] 比如在 2003年，黑人在各级公共部门雇员的比例占 72%。[2] 从上述数据来看，在新的政策、制度与立法的规范下，种族结构日趋平衡发展，黑人的劳动政治经济权益得到逐渐提高和真实保障，而且南非妇女、儿童的劳动相关权益也得到一定的保障和重视，社会地位也得到大幅度的提高。种族歧视和种族矛盾已经不是当前新南非政治经济发展的主要问题了。经济的发展离不开技术和劳动力，而技术的开发和劳动力的吸引关键在于完善相关的政策与立法。因而南非政府和劳工部所采取的措施如下：一是在 1999 年设立全国技术基金，资助中小企业的技术培训，还设立了失业保险基金和赔偿基金；二是制定、颁布和修订相关劳动法律法规，如 1994 年《公共假日法》、1995 年《劳动关系法》等，以及上述法案的修正案等；三是建立比较完善的劳动争议解决双效机制，允许依法设立私人争议处理机构，实现劳动案件的分流处理，减少案件解决的成本和低效。比如调解、调停和仲裁委员会在 1996—2006 年的 10 年间，共处理 1043078 份送交的劳动纠纷案件，解决率达到 65%。[3] 然而，工会也经常引起国内外各界的关注，比如南非工会大会有成员 180 万人，南非工会联盟有成员 56 万人，全国工会委员会有成员将近 40 万人。这三个工会组织都与国际工会联盟有着密切的联系。第四个全国工会中心成立于 2003 年。南非工会对于国家或雇主或雇主协会在侵犯劳动者权益方面，监督劳动立法的贯彻实施方面。

最近，南非劳动法的最新发展主要表现为以下三方面。首先，为应对经济发展导致的新劳动关系和问题，继续修订和完善劳动法律法规。在21 世纪初期，南非经济发展较快，失业率和通胀率得到改善。比如南非《2005 年劳动力调查报告》指出："2004 年 9 月至 2005 年 9 月，就业率明

---

[1]　杨立华主编：《南非》，社会科学文献出版社 2010 年版，第 271 页。

[2]　同上书，第 367 页。

[3]　同上。

显高于 2001 年 9 月，失业数据在 2004 年实现平稳下降，但是一年后的失业人数又开始增加并呈持续上升的趋势。2008 年，矿产品等资源型产业所占比重过大，矿产业出现严重劳资纠纷，社会贫富差距较大。2009 年经济出现 17 年来首次衰退，2012 年经济增长率低于 5%，2013—2014 年经济增长不足 2%，2015 年经济增长为 1.4%。2017—2020 年经济将维持小幅增长，年均幅度为 2.9%，而且中国对非洲推行的‘一带一路’战略将促进南非经济的发展。中国在南非的投资也将为南非提供大量的就业机会。"① 不管是什么原因导致的失业，失业对经济的发展和社会的稳定必然会产生影响。从劳动法方面来看，比如南非最新颁布的 2014 年《劳动关系法修正案》规定了："简易工会组织权的授予，修订了基础服务委员会的运作、职责、组成和最低服务认定的规定，加强罢工纠察队条例和协议的地位，规定劳动法院可以指令合适的人员管理工会或者雇主组织，规范固定期限劳动雇用合同，规定劳动部长决定兼职雇员收入的起点薪水，详细规定雇主的责任和义务等。"同期颁布的《就业基本条件法修订案》里除了常规性地对一些定义修订以外，规定："雇主不得要求雇员以付款的方式来确保职位以及不得要求雇员购买货物、服务或者产品，规定劳动部长为不属于任何行业认定的雇员和雇主颁发行业认定标准等。"

其次，加强对童工和非正式工的劳动保护。童工和非正式工的劳动保护曾经是劳动立法的盲区，而现在引起了南非劳动立法和政策制定的热切关注，可详见于 2010 年、2014 年的《就业基本条件法修订案》和 2010 年 1 月 15 日南非政府发布的通告《就业基本条件法（75/1997）：关于南非儿童危险作业的管理规定》。非正式工是指没有与企业签订合法的劳动合同或确定劳动法律关系，不能享受与正式员工同样的福利待遇和其他劳动社会保障。然而，在当前市场经济资源配置的状况下，这种非正式劳动用工制度也在不断深化，表现形式多样，是人事制度随着社会经济不断发展的必然产物。在南非，非正式工是指在南非工场领域内未获得任何其他法律和劳动法有效保障的劳动者，他们的数目在南非的劳动场所中呈日益增长的趋势。比如 2005 年 9 月，非正式部门的雇用总人数为 28.01 万，占全国雇用总数的 22.8%。如果统计数据包含家政工人数，那么非正式工雇用总数为 36.6 万，占全国雇用总数的 29.8%。在 1997 年和 2005 年

---

① 关秀丽：《南非经济形势及推进中南合作的建议》，载《宏观经济管理》2016 年第 4 期。

之间，在非正式部门创设了大约 1.1 百万的工作。但是如果与非正式工人数占全国雇用总数 50% 的巴西、墨西哥、印度尼西亚和菲律宾相比，那么南非的非正式工的全国雇用总数的比例还是比较低的。[①] 非正式工劳动权利的范畴与传统的劳动权利差异巨大，因为雇用关系的存在是享有劳动权利的前提，而自我雇用的工人，不管是技术性手工艺人或者是活命主义工人，他们都没有可以承担这些义务的雇主。为此，他们的工作和生活处于极度的不安全状态。由于非正式工在劳动中存在多种风险，既不利于非正式工的自身发展，也不利于社会的稳定和非正式经济的发展。为了让非正式工有归属感和幸福感，应当加强对他们的劳动法律保障，确实保障他们的劳动基本权益。随着国际社会对非正式工现状的重视，南非与其他国家一样开始对国内非正式工的工作和生活现状展开调查和研究，确保在当前南非的法律体系中实现对非正式工的基本劳动权的保障，如工作安全与健康、最低工作时间和工资收入。这些研究论文说明了非正式工的工作、生活现状和如何进行法律保障引起了南非各界的关注。

再次，进一步完善劳动争议处理机制。南非官方和劳动法学者就劳动争议处理方式和程序、劳动争议处理机构等方面提出改革的方案和意见。比如 2010 年的《劳动关系法修正案》第 157 条规定劳动法院的专属管辖权。第 158 条第（1B）款规定："法院的判决不得审查对案件具有管辖权的调停、调解和仲裁委员会或任何谈判委员会主持的调解或仲裁程序，该争议必须事先由该调停、调解和仲裁委员会或某谈判委员会裁决。"2014 年《就业平等法修正案》规定可以提交调解、调停和仲裁委员会处理的特定劳动争议，提出要扩大调停、调解和仲裁委员会的委员在仲裁程序中的权力。2014 年《劳动关系法修正案》规定："授权劳动法院的法官担任劳动上诉法院的法官，进一步规范仲裁员的咨询服务。"2014 年《就业基本条件法修正案》则规定："法院对某些特定的劳动法案件享有绝对的司法管辖权，同时规定总干事得向劳动法院申请雇主遵守他本人签署的承诺书。"与此同时，开普敦大学经济学院的哈伦·波拉特（Haroon Bhorat）和法学院的哈尔顿·奇德尔（Halton Cheadle）合著《南非劳动改革——评价办法和一项政策建议的综合分析》（*Labour Reform in South Africa*：

---

① See Paul Benjamin, Informal Work and Labour Rights in South Africa, available at http：// heinonlinebackup. com/hol-cgi-bin/get_ pdf. cgi？ handle = hein. journals/iljuta29&section = 152. （last visit：9/8/2013）

*Measuring Regulation and a Synthesis of Policy Suggestions*）[①] 指出："使劳动争议得到快速有效地解决，根据劳动法的专业特性和法院的宪法性结构，有必要取缔劳动上诉法院，劳动上诉案件统一提交最高上诉法院。"他们建议为："一是在《高等法院法案》中规定，最高上诉法院成立由副首席法官管理的专家组；另一种方式是保证最高上诉法院有一定数量的劳动法专家，以满足专业性和合宪性的要求。但是无论选择哪一种方式，在任命劳动法官前，当前这种司法事务委员会与工人或雇员代表磋商的制度应当保留。"综上所述，不管是学者的研究意见，还是官方的规定，他们的目的都是使争议解决的程序更加地快捷有效、注重公平公正和合理，维护平等和谐的雇用或劳动关系，充分完全地保障劳动者的合法权益。

---

[①] 在文中，哈伦·波拉特（Haroon Bhorat）教授和哈尔顿·奇德尔（Halton Cheadle）教授以经济学家和法学家的眼光分析了劳动法规应对南非高度发达的经济形势及高失业率的策略，指出工人权益保护的问题，并提出了相关的解决方案。See Haroon Bhorat, Halton Cheadle, Labour Reform in South Africa, Measuring Regulation and a Synthesis of Policy Suggestions, available at http：//www. dpru. uct. ac. za/？q＝node/176。（last visit：11/8/2013）

# 第二章

# 南非劳动法的渊源与体系

## 第一节　南非劳动法的渊源

"法律渊源"作为法学术语，具有不明确的特性，它的两面性表现为法律性或者权威性及实体性。前者是指被法律体系接受的合法有效的标准之一，后者对特别的法律规则内容的构成起着历史的或者因果的影响。简言之，这种"法律构成"通过一些媒介给予实体以形式，并且使其具有法律的性质，这就是"法律构成"的媒介，因为通过它使得某种类型的法律得以正式的或者有组织的存在。在南非，劳动法作为一个特定的国内部门法，它与其他法律部门一样有自己的法律渊源。由于南非拥有法律移植和本土化的历史背景，先后成为荷兰和英国的殖民地，其间接受了罗马—荷兰法和英国普通法的法律基本原则和法律理念的影响，甚至也接受它们的基本制度的移植，在英国殖民统治时期，英国法在罗马—荷兰法的基础上影响着南非的法律领域，所以说，南非法大部分是不成文的，不存在一个单一的具有法律约束力的渊源。从南非劳动法的主要渊源可以概括为制定法、集体协议、司法判例、习惯和习惯法、法学家著说和法律基本原则。

## 一　制定法

制定法是现代国家主要的法渊源，即由不同享有立法权或经授权的国家机关根据法定职权和程序制定的各种规范性文件。[①] 在南非，根据1996年南非宪法，从立法主体和立法时间来看，如果以制定主体为标准，其可

---

① 张文显主编：《法理学》，法律出版社1997年版，第77页。

分为国会立法、省议会立法、委托立法、授权立法、地方或社团立法。如果以制定时间为标准，其可分为原联邦成立前，开普、德兰士瓦、纳塔尔、奥兰治四个殖民州各自制定的现仍具法律效力的立法；废除种族隔离制度前，原南非共和国指定的且与 1996 年南非宪法不相抵触目前仍具法律效力的立法；废除种族隔离制度后，新南非共和国指定的且与 1996 年南非宪法不相抵触至今仍具法律效力的立法。由此可见，南非劳动法的制定法渊源主要包括宪法、劳动关系法和劳动单行立法。从南非的历史发展来看，大部分非洲国家在独立之初，深受美国宪政主义的影响，纷纷颁布了成文宪法，南非也不例外，它的宪法就是成文宪法。在 1910 年南非联邦建立前的殖民地时期，殖民地德兰士瓦、奥兰治自由邦、开普和纳塔尔已经制定了各自的宪法。这个时期的宪法带有浓厚的殖民地色彩，反映了种族隔离的不平等主义，也缺乏对人权的全面保护。① 自南非联邦建立以后至 1994 年种族隔离时期结束，南非实施过三部种族主义宪法，即 1909 年《南非法》、1961 年《南非共和国宪法》和 1983 年《南非宪法》，这些宪法都没有体现当时先进的宪政文化与改革。新南非诞生以来，先后制定和实施了两部具有先进性的宪法，即 1993 年临时宪法和 1996 年正式宪法，这两部宪法都是种族平等的民主宪法，标志着南非开始真正进入独特的宪政改革阶段。② 可以说，新南非以前的宪法凸显的是殖民主义色彩、种族歧视和不平等，无视民主、人性尊严、人权、自由和正义。

20 世纪以后，非洲国家因受到西方宪政主义和民主思潮的影响，大多数国家在宪法修订中将有关劳动关系和劳动权的条款更加详细和具体化。1910 年，英国占领了南非，直至 1961 年 5 月 31 日其宣布退出英联邦，改名为南非共和国，并于 1961 年 4 月 24 日颁布《南非共和国宪法》。以下宪法及其修订案对南非劳动关系及劳动权予以明确规定，如 1994 年第 6 次《宪法修订案》第 27 条规定："每个人皆有权享受公平的劳工待遇；工人有组织并加入工会的权利，雇主则有组织并加入雇主组织的权利；工人及雇主皆有权组织并作集体谈判；工人基于集体谈判的目的，有权进行罢工；除了受到第 33 条第 1 项的规范外，雇主基于集体谈判的目的而诉诸于关闭的行

---

①　刘珊珊：《论南非宪政改革》，硕士学位论文，湘潭大学，2006 年。

②　同上。

动，不得受到侵犯。"① 2009 年 12 月 11 日，南非总统签署发布了对 1996 年宪法的第 16 次修订，该法的第二章 "权利法案" 第 13 条规定："任何人不得充当奴隶，受到奴役或强迫劳动。"② 第 23 条第（2）款和第（3）款分别规定："每个人都享有参与公平劳动生产的权利""每个工人都享有组织和加入工会的权利，以及参加工会的活动和计划及罢工的权利。"此外，它的内容还包括："每个雇主都享有组织和加入雇主组织的权利、参加雇主组织的活动安排的权利；每个工会及雇主组织都享有自主决定其行政、活动安排的权利，组织的权利，以及组织或加入联盟的权利；每个工会、雇主组织及雇主有进行集体谈判的权利，国家可立法规制集体谈判；如果该法律有可能限制本章中的权利，则必须符合本法第 36 条第（1）款的规定；国家立法可以承认集体协议中所含工会保护的安排，如果该法律有可能限制本章中的权利，其必须符合本法第 36 条第（1）款的规定。"③ 上述宪法条文的规定，不但是对劳动关系及劳动权的最高保障，同时也是劳动立法和司法实践的主要依据。因此，为了确保立法和司法在处理劳动现象和问题时的合宪性，南非宪法法院在处理劳动争议案件时具有与劳动上诉法院和最高上诉法院同等的权力，可以审理涉嫌违宪的劳动争议案件，这是从实践层面对南非劳工的宪法保障。④

除了宪法的规定以外，依据宪法的授权，劳动的国内其他法律的制定有了立法依据。宪法委托理论表明，公民劳动权的实现需要借助法律的具体规定，通过法律的规定使宪法劳动权条款具体化。⑤ 自 1994 年种族隔离制度结束以来，南非制定了大量的劳动法律，这些法律的制定目的在于建立平等的、没有性别歧视和种族偏见的新型劳动社会关系。依据 1996 年南非新宪法的指导思想和有关劳动权益和劳动关系的规定，制定和修订了劳动关系法和单行劳动立法。现行南非劳动关系法是 1995 年制定的《劳动关系法》，最近修订是 2014 年，它犹如南非的劳动法典，其包含的内容非常丰富，涉及结社自由和一般保护、集体谈判、罢工和闭厂、工场

---

① 国民大会秘书处资料组编：《非洲宪法大全（二）》（新编世界各国宪法大全 第四册），李国雄译，国民大会秘书处出版（初版）1997 年版，第 793 页。

② 孙谦、韩大元主编：《非洲十国宪法》，中国检察出版社 2013 年版，第 215 页。

③ See Constitution of the Republic of South Africa, Constitution Sixteenth Amendment Act of 2009.

④ 肖海英、夏新华：《新南非劳动关系的形成及其法律保护》，载《湘潭大学学报》2012 年第 6 期。

⑤ 薛长礼：《劳动权论》，科学出版社 2010 年版，第 112 页。

论坛、工会和雇主组织、争议处理、不公正解雇以及一般规定。其他劳动法律法规主要有《就业基本条件法》《职业伤害和职业疾病补偿法》《就业公平法》《职业健康和安全法》《就业服务法》《技能发展法》《失业保险法》《促进公平和防止不公正歧视法》等。南非劳动法律有较强的执行性，比如集体协议通常是在雇主和工会之间依法强制执行，而工会则代表工作场所百分之五十以上的雇员。《劳动关系法》比较重视集体协议的作用，将其置于首要的位置，同时强调有组织性的劳动和行业需要规范相互之间的关系，规定通过订立集体协议来约束处于工作场所的雇主、工会成员和非工会成员。① 上述这些规范性的法律文件都是南非劳动法的国内制定法渊源，它们对南非劳动关系的稳定与和谐起着重要的调整作用。

南非是国际劳工组织的成员国，因而享有该组织章程规定的权利和承担相应的责任和义务。根据该组织的章程和颁布的约法，南非所有的劳动法律在制定和实施中都宣称应履行南非作为国际劳工组织成员国的责任和义务。如《宪法》在"前言"中规定："我们南非人民，承认过去的不公平，崇敬那些为这片土地的正义与自由做出牺牲的人们，尊崇那些为国家的建设与发展辛勤工作的人们，并且相信南非属于所有居住在其中，并团结于多元化文化之下的人们。""改善所有公民生活的品质并激发每一个人的潜能，以及建立一个团结和民主的南非，能够在世界民族之林中承担作为一个主权国家的责任。"除《宪法》的规定以外，其他的劳动法律也对此作了规定，比如《劳动关系法》规定执行南非共和国关于劳动关系的公共国际法的义务是该法的制定目的之一。《就业基本条件法》和《就业平等法》则规定应遵从国际劳工组织规定的责任和义务，制定相关条款，如调整工时、提供就业和薪酬的详情、禁止童工和强迫劳动，改善就业基本条件，禁止不公正的歧视、反歧视行动、劳工督察，以及建立平等就业委员会和就业条件委员会等。自南非成为国际劳工组织的缔约国以来，总共批准过23项国际公约，当前生效的有20项。另外一些尚未批准和生效的公约也为南非劳动立法提供了参考和借鉴。比如2000年第183号《保护生育公约》，要求缔约国保证属于公约规定范围的妇女在从事相关工作时不受合同法的限制。2006年第198号《雇用关系建议公约》重点关注不属于劳动法调整范围内的工人问题，建议缔约国应当制定政策予

---

① See Labor Regulation: the history of labor law, available at http://www.ilo.org/public/english/dialogue/ifpdial/info/national/sa.htm#top. (last visit: 12/18/2010).

以说明对这些工人的保障，如果有必要则必须采取劳动立法以确保"存在雇用关系情形下的工人"得到有效保护。在国际劳工组织的基本权利宣言和其他公约以外，国际法义务也可以要求国家延伸劳动法的适用范围至工人，而不仅是雇员，从而拓展了劳动法在非正式经济领域的适用。[①]

总的来说，宪法、劳动立法和国际劳动立法在劳动法律体系的构建过程中都起着非常重要的作用。在种族隔离时期颁布的三部"新宪法"及相关的劳动立法都是为了维护劳动领域白人的权益，压迫和剥削黑人劳工及其他种族的劳工，而殖民前后和种族隔离前后的劳动立法是有法系的区别和劳动法性质的区别，分别代表殖民特性、种族歧视特性以及新民主、平等和人权特性。国际劳工立法在南非得到遵守和执行，使得南非在世界民族之林中更有自信和前进的目标。当前南非在宪法、其他劳动立法及国际劳工标准方面都对创建和维护和谐的劳动关系进行专项立法规定，意图全面推动新型劳动关系在建立、运行、监督、调处等方面规范有序、公正合理、运转顺畅、稳定协调以及和谐发展。然后，通过集体谈判制度、工会制度和劳动争议处理制度协调劳动关系和各种社会利益矛盾。在当前经济社会骤变的情境下及全球化发展的潮流中，任何国家劳动关系的规范应有新的变化和标准，其包含的内容也应得到延伸和扩展。新南非无疑也会根据当前国内政治、经济发展的状况，不断完善相关的劳动立法环境，解决法律滞后的问题，加快对新出现的劳动问题的立法。

## 二　集体协议（collective agreement）

集体协议在许多国家中也被称为集体合同，工会的全国性、地方性、行业性和职业性组织，可以分别同相对应的用人单位通过谈判依法签订集体合同，这种集体合同对全国、地方、行业或职业范围内的劳动关系具有法律效力，因而被视为劳动法的一种形式。[②] 南非集体协议订立的精神依据是南非《宪法》第13条和《就业基本条件法》第48条所规定的"任何人不得被强迫劳动"。南非的劳动雇用合同是建立在集体协议之上的，在具体实践运作中，雇用合同的内容可以依据对它有约束力的集体协议进行变更，也就是说劳动雇用合同必须依法订立，否则不具有执行力。作为

---

[①]　肖海英、夏新华：《新南非劳动关系的形成及其法律保护》，载《湘潭大学学报》2012年第6期。

[②]　王全兴：《劳动法》，法律出版社2008年版，第56页。

南非劳动法的效力渊源，集体协议对协调劳动雇用关系和解决劳资纠纷起着重要的作用。根据南非 1995 年《劳动关系法》的规定，集体协议是关于雇用条件、劳动环境、雇用双方相互利益以及其他跟劳动有关事项的协议。这些相互利益是由一个或多个注册的工会和一个或多个雇主以及（或者）一个或多个注册的雇主组织机构协商和签订后予以保障。集体谈判委员会或法定委员会管辖的行业领域内的集体协议是由他们的成员之间协商后完成签订，并在政府公报上进行公布，宣布其具有法律效力。集体协议适用的对象比较宽广，不仅可以约束委员会成员，而且可以适用于同样行业或领域工作的其他雇主和雇员。与此同时，1956 年《劳动关系法》也规定这些集体协议被称为劳资委员会协议。通过法律授权要求，雇主必须保留一份集体协议，他们在协议中是一方当事人，以便于雇员在任何时候可以查看和作为依据。虽然集体协议涉及委员会成员在任何领域的相互利益，但是它通常签订的内容是关于最低工资、扣除、工作的时间、超时工作、星期日工作、病假、年度假和通知工资。此外，除了工会代理制企业的集体协议（agency shop agreement）以外，其他任何集体协议或只雇用工会会员的集体协议（closed shop agreement），必须包括适用于该协议的解释和有效的争议解决程序。在协议期间，集体协议可以约束受它规范的每一个对象，不论该对象是否是签订该协议的工会或雇主组织的成员，也不管雇用合同的签订是在集体协议签订之前或之后，任何受约束的对象都不可以无视或不履行集体协议的规定。

另外，集体协议约束的对象也可以根据特定情形予以扩展，即集体谈判委员会可以向劳工部部长申请扩大集体协议的范围，使得所有的当事人也属于它登记的范围，不管他们是否是它的成员。然而，如果集体谈判委员会登记的大部分雇员为它的工会成员，而雇主或雇主组织雇用了它的大多数雇员，而且不扩展协议将导致在行业水平上影响集体谈判的情形，那么劳工部部长可以授权集体谈判委员会依据集体协议创建一个独立的机构来考量和授权免除协议的非当事人触犯协议规定的行为。但是该机构的适用标准必须是客观公正的，不得歧视反对协议的非当事人。集体协议的效力主要通过集体谈判来体现，它是集体谈判的重要依据和内容。在集体谈判中，集体谈判委员会可以申请劳工部部长指定一个代理人执行集体协议。该代理人主要负责以下事项："传唤证人提供证据；传唤掌握相关书籍、文献或物件的人以便出示物品或回答问题；

向劳工法庭申请授权允许下进入和检查当事人住所，以及在住所进行调查、要求查看和没收任何相关书籍、文献或物件，并且在合理期间内保留任何相关书籍、文献或物件。"但是任何物件的没收必须出具收据，由代理人发出的传票必须得到调解、调停和仲裁委员会主任或副主任的签名同意。然而，涉及掌握相关书籍、文献和物件之人的相关问题则依据法院的规定执行。在上述维护集体协议执行的程序，如果任何发生在法院且构成对法院藐视的行为，则交由劳动法院予以适当处理。由此可见，集体协议在南非劳动法中享有重要的法律地位，它是约束劳动合同的重要的可执行性法律性文件，是南非劳动法的必要补充和法律渊源之一，体现了第三方集体谈判委员会在协调劳动关系、保障雇用双方劳资利益中的不可或缺的作用。

## 三　司法判例

司法判例能够在南非成为仅次于制定法的重要法律渊源，有它深厚的法律移植的历史背景。在英国法律移植于南非之前，南非法律领域适用的是罗马—荷兰法的理念和体系，而罗马—荷兰法倾向于大陆法系的特点。19 世纪欧洲大陆的法典理论使得适用大陆法系的法院像司法自动售货机，这种机器就是将现有的立法或法律原则准备好，法官需要做的就是把案件事实从上面放下进去，并从下面取出判决。[①] 但是这种"法院成为自动售货机"的模式也并不总是尽如人意。这种法典化理论模式对于法院判案效果的影响，早在 2 世纪末就已引起法学家们的关注，一个法学家可以根据敕令的授权，规定判以相同结果的那些案件具有法律效力，这就是罗马法中的判例法。可见，罗马的判例法是由法学家而不是由法官们制定的。[②] 然而，当罗马法由仅接受过大学教育却没有进行过专业训练的法学博士来指点专门从事司法实践的法官如何适用时，是不可能指望这些法官的判决能够产生任何法律效力。比如莎士比亚戏剧《威尼斯商人》中的一个案件实例可以对此做强有力的说明，只有为这种判决提供材料的法律原理作者才能代表法律的真正声音。[③] 所以罗马的判例法与英美法系的判

---

　　① ［美］罗斯科庞德：《普通法的精神》，唐前宏、高雪原、廖湘文译，夏登峻审校，法律出版社 2010 年版，第 100 页。

　　② 同上书，第 103 页。

　　③ 同上书，第 104 页。

例法的意义与作用是完全不一样的。判例法不仅是英美法系国家法律所特有的形式，而且是英美法系国家重要的法律渊源，而南非作为英属殖民地，在英国长期的殖民统治中，无疑已将英美法系的判例法精神融入自己的本土习惯法的发展中，就犹如罗马—荷兰法也是将罗马法与本土习惯相结合发展而成的产物，它们都是南非重要的法律渊源。

英国法官在审理结束后根据各地的习惯依据讨论审理结果，形成统一的判例。以后再发生类似的案件，就根据已有的判例作为审判案件的依据，这就是判例法的最早形式。[①] 19 世纪时期，英美法确立了司法判例造法原则，即遵循先例原则，它是普通法基本原则之一，另一个原则是法律至上原则。遵循先例原则是指依据司法经验中总结得出的原则来裁判，而不是按君主意志进行裁判。而法律至上原则是指君王及其所有代理机关都必须依照法律原则，而不是依照个人的好恶和评判来判决。它们充分体现了经验是行为的标准。法律不能由表现君王意志的诏令武断地创制，而应由从事法律实践工作的法官和法学理论研究的法学家，从他们的司法实践和法学研究的经验中得出的法律原则和法律规则中创制而成。从经验中获得的原理在很大程度上是对法律规则的确定、解释和适用，同时应当留给法官作为惩戒的理由。因而先例对未决案件具有说明和指导的作用及约束的效力。在英美法系中，司法判决构成"法律"，如不依据"遵循先例原则"，"法律"则不明确。[②] 因此，英美法系法官声称被一个高于严格法的道德法规神圣性的道德法规体系支配，而且它约束人们去履行被衡平法和口授公平原则指引的道德义务。[③] 然后，公开宣称他们不仅仅"发现"法律，而且"创制"法律。司法判例通常都会对下级法院具有约束力，在某种程度上会对同级法院，甚至对作出判决的法院本身具有约束力。而在所有的英美法系国家中，遵照先例的原则在英国尤为严格。

1820 年以前，英国殖民当局并没有按英国模式来同化开普原有的法律制度，南非法院在审理民、刑事案件时基本沿用罗马—荷兰法。1820 年以后，当时说英语的白人开始大量移民开普（最初主要是由英国政府

---

① 蔡虹：《从成文法和判例法的比较看我国判例制度的建立》，载《泰苑学术》2008 年卷。

② ［美］R. B. 施莱辛格：《大陆法系的司法判例——两大法系判例拘束力之比较》，吴英姿译，载《环球法律评论》1991 年第 6 期。

③ ［美］罗斯科庞德：《普通法的精神》，唐前宏、高雪原、廖湘文译，夏登峻审校，法律出版社 2010 年版，第 101 页。

组织）。与以往的布尔移民不同，他们主要来自英国城市，多从事商业和工业。① 特别是后期南非钻石、黄金矿的发现，极大地刺激了英国移民向南非的涌入。由此，英国殖民当局在法制上开始有意识地将南非法律英国化。② 在司法领域，每当罗马—荷兰法不够明确、不合适或陈旧过时，便倾向于求助英国的判例法，导致大多数在伦敦受过教育的律师和法官对判例法比对格劳秀斯和福特的古老著述更为熟悉。③ 判例法是在具体案件事实基础之上产生的，制定方式相对于成文法而言比较简便快捷。同时"判例法这种有机成长的优势可以有效弥补成文法对社会发展'反应迟钝'的劣势"，能够随着案件审判结果的出现而产生，根据社会生活的变化及时作出变更，具有较强的灵活性。同时在尚未制定成文法的领域，或在法律条文已经不适应实际情况时，引进判例可以填补成文法的空白，解决成文法滞后的问题。加上判例比较具体明确，有很强的可比性，为法官在审理同类案件时提供了很好的对照，将法官的自由裁量权限制在较小的范围之内，杜绝了同类案件判决或轻或重的情况，也确保了法院判决能较少受个人利益、外界舆论等因素的影响，维护了法律的公正性、统一性。同时，判例的大量积累和应用也为以后的成文立法奠定了坚实的基础。④ 从南非劳动法院的案例判决网站上可以看到在已决案件里，法官都会适用先例对案件进行指导和参照，并且以对先例的准确适用及对先例包含的法律原则和规则的充分理解、解释，作为法官是否博学和经验丰富的依据。任何南非法院法官在判案时经常会援引一个或者更多的判例，作为案件判决的标准和法律基本原则。通过法官的经年累月的判例积累，使得日益丰富的司法判例和仲裁裁决成为南非法律的重要渊源。在劳动法方面也是如此。目前，在南非具有约束力的判例法数量巨大，种类多样，内容丰富，包括自 1652 年以来，南非各个历史时期各级各类法院业已作出、且与 1996 年南非宪法不相抵触、迄今仍具法律效力的判决中所包含的法律原则或者规则。⑤ 他们所公布的案例涉及南非劳动关系和劳动权益的方方面面，内容十分丰富，它们大部分来自开普敦劳动法院、约翰内斯堡劳动法

---

① 张象主编：《彩虹之邦新南非》，当代世界出版社 1998 年版，第 77 页。
② 何勤华、洪永红主编：《非洲法律发达史》，法律出版社 2006 年版，第 429 页。
③ ［德］K. 茨威格特、H. 克茨：《比较法总论》，潘汉典、米健、高鸿钧、贺卫方译，法律出版社 2003 年版，第 342 页。
④ 蔡虹：《从成文法和判例法的比较看我国判例制度的建立》，载《泰苑学术》2008 年卷。
⑤ 何勤华、洪永红主编：《非洲法律发达史》，法律出版社 2006 年版，第 451 页。

院、伊丽莎白港劳动法院和德班劳动法院。从这些劳动法院的案例判决的陈词中，可以看到劳动法院的每位法官在审判案件时，都会适用遵循先例原则。他们或者是遵照上级法院的判例或者是同级法院的判例，又或者是自己以前判决过的案例，并且同意原告与被告及他们的律师在进行辩护时也引用相关判例来进行说明，但是必须援引正确的判例，所以判案的法官必须对历年司法判例及其包含的法律原则和规则非常的熟知。随着南非司法的现代化进程逐渐地推进，司法判例或者司法判决以及仲裁裁决已成为劳动司法研究的不可忽视的方面。

## 四　习惯和习惯法

1652 年，荷属东印度公司进驻南非，将开普变成殖民地，并移植荷兰的罗马—荷兰法于开普。就荷兰本国而言，在 15—16 世纪之前，它的法律制度一直以习惯法的形式存在。这种习惯法法律体系的模式一直到 15—16 世纪欧洲罗马复兴之时，荷兰法学家在他们的著述中大量吸收罗马法的思想，为荷兰本土习惯法注入新的思想和内容，才使得罗马—荷兰法在荷兰得以形成。虽然如此，罗马—荷兰法依然不同于当今的大陆法系，并未实行法典化，它只是罗马法和古代荷兰习惯法的混合物。而南非也是一个有着深厚习惯和习惯法传统的国家和民族社会。现在的南非法是一个完整的、包含罗马—荷兰法和英国法成分的混合法律体系。[①] 然而，习惯是罗马—荷兰法和英国法本土化中的重要元素，它与制定法及司法判例一样，是南非法的正式渊源之一或者法律构成媒介。[②] 南非法中的口头习惯法与本土习惯是密不可分的。但是习惯的内容非常丰富，还包括表述多样化的惯例。口头本土习惯或者土著习惯被称为习惯法，通常可以在涉及习惯法的特定案件中适用以取代立法或者普通法。比如南非《宪法》第 211 条规定："遵循习惯法体系的传统权威得在适用的法律或习惯，包括对该立法或那些习惯的修正的限制下运作。当习惯法适用时，则法院必须适用该法，但受限于宪法及任何专门处理习惯法的立法。"[③]对于国际习

---

① W. J. Hosten, A. B. Edwards, Carmen Nathan, Francis Bosman, Introduction to South African Law and Legal Theory（Chapter Ⅲ）, Hayne & Gibson Ltd. Pinetown Natal 1977, reprinted in 1980, p. 271.

② Ibid., p. 269.

③ See section 211, Consitution of the Republic of South Africa, 1996, Consitution Sixteenth Amendment Act, 2009.

惯法在南非的效力问题，南非《宪法》第 232 条规定："国际习惯法是共和国的法律，除非其与宪法或议会法律不符。"[①] 作为南非的原住居民，他们的世代生存与延续是离不开起着规范和维序作用的部落法或者习惯法。比如南非议会颁布《黑人管理法》（曾被称为《班图人管理法》）设立了委员法院（又名为班图人委员法院），以便适用班图人习惯法。此外，该法还规定了习惯法案件的诉讼规则，习惯法可以根据委员的意见予以适用，但是不得与国家的公共政策或者自然正义相违背。一般来说，如果立法者没有对班图人委员法院适用本土习惯法作出规定，那么法院就适用南非的一般法。这就是说本土习惯和习惯法的适用由立法者确定。此外，班图人委员法院受理的有关本土习惯的案件由习惯法专家审理。因为他们对习惯非常熟悉和了解，不需要去证实每个习惯，而且只要是得到证实的本土习惯的立法也可以在南非的其他法院里作为判案的依据，予以适用。从习惯和习惯法的口耳传承来看，习惯一直以来都是南非法律体系的重要组成部分，特别是在现在这个以非洲人为主体的南非社会环境里，习惯和习惯法仍然是规范和调整土著人相互关系的手段，而口头习惯的成文化是它得以保存和延续的重要方式，而收集、整理和编撰成册是口头习惯和习惯法现代化进程的重要内容。

　　社会习惯的作用往往被人们漠视，一般都认为特定的口头习惯是法律的渊源，因为它们是对人们的法律信念或者共同意识的正式表达。[②] 通常认为，将习惯作为法律渊源主要是基于以下两点：一种观点认为，习惯只给予法律规则的形式以实体内容，因此要求特定的法律机构或者法院赋予习惯法规则以一定的法律效力，使之得以体现规范社会关系的作用；另一种观点则认为习惯法规则已然具有法律的形式，并且因为人们对习惯所持有的坚定和恒久的信念而具有合法有效性。[③] 然而，习惯和司法判例在南非法律的具体实践运用中还是有区别的。比如在"范·布雷达及其他人诉嘉科布斯及其他人"（Van Breda and Others v Jacobs and Others）的案例中，法院在审判过程中就是依据地方习惯作出最终判决。在案件中，法

---

　　① See section 211, Consitution of the Republic of South Africa, 1996, Consitution Sixteenth Amendment Act, 2009.

　　② W. J. Hosten, A. B. Edwards, Carmen Nathan, Francis Bosman, Introduction to South African Law and Legal Theory (Chapter Ⅲ), Hayne & Gibson Ltd. Pinetown Natal 1977, reprinted in 1980, p. 269.

　　③ Ibid..

院要求渔夫普林提夫（Plaintiffs）提供证据证实开普角（Cape Point）与菲什胡克（Fish Hoek）之间存在地方性习惯或者惯例。该地方习惯规定任何船只都不得永久性地驻留在海滩边，一旦一些渔夫撒渔网捕捉那些游向岸边的鱼时，那么其他的渔夫就必须避免自己撒的渔网靠近那些渔夫的渔网，因为当地的习惯是"先来先得"。① 法院的上诉庭认为合法的习惯应具备以下几点特征：首先，必须是合乎情理的习惯；其次，应当是长期存在和适用的习惯；再次，该习惯必须得到当地社会群体的普遍认同和遵从；最后，习惯法规则的内容必须清楚和具有可操作性。这些是上诉庭在适用习惯时候的具体要求，表明习惯可以作为一种正式渊源或者法律构成的媒介，但是它在南非法律体系及其他复杂的法律体系中的作用却是有限的，因为习惯必须得到证实才具有可适应性，审判者和提供习惯者都必须经验丰富。此外，习惯只适用于曾经出现过的特定情况。作为法律构成的媒介，它不具有预测性，不可能如同立法和司法判例一样可以对将来可能出现的法律问题进行预测，并制定出相关的法律条文或者归纳出一些常用的法律基本原则。从理论层面来看，适用习惯的意义与价值在于它是法律构成的媒介，并不需要通过司法公告确认它的存在。然而从实践运用来看，对习惯存在的司法公告是必须且很重要。因为人们不可能了解所有的习惯和习惯法，因此法院对习惯的存在应进行公告予以认可，并且依据习惯作出的判决应视为对该习惯存在的权威性的依据。英国法官艾伦（Allen）在审判上述案件时，他认为具有地方性质的习惯不包括在南非的一般法之内，因而法院对习惯认定的判决可作为认可习惯为法律的"一种强化添加剂"。但是法院的此种干预方式必须受限于证据事实和仅仅涉及诉讼程序的测试。因此，这些诉讼程序的法律事项"不能影响内在合法性的实质性问题"。② 在南非，判断某习惯的存在是否已经得到证实，如安装灶具适用习惯者应当支付灶具安装的费用，这也是一种习惯。同时应注意到：首先，习惯不会受到地域的限制；其次，任何习惯不能违背普通法；再次，南非法没有习惯和商业习惯的区别，虽然英国商业管理通过司法先例而成为南非法的一部分，但是这并不意味着有习惯传统的南非法

---

① W. J. Hosten, A. B. Edwards, Carmen Nathan, Francis Bosman, Introduction to South African Law and Legal Theory（Chapter Ⅲ）, Hayne & Gibson Ltd. Pinetown Natal 1977, reprinted in 1980, p. 270.

② Ibid..

与英国的习惯法相一致；最后，法官可以决定任何习惯成为合法的习惯的时间。① 这些规定说明了法院赋予习惯的法律地位的重要作用，然而法院对于习惯的肯定性认定也依然是必须遵循国家的政策、传统和法律的规定。

## 五　法学家著说和法律基本原则

罗马—荷兰法学家的论著，尤其是 17 世纪和 18 世纪古典罗马—荷兰法学家的论著，是南非普通法的渊源。② 罗马—荷兰法可散见于雨果·格罗特等杰出法学家的著作里、以《格罗特法规手册》命名的尼德兰联省共和国中荷兰、西佛里斯兰与西兰各省的法令集之中。在 1814 年英国占领开普殖民地以前，罗马—荷兰法就是开普的普通法，但是它跟制定法不一样，而是由经典法学家著作中体现的罗马法进化而形成的法律原则、理念或精神。在此期间，南非其他地方则采取通过颁发一系列的法令和合宪的法律文件将罗马—荷兰法进行本土化。但是随着英国对南非的占据之后，南非的法律教育受到英国的影响较多，发生了重大的变革，而罗马—荷兰法的研究也被逐渐地淡忘，不受重视。直至 1916 年，开普敦大学和斯坦伦布什大学成立并具有独立自主的科研能力时，人们才意识到南非的罗马—荷兰法研究又重新受到了关注，其时出现了一批有影响力的学者与著作，其中罗伯特·李作出了杰出的贡献，1915 年出版的其著作《罗马—荷兰法简介》，在长达四分之一个世纪中一直是该领域内的权威著作。③ 直到 20 世纪中期以后，南非法院开始逐渐关注当代法学学者的各种法学主张，他们的法学作品经常被法官阅读和援引，如果他们的作品具有充分的说服力，则可以直接对法律产生影响。④ 这样，法学家的著说就获得如同习惯和司法判例一样在法院审判案件中受到重视。罗马—荷兰法、英国普通法、制定法以及本土习惯法，包含的"公平和正义""自由

① W. J. Hosten, A. B. Edwards, Carmen Nathan, Francis Bosman, Introduction to South African Law and Legal Theory (Chapter Ⅲ), Hayne & Gibson Ltd. Pinetown Natal 1977, reprinted in 1980, p. 271.

② George Wille, Principles of South African Law, 5th edition, Juda & Co. Ltd., 1961, pp. 46-47.

③ 何勤华、洪永红主编：《非洲法律发达史》，法律出版社 2006 年版，第 441 页。

④ 朱伟东：《南非共和国国际私法研究——一个混合法系国家的视角》，法律出版社 2006 年版，第 37 页。

和平等""自然道义""基本权利与义务""民主""便利或有助于""社会效用"等都可常见于法律条款、仲裁裁决书、调解调停书法院的判决书中。这些法律的基本原则和理念体现了南非人们在处理劳动纠纷时秉承的基本信念和法治思想。

# 第二节　南非劳动法的体系

关于"法律体系"，法学中有时也称为"法的体系"或简称"法体系"，是指由一国现行的全部法律规范，按照不同的法律部门分类组合而形成的一个呈现系统化的有机联系的统一整体。[①] 这个概念是对法律体系的一般描述。对于南非法律体系而言，它首先是一个混合法律体系，然后它也就如上所述是由多个不同的法律部门分类组合而成的，而南非劳动法律部门则是它的其中一个组成部门。它现在已成为一个表述比较严谨，具有法律规范意义上的劳动法体系。当前学界将劳动法律体系分为四种结构模式，即所有制结构模式、职能结构模式、调整机制结构模式，以及劳动过程结构模式。根据南非劳动法制定的目的和适用的情况，可选择职能结构模式对它的体系进行分析。以下将从南非混合法体系的特色和职能结构模式的研究角度对南非劳动法的体系展开论述。

## 一　典型的混合法体系

南非法律体系是一种典型的混合法律体系，从历史发展来看，南非本是黑人的家园，土著人固有的习惯法及酋长法庭长期保留下来；此外，自17世纪以来在南非占统治地位的却是欧洲移民带来的法律，先有罗马—荷兰法，后有英国普通法，两者相互竞争，相互作用，共同形成今天南非独具特色的混合型法律及制度。[②] 现今的南非在宪法、行政法、商法和程序法领域，英国普通法的影响仍占据主导地位，但是在法院结构、法官地位、先例制度和法律职业者的活动方面，仍类似于英国法的传统。而在家庭继承和物权法方面，罗马法的思想方法明显地支配着这个领域。罗马—荷兰法的影响主要体现在实体私法上，如南非合同法、侵权法、人法、物法、家庭法等。除了南非自身以外，南非法律对周边国家的影响也比较深

---

[①]　张文显主编：《法理学》，法律出版社 1997 年版，第 96 页。
[②]　何勤华、洪永红主编：《非洲法律发达史》，法律出版社 2006 年版，第 426 页。

远，特别是其中的罗马法和普通法，也成为博茨瓦纳、莱索托、纳米比亚、斯威士兰、津巴布韦的法律基础。这些传统法律体系都是殖民时期被移植到这些国家的。莱索托是 1884 年继受开普殖民地的法律，博茨瓦纳和南罗德西亚（津巴布韦的旧称）是 1891 年继受的，斯威士兰是 1904 年继受德兰士瓦殖民地法律，西南非洲（纳米比亚）是在 1920 年继受开普省的法律，也就是被南非征服之后。① 对于劳动雇用关系而言，罗马法规定自由民提供劳动或服务只有通过租赁的方式进行流通。它包括两种表现形式，即个人服务的租赁和特定工作或职业的租赁。个人服务的租赁，法典主义者称之为劳工雇用（locatio conduction operarum），而特定工作或职业的租赁，是指该项工作或职业可作为一个整体租赁，签署劳务租赁契约（locatio conduction operis）。然而，罗马法、罗马—荷兰法作为混合法的一部分内容，其在南非劳动混合法律领域里起着基础性的作用。

当时的立法者认为，奴隶只是一个物件或物品（res），他不能自由出租他自己的劳动或服务，但是他的主人可以出租他的劳动或服务，那么主人和承租人之间的合同被称为劳务雇用租赁合同（locatio conduction rei）。② 由此可见，罗马—荷兰法时期就已经存在劳动雇用关系由一份协商一致的合同来体现。虽然从表面来看，在该合同中，雇员（奴隶）将个人的劳动或者服务提供给愿意接受其劳动服务并且同意将劳动报酬作为回报的雇主处置，雇用关系的主体是劳动，合同约束的是奴隶的主人和雇用奴隶者。实际上，劳动或服务的提供者是奴隶，而非奴隶的主人。与此同时，罗马的上层社会也存在各种服务，但是这些服务不包括在这种合同类型之内，通常被视为自由民的服务行为。此外，罗马的顶层社会阶层普遍认同为劳动报酬而工作是不体面的。这些职业性的服务通常是由根据（名义上是不必要的）委托授权的合同提供的。正是因为对劳动或服务存在这些认识，加之其他因素的影响，劳动雇用在罗马法理学家那里获得相对较小的关注。③ 与此相对，罗马—荷兰法时期的南非劳动雇用法律理论体系的发展也是极其有限的。即使罗马—荷兰法学家根据雇用（locatio conduction operarum）的标题同样把雇用合同按照租赁的形式处理，但是

① See Law of South Africa, available at https：//en. wikipedia. org/wiki/Law_of_South_Africa. (last visit：4/10/2017)
② Reinhard Zimmermann and Daniel Visser, Civil Law and Common Law in South Africa, Clarendon Press Oxford, p. 391.
③ Ibid., pp. 390-391.

它在某些关键性的方面与它罗马法的原型还是有所区别。具体表现为：首先，劳动雇用的适用对象已经明显扩大，但是由自由职业者提供的劳动或服务仍然不包括在内，而是由委托授权的合同规范和调整；其次，当时盛行的劳动雇用关系，如家庭仆役和农业劳动者在很大程度上由成文法调整；最后，雇工租赁（locatio servi）已经不再被使用。上述罗马—荷兰法中有关劳动雇用关系的变化，导致雇用双方之间的潜在的经济关系发生了根本性的改变。以前那种简单的经济交易，则使得某特定的人暂时通过获得一笔钱作为回报而把物件（奴隶）转交给另外某特定的人的情形，现在已转变为平等个体的雇主和雇员的自由交换，并且维护他们享有自由租赁雇员提供的劳动或服务的权利。①然而，任何一个适用罗马—荷兰法的律师都认为劳动雇用关系不能由自治条例调整，他们赞同将这种关系置于物件租赁的语境中探讨，或参照制定法条款，或在特定情况下适用地方习惯或习惯法。同时，他们还在某些重点问题上观点独特，如雇主应当承担因雇员的非法行为导致的替代责任。这种在某些问题处理上的观点异于罗马法主要是因为其时英国法的原则已被同化到南非的劳动雇用法律之中。② 此外，当 1814 年开普成为英国的殖民地时，罗马—荷兰法常常由于含糊不清、缺少精确性，并不总是能够在当时的教科书和大量的法律文件中轻而易举地得以查明。所以，虽然在开普保留既存的罗马—荷兰法的法律效力是转让开普的一个条件，但是在转让开普后，大批在伦敦接受了系统训练的法官与律师由于不熟悉罗马—荷兰法，在判案时总是援引和适用他们所精通的英国法律制度原则。而且，在此期间，尽管《拿破仑法典》已在荷兰本土的罗马—荷兰法中扎下了根，但是母系法律制度的这种发展变化并未在开普引起人们对应用法律的注意。③ 此外，在 1827—1834 年，南非采取英国法院的陪审制度、英国刑事诉讼法和证据法。当罗马—荷兰法在司法实践不够明确、不合适或显得陈旧过时时，南非各类法院便大多求助英国的判例法。④ 因此，对于有着典型的罗马法学者倾向的南非而言，英国普通法的灵活性和适用性为它在南非的移植和本土化奠定了基础。

---

① Reinhard Zimmermann and Daniel Visser, Civil Law and Common Law in South Africa, Clarendon Press Oxford, p. 391.

② Ibid..

③ 何勤华、洪永红主编：《非洲法律发达史》，法律出版社 2006 年版，第 441—442 页。

④ 夏新华：《非洲法律文化专论》，中国社会科学出版社 2008 年版，第 92—93 页。

　　英国劳动雇用关系的法律管制可以溯源至 14 世纪中期，当时为了减轻黑死病导致的劳动力严重缺乏而制定和颁布了一部分用于规范劳动用工的法律。这些法律后来被 1562 年的《技工和学徒法》代替。该法允许治安官员指令那些没有技能且劳动效果差的劳工从事强迫性工作，并且给予他们固定的工资。为了保证劳工服从于劳动和认真地完成劳动任务，该法规定对违反者适用刑罚处罚等制裁手段。1601 年的《贫民救济法》将被迫性劳动的对象扩展到没有父母供养的儿童身上。这些儿童只有到成年以后才能可以当学徒。早期的立法仅对特定领域的"仆人"进行明确的分类和适用，譬如畜牧业雇用者、农业劳工、家庭仆人以及手工艺人。随着工业化大生产的逐渐形成，工作类型也慢慢地发生了很大的改变，18 世纪和 19 世纪通过的立法适用对象的范围也在逐步扩大。虽然这些早期的制定法把"主人"和"仆人"之间的关系，或者学徒关系，都视为起源于合同，但是他们能够通过制定法来有效地规范雇用关系，他们认为当事人之间的权利和义务并不是由协议决定而是由法律确定。[①] 到了 18 世纪后半期，工业革命带来了新工业的迅速发展，那时候的交通工具发生了彻底的改变，商贸出现了大规模的发展，城镇工资型劳工的新阶层也开始涌现，此外，人们也表现出对合同原则的尊崇和信仰，认为它是治疗所有社会顽疾的一剂良药。同时，允许在适用合同原则之前可以自由支配雇用关系以外的行为。在 18 世纪的转型时期，英国存在三种类型的劳动雇用关系。第一种是传统的、准仆人式的关系。这种关系盛行于农场或家庭的雇主与雇员之间，这种雇用关系分别适用刑法和人法，由一系列起源于古代的成文法来规范调整。第二种是委托人与独立承揽商之间的关系，如生产商与技工的关系不适用主仆法的调整。第三种是雇主与城镇雇用劳工之间形成的关系，它兼具家庭和农业服务关系的特点，但是后者主要由主仆关系的立法调整。然而，专门用于规范雇用关系的比较完备的合同模型还仍旧未存在。[②] 到了 1865 年末期，关于主仆关系的立法仍然适用刑事制裁来处置违背合同的行为。1867 年以后，劳动雇用合同关系逐渐脱离于刑法领域的管制。因此，对于违背雇用合同而遭受监禁的"仆人"被认定

---

　　① Reinhard Zimmermann and Daniel Visser, Civil Law and Common Law in South Africa, Clarendon Press·Oxford, pp. 392-393.

　　② Reinhard Zimmermann and Daniel Visser, Civil Law and Common Law in South Africa (Ⅱ), Clarendon Press Oxford, p. 392.

为是对存在不端行为的情形下的加重处罚。因此，补偿法令也就成为当时对于情节不太严重的具有违背行为的主要补救方式。1875 年《财产私密与保护法》的颁布，使得违背合同的法律制裁方式完全脱离了刑事制裁的管辖范围，从此，雇员被置于跟他们的雇主一致的立场上。①

　　在英国法中，早期的雇用合同表现得比较独特。（1）当劳工雇用（locatio conduction operarum）在大陆法体系根深蒂固之时，合同模式在英国的出现属于相对较晚的时期。它反映了英国法体系和大陆法体系对劳工市场组织的两种不同方式，后者把资源配置留给当事人一方。制定法调整一直是英国劳工市场的突出特点直到 19 世纪中期，甚至在该时期以后，英国的劳工市场仍继续由制定法调整。然而，1875 年之后的立法理念和范围与早期制定法之间有着显著的区别。②（2）因为当时的雇用关系缺乏合同管理的模式，所以就由立法调整，这就意味着雇用关系不再受到刑法的约束。但是合同必须建立在默示的基础上，南非法院认为雇员应该具有合同认可的效忠职责和胜任工作的能力。（3）自 19 世纪中期以来，雇用关系实际上已经同时接受合同和制定法的调整结果。合同和立法具有互补性，前者规定了一般框架内的强制性规范，而制定法则被认为是合同一般框架外的广泛适用。随后，这种综合调整雇用关系的模式开始适用到的对象为传统上认为的低贱仆人、技能型服务者和独立订约人。因为大型工业的扩展，来自 19 世纪中期的雇用立法的适用范围逐渐扩大，从"仆人"到"工人"，最终到所有行业和工业中被雇用的人。随之，作为"独立订约人"的技能型服务者不再属于劳工法和贫困救济法适用的范围，而属于立法框架管辖的范围。一般而言，观念的改变导致当前的法律面临两种类型的工人，即雇员和独立订约人。第一种类型的工人包括仆人和初阶工作者，给予工人一定的独立性。第二种类型由具有独立性的工人组成，如水暖工、木匠、律师、医生、艺术家等。③ 因此，独立订约人和雇员的明确区别是在 19 世纪末期才出现。④ 通过对罗马法、罗马—荷兰法和英国法中有关雇用关系的理念和法律基本原则的梳理，可以充分展示外来法和本土法在南非相融并存、共同发展的状况，更好地理解南非劳动法的混合

---

　　① Reinhard Zimmermann and Daniel Visser, Civil Law and Common Law in South Africa（Ⅱ）, Clarendon Press Oxford, p. 393.

　　② Ibid..

　　③ Ibid., p. 394.

　　④ Ibid..

法特色,以及了解上述法系在历史上和现代发展中对南非劳动法律体系形成与发展的影响

## 二　职能结构模式体系

南非劳动法除了具有典型的混合法体系的特点以外,还兼具其他各国劳动法体系的结构模式。根据南非劳动法的整体内容和体系构造,可以从职能结构模式对它的体系进行分析和理解。劳动法是各国法律体系的重要组成部分,是各国政治、经济发展到一定程度的产物。在南非的原始社会、奴隶社会和封建社会时期,经济不发达,以简单的畜牧、采集和农耕经济为主,劳动社会生产关系比较单纯,因而,在这三个时期里并未存在大量的需要专门的劳动立法调整的劳动关系。到了资本主义原始积累阶段,英国人和布尔人运用各种手段大肆掠夺原住居民的土地,迫使他们成为没有任何资产的劳工,通过劳动获得购买生活资料的工资。资本家则以支付工资的方式购买劳工的劳动力,使之与生产资料结合,以实现劳动过程。至此,才大量出现劳动关系,从而给劳动法的产生奠定了基础。[①] 由此可见,劳动法的概念与劳动关系的调整是密切相关的,因此,有的学者认为,劳动法是调整劳动关系以及与劳动关系密切联系的其他社会关系的法律规范的总称。[②] 它的内容非常丰富,包括劳动就业条件、个人劳动合同、集体劳动合同、工资保障、工时休假、职业安全卫生、社会保险、工会、劳动争议处理等内容,劳动法完整而系统的内容体系也是其他法律部门不能包容的。它的职能结构模式就是指劳动法的根本任务是协调各方面的劳动关系,主要是通过制定目的和功能不一样的各种劳动法律法规相互配合、各司其职,调整和规范劳动社会关系。根据劳动法的职能结构模式的内涵和要求,对南非劳动法的体系结构进行划分,包括南非劳动关系法、南非劳动条件基准法和南非劳动保障法。

该职能结构模式的具体内容如下。(1) 南非劳动关系法。该法的根本目的在于促进南非经济的发展、社会公平正义、劳动领域的和平以及工场的民主,适用于所有的工人和雇员。在新南非以前,适用于调整劳动关系的专项立法有1924年《劳资调解法》和1956年《劳资调解法》,其中后者被更名为《劳动关系法》。新南非时期颁布了1995年《劳动关系

---

① 王全兴:《劳动法》,法律出版社2008年版,第2页。
② 同上书,第26页。

法》。该法经过 1996 年、1998 年、2002 年、2004 年、2007 年、2014 年等的多次修订。（2）南非劳动条件基准法，该法主要适用于保护南非劳动条件成立的基本环节，如劳动合同、工资福利待遇等。主要适用的是 1997 年《就业基本条件法》和 2014 年《就业基本条件法修正案》。最新的修正内容涉及一些禁止性规定，比如禁止雇主强迫雇员为稳固自己的岗位而购买生产的产品、提供的服务和货物；禁止要求不满 15 周岁的儿童从事劳动或者不顾及该年龄阶段的儿童的身心健康，要求他们在危险的劳动环境中工作；要求劳工部部长为不属于任何行业规定的雇主和雇员确定一个行业规定；规定劳动法院对特定事项的司法绝对权限；等等。（3）南非劳动保障法的内容比较全面和丰富，远远超过劳动关系法和劳动条件基准法。主要包括：1998 年《就业平等法》、1998 年《就业平等法：关于艾滋病毒、艾滋病以及职场的良好行为规范》、1981 年《人力资源培训法》、1993 年《职业健康和安全法》、1997 年《职业伤害和职业疾病补偿法》、1996 年《失业保险法》、2002 年《失业保险金征募法》，1998 年《技能发展法》、2008 年《技能发展法修正案》，1999 年《技能发展征募法》、2014 年《就业服务法》等。

# 第三章

# 南非劳动法的基本制度

南非劳动法是南非一个独立的法律部门，主要起着调整南非劳动关系以及与劳动关系密切关联的其他社会关系的法律规范的总称。它产生于南非法律发展史的一定时期。它不像我国、土耳其等国家一样制定专门的劳动法典，它的劳动法律体系是由宪法、劳动关系法、普通法、国际劳工立法、就业基本条件法、就业平等法、失业保险法、反歧视法等与劳动有关的法律法规组成，其中，劳动关系法是调整集体劳动关系和个人劳动关系的一部重要法律规范。南非劳动法律法规都有自己的适用范围，如《劳动关系法》规定，在南非国防部、情报局和秘密机构工作的人员不属于《劳动关系法》适用的范围，其他所有通过订立劳动合同确立的个人或集体劳动法律关系都受到《劳动关系法》的保护，南非主张用人单位和劳动者之间订立书面的劳动合同，但是也认可口头劳动合同。所以说，劳动合同是非常重要的，例如南非普通法就非常注重雇主和雇员之间的劳动合同是否合法，它既不要求雇主是否有解雇雇员的理由，也不关注解雇是否公正。[1]《就业基本条件法》则规定其适用于所有的雇员和雇主，但是不包括南非国防部、情报局和秘密机构的工作人员以及为以慈善为目的的组织机构工作不接受报酬的志愿工作者。该法还适用于正在接受职业培训的人员，除非这些人员的雇用期限或者条件在一定程度上由任何其他的法律规范调整。除了第41条的规定以外，该法不适用根据《商船法》（1951年第57号法令）规定被雇用于海上船舶的人员，仅适用于行业规定的以外情形。从以上劳动法律法规对适用范围的规定来看，南非劳动法主要适用的对象为一般的订立劳动合同，形成劳动法律关系的雇主和雇员，但是

---

① See South African Labour Law, available at https：//en. wikipedia. org/wiki/South_ African_ labour_ law#Common_ law_ 2. （last visit：4/12/2017）

根据特别法优先于一般法的基本原则，如果有特别法对雇用事项有专门规定的，优先适用特别法，而且特殊工作人员不适用劳动法的规定。

# 第一节　南非劳动关系协调制度

南非劳动关系协调制度的详细规定主要体现在《劳动关系法》中，通过对集体谈判、工场论坛、解雇、劳动争议的处理进行论述，展示南非劳动关系立法在调整和规范南非雇主和雇员、工会和雇主组织等多方面的协调关系的重要作用，同时可以了解南非劳动关系协调制度的具体运行机制以及它们各自的优势和不足之处。

## 一　集体谈判制度

在英国，集体谈判的过程是工业关系最重要的特征。大部分工人的雇用工资和其他雇用条件都是工会或工会组织、雇主或雇主协会通过一些集体协商的方式解决。从传统来看，英国劳动法的宗旨在于确保集体谈判机制的有效施行。为有效实施集体谈判制度，通常认为需要获得以下权利，如组织权、被认可权、知情权、协商权。[1] 南非劳动法承袭英国法。有关"集体谈判"的概念，据说是比阿特丽·韦伯（Beatrice Webb）在 1891 年提出，在很多年来一直被认为是劳资谈判在劳动力市场中的集体行为："雇主不再同单独的个体签订系列独立合同，取而代之的是，雇主根据劳动者的集体意愿，在一份单独的协议中设置原则，规定特定团体、阶层或行业的全体工作人员暂时受制于该原则。"然而，阿伦·弗兰德斯（Allan Flanders）则认为，集体谈判是对劳动力管理和劳动力市场进行合并调控的机制。艾伦·福克斯（Alan Fox）也指出集体谈判应该具有三要素，如交涉过程、协议和各方共同决定签署的合同。[2] 由此可见，有关集体谈判的定义比较多。此外，1949 年 6 月 8 日颁布的《组织权利和集体谈判权利原则的实施公约》第 4 条规定："必要时应采取符合国情的措施，鼓励和推动在雇主或雇主组织同工人组织之间最广泛地发展与使用集体协议的

---

① ［英］艾利森·邦、［英］马纳·撒夫：《劳动法基础》（英文版），武汉大学出版社 2004 年版，第 180—189 页。

② ［英］史蒂芬·哈迪：《英国劳动法与劳资关系》，陈融译，商务印书馆 2012 年版，第 29—30 页。

自愿程序，以便通过这种方式确定就业条款和条件。"此后，1981 年 6 月
3 日制定的《促进集体谈判公约》第 2 条规定："就本公约而言，集体谈
判一词适用于一雇主、一些雇主或一个或数个雇主组织为一方同一个或数
个工人组织为另一方之间，为以下目的所进行的所有谈判：（a）确定劳动
和就业条件，和（或）（b）解决雇主和工人之间的关系，和（或）（c）解
决雇主或其组织同一个或数个工人组织之间的关系。"上述条款充分说明南
非劳动雇用的期限和条件主要由普通法、雇主和雇员之间的协议、法律管
制以及通过集体谈判决定。集体谈判的功能在于作为一种策略，规范和调
整个人和集体工场关系以及使工业冲突的调整成为制度化。[1]

　　依据 1909 年《劳资争议防止法》有关劳资争议解决方式的规定，
1924 年《工业调解法》提出通过限制劳资诉讼，从而促进自发性集体谈
判制度的推行，这样就使得集体谈判机制得以在南非出现。然而，相对比
较成熟的南非集体谈判制度是在新南非成立后，依据 1995 年《劳动关系
法》逐步臻于完善的制度。它的建立参阅了南非历史上出现的几部非常
重要的法律，如 1924 年《工业调解法》、1956 年《劳动关系法》等。因
此，它的法律渊源主要有 1995 年《劳动关系法》及其修订案、1996 年南
非《宪法》、1996 年《职业健康安全法》、1997 年《基本就业条件法》
以及联合国和国际劳工组织所制定的有关集体谈判的公约。[2] 在南非，集
体谈判制度与普通法、劳资双方的协议以及具体的法律规定一起决定雇用
的基本条件和期限。总体来说，南非集体谈判制度的施行目标是：第一，
通过制度化的机构和基本程序规则，使得潜在的利益冲突得以在可控范围
下进行疏导和妥善解决，从而减少不必要的纷争；第二，不断完善集体协
议，兑现承诺，创建可预测性和可遵从性，集体协议保障了共同的实质性
的条件和程序规则；第三，促进雇员积极参与有关雇员在职期间的管理决
策制定的活动；第四，通过国家的或者甚至国际水平的标准来增强民主、
劳动和谐和经济的发展。[3] 由此可见，南非集体谈判旨在通过集体谈判的

---

①　Alan Rycroft, Aarney Jordaan, A Guide to South African Labour Law, Juta Co., Ltd., 1990, Cape Town Wetton Johannesburg, p. 89.

②　王鹊林：《南非集体谈判制度研究》，硕士学位论文，湘潭大学，2010 年。

③　Lilian Kasyoka Munuve, "A Comparison Between the South African and Kenyan Labour Systems" (Submitted in partial fulfillment of the requirement for the degree of Magister Legum), from the Faculty of Law at the Nelson Mandela Metropolitan University, available at http://downloadusermanual.com/tags/a-comparison-between-the-south-african-and-kenyan-labour-law.html. (last visit: 9/16/2013)

方式，确保雇员获得合理的工资、工时、福利、工作环境、培训等待遇，以和平协商的方式解决雇主与雇员之间的劳资纠纷，节约社会成本，稳定社会秩序，促进社会经济的发展。

从南非集体谈判制度的历史发展来看，在南非的工业化时期，集体谈判与工业关系理论密切相关。通常它被定义为一种自愿的程序规则，在程序规则中，通过共同调整雇用的期限和条件来调和相互之间的利益冲突，以及劳动和管理的强烈需求。① 该定义中的集体谈判理念显示，经济和工业的冲突内在于管理和劳动的关系之间，但是这种冲突也是可以得到解决的，至少可以暂时性地通过集体谈判解决。② 集体谈判注重程序的自愿性，因此，资本和劳动的冲突不应被视为是根深蒂固的以至于不能解决或者折中处理。同时，参与程序的人员应当遵从"游戏的规则"。③ 可见，集体谈判的理论充分表明了，经济和劳资的冲突可以临时性地通过集体谈判解决。它作为一个调节个人和集体工场关系以及劳资冲突制度化的策略，致力于临时性调和管理与劳动之间的经济利益冲突。与此同时，它对雇员的职场生活、物质的和社会的环境产生教化的作用，但是它最大的价值和意义在于鼓励雇员参与决策的制定。然而，在种族隔离时期，因为种族歧视政策的颁行，南非实施双重劳动关系体制，当时的集体谈判制度基本上由代表白人工人、"有色人"工人和印度工人的工会所垄断。他们得到当时法律的认可，并且在法律规定的劳资委员会进行谈判。虽然黑人工人也可以组织和加入工会，但是他们组织或加入的工会得不到立法的保护，而且不能加入劳资委员会。因此，黑人工人不享有集体谈判的权利和资格，黑人工人的雇用条件得不到重视和改善。1973 年后，这种局面发生了改变。1973 年的德班内外频频爆发了多次罢工，导致新工会的出现，他们大多为非种族性质的工会，主要是代表黑人工人的工会。这些新工会第一次提出，签订认可协议以保障他们的集体谈判权以及他们在个体工厂和企业中的其他各项权利和利益。为获得这些权利和要求，这些工会受到了雇主和当局的打压和阻挠。因此可以说，种族隔离制度使得工会组织和集体谈判成为一个重要的政治问题而不是一个简单的社会现象。20 世纪

---

① Alan Rycroft, Aarney Jordaan, A Guide to South African Labour Law, Juta Co., Ltd., 1990, Cape Town Wetton Johannesburg, p. 88.

② Ibid., p. 89.

③ Ibid..

80 年代中期以后，大多数的新工会都加入了南非工会大会（COSATU），并且逐渐将集体谈判的形式转为集中谈判，特别是在劳资委员会谈判中采取此种方式。然而，这些新的转变得之不易，遭遇了雇主的反对和旧工会的抵制。但是，新工会的出现，使得集体谈判的层次问题开始成为南非一个关键性的劳资关系问题。这时候的集体谈判特征表现为通过协商或磋商的方式解决工人或者工会提出的实质性内容。如在集体谈判中，新工会要求提高工资、改善其他雇用条件以及为他们的成员增加社会福利。另外，通过集中谈判的方式来协商，从而可以最大限度地促使这些改善措施的要求得以实现。新工会的这些目标追求使得当时的劳资关系十分紧张，同时也表现出法律框架内集体谈判的局限性。集体谈判俨然成为了政治斗争的工具。

南非在开始民主化进程后，上述紧张关系逐渐得到了一定程度的缓解，但是大多数人口的生活水平并没有得到改善，南非工场平均的人口结构特征没得到根本改变，政治化的劳资关系遗留问题也没有得到消除。同样地，集体谈判的层次问题依然存在。直至 1994 年，南非国内的非洲人国民大会召开第一次民主选举，开创了劳动立法的新局面。其中集体谈判问题成为当时劳动立法的首要事项。其时的新政府要求研制一种适应新劳资关系的法规体系，以修正 1956 年《劳动关系法》中的一个严重“不足”，即“集体谈判的结构和功能缺乏概念上的清晰度”。研究者们在《协商谈判文件草案，1995：121》中指出，这些“不足”表现为以下三个方面：第一，劳资层面的谈判体制缺乏有力保障；第二，1973 年以来产生的工场谈判的双重体制缺乏具体的立法保护；第三，劳工部部长对劳资委员会协议的管辖过多，同时司法管理比较“混乱”，如法院承担了习惯性关注集体谈判层次的强制性义务。然而，这些“不足”在于南非缺乏一种法定的框架，只有在这种法定的框架内，工业层面和工场层面的集体谈判的有序关系才可以得到适当地调整和发展。为此，他们提议通过以下方式完善集体谈判制度：一是采取唯意志体制模式，要求谈判各方通过权力行使来决定他们的谈判安排。这种唯意志主义原则被纳入法定的框架范围内，可以促进工业层面和集中层面的集体谈判；二是在 1995 年《劳动关系法》中保留有关劳资委员会的条款，并且改名为谈判委员会；三是国家经济发展和劳动委员会为部门的划分设立了标准，意图在于允许国家经济发展和劳动委员会为部门层次的集体谈判设置条理更加清楚的制度；四是谈判委员会可以在登记的范围内履行争议解决的职能。为了合法地履行职能，谈判委员会必须获得调解、调停和仲裁委员会的授权，或者通过参与被授权的私人争议处理机构的工作来调解和仲裁争议；五是规定工会依法获得组织权利；六是登记的工会和雇主组织签订的具有法律效力的协议可以通过仲裁强制执行而非通过刑事法庭或者民事法庭，因此，工会、雇主和雇主组织对于他们签订的协议都有强制履行执行的责任和义务等。此外，工场论坛作为一种新的制度从集体谈判体系中分离出来，而且在一定程度上是对集体谈判制度的一种重要补充方式。工场论坛中的参与模式被视为联合解决问题的方式，它关注的主要是非工资问题，如重建、工作整顿，以及新工业技术的引荐。这样，集体谈判和工场论坛作为协调劳动关系的重要方式，在南非的经济和劳动关系的发展中起着重要的互为补充的作用。

南非集体谈判的层次和范围比较广泛，不仅包括权力分散的地方性单独的工会谈判和特定工场的雇主的谈判，而且包括权力集中的国家层面的谈判，如集中型谈判论坛中的工会联盟和雇主联盟。南非国家经济发展和劳动委员会（NEDLAC）推行的集中型国家谈判，从表面上看，并未被称为集体谈判论坛，仅是一个促进雇员参加社会经济决策制定的寻求共识的机构。然而，这个集中型国家谈判确实为雇主雇员和工会之间的协商谈判提供了一个谈判的论坛机制。最大的雇主联盟商务南非（BSA）和最大的工会联盟南非工会代表大会（后来被称为 COSATU）、南非工会联盟（后来被称为 FEDUSA）以及国家工会委员会（后来被称为 NACTU）在这个论坛中会晤，并且试图就劳动立法和其他社会政策事项达成共识。[①] 南非特定经济部门中的集体谈判经常在地区或者国家谈判委员会中进行，譬如最大的和最全面的国家谈判委员会存在于金属工业之中，被称为金属和机械工业谈判委员会。到 2007 年年末，南非的私营领域存在 73 个登记的谈判委员会。但是它们仅覆盖了雇用领域大约百分之十的人员，南非还存在

---

① Lilian Kasyoka Munuve, "A Comparison Between the South African and Kenyan Labour Law Systems" (Submitted in partial fulfillment of the requirement for the degree of Magister Legum), from the Faculty of Law at the Nelson Mandela Metropolitan University, available at http：//downloadusermanual. com/tags/a-comparison-between-the-south-african-and-kenyan-labour-law. html. (last visit：11/10/2013)

一部分没有登记的谈判委员会。① 一般来说，谈判委员会是在劳工部进行登记的组织机构，由比例均等的雇主和雇员组成。它的职能包括：协商工资和工作条件、防止和解决争议以及促进和建立培训计划。

南非集体谈判制度的谈判主体和基本程序可详见于 1995 年《劳动关系法》及后来的修订案。它包括了 2002 年《劳动关系法修正案》的第三章对集体谈判制度进行了专门的规定，如工会的组织权利、集体协议、谈判委员会、法定委员会等。该法规定，集体谈判制度的主体主要有工会代表、雇主或雇主组织以及提供协商谈判和签订集体协议的谈判机构。这些谈判机构主要是谈判委员会、公共事业单位中的谈判委员会以及法定委员会。在集体谈判程序中，谈判主体享有特定的权力，如工场的罢工权、雇主的闭厂权等。但与此同时，他们也必须承担相应的特定义务，比如工会应当合理地使用工会会费、雇主在谈判的时候必须注重诚信等。谈判委员会、公共事业单位中的谈判委员会和法定委员会也应当依照法律的规定行使职责和权力，如指导集体协议的签订、监督集体协议的履行、积极预防和及时解决劳动纠纷、制定职员教育和培训计划等。此外，参加谈判的主体应当严格按照集体谈判的特定程序进行，该谈判程序通常由以下三个阶段组成：第一阶段是进行集体谈判的前期准备，它包括确定谈判的双方代表、准备谈判资料，以及明确谈判的主题；第二阶段是集体谈判的如期举行，在此阶段，双方谈判代表在事先拟定的时间、地点就集体协议草案进行讨论，直到达成共识，形成共同认可的意见。在集体谈判的过程中，很有可能会出现诸如工会罢工、雇主闭厂等劳工行为，但不管情况如何，谈判双方的目的还是想要尽力达成一致意见，最终签订集体协议；第三阶段是审议和签订集体协议，集体协议的内容必须要获得工会大多数成员的投票通过，否则不具有法律效力。

从南非集体谈判的程序和规则来看，它表现出来的优点主要如下。第一，有利于保护小型公司工作且未加入工会的雇员免于受到公司的剥削和压迫。第二，通过集体谈判规定制度化的工资。这样就可以预防那些提供

---

① Lilian Kasyoka Munuve, "A Comparison Between the South African and Kenyan Labour Law Systems" (Submitted in partial fulfillment of the requirement for the degree of Magister Legum), from the Faculty of Law at the Nelson Mandela Metropolitan University, available at http://downloadusermanual.com/tags/a-comparison-between-the-south-african-and-kenyan-labour-law.html. (last visit: 11/10/2013)

较差的劳动条件及福利待遇的雇主因相互竞争而压低工资，同时要求雇主们应当在管理技能方面竞争而不是在降低工资标准方面竞争。第三，规定始终如一的雇用条件，不得随意变更。因为对特定行业规定统一且可接受的最低工资待遇和合理的工作变动程序，可为雇员在同一行业进行工作变换提供同样的工作条件和待遇。第四，通过谈判协商，规定雇主应当为雇员的个人发展提供较好的福利计划和全面的提升和培训计划，以及生活设施，例如医疗援助、雇员技能培训和行业基础准备金的筹备。第五，设立劳动争议解决的部门和程序，为劳动纠纷案件提供公平、公正审理的程序，如 2014 年《劳动关系法修正案》对 1995 年《劳动关系法》的第 51 条第 9 款修正，规定谈判委员会可以通过集体协议设立劳动争议解决的程序，规定争议解决费用的支付以及依法向调解、调停和仲裁委员会支付因案件进行调解或者仲裁而引发的费用。第六，采取有力措施预防各种原因导致的罢工。

　　然而，集体谈判制度也还存在一些问题和不足。这些问题主要是涉及两个方面：一是工会的谈判资格是否得到雇主或者雇主组织的认可；二是作为集体谈判主体的雇主组织的谈判权是否获得其成员的授权。① 存在的不足之处有：第一，集体协议很有可能会限制市场协调机制的作用运行；第二，预先设定的最低工资和条件标准起着约束的作用，阻碍了雇主和其他国家在最低工资和其他福利待遇方面的国际性竞争。此外，由于工资和条件都是谈判双方集体协商和制定的，缺乏一定的灵活性，从而可能会抑制小型企业和商业的积极性。但是总体来说，南非集体谈判制度在良好的产业关系和社会安定的维护方面，在其国内经济稳定和快速发展所需要的有序环境上都起着非常重要的作用，并且在促进南非劳动关系的转型层面上也表现出令人瞩目的成效。但是随着社会文明程度的不断深化与发展，新时代的劳动者维权意识的增强，也遭遇了挑战。作为南非集体谈判的重要机构——法定委员会在集体谈判的实践活动中并没有完全发挥它应有的作用，而且南非劳动法中有关雇主或者雇主组织在集体谈判中的权利的规定比较少，这些势必会影响到集体谈判制度的运行和发展。② 虽然南非的集体谈判制度并不是那么的臻于完美，但是对于集体劳动关系立法相对比较薄弱的我国来说，它的优势与不足仍然值得我国在劳动立法方面予以

① 王鹊林：《南非集体谈判制度研究》，硕士学位论文，湘潭大学，2010 年。
② 同上。

借鉴。

## 二 工场论坛制度

1995 年《劳动关系法》颁布以前，南非国内罢工频繁，劳动关系紧张，境况堪忧，劳资双方尖锐的矛盾严重地阻碍了南非经济的发展，并且导致经济的大幅度衰退。生产力低下，生产率无法提高是当时南非政府面临的一个重大难题。面对这种经济情况，许多雇主也在努力尝试通过一些新的经营管理方法或者新的制度以求化解劳资矛盾，这其中就包含了推进职工参与制。这种制度必须具有灵活性，能适应不同企业自身的需要。在受到德国和瑞典等国的工人委员会的影响之后，南非决定推行工场论坛体制。由此可见，工场论坛是相对立的劳资双方相互妥协的产物。它既表示了资方想通过提高生产力来增强南非经济竞争力的愿望，也表达了工人想通过促进职工参与制来维护自身权益的愿望。然而，由于种族隔离等历史原因，工会以及工会联盟一直以来都对劳资合作理念持反对意见，坚持与管理层保持对立面的关系。随着工会势力的不断增长，工会以及工会联盟的力量已经逐渐达到可以直接与管理层相抗衡，只有它们可以完全否决管理层的提议。工会以及工会联盟的组织者认为，如果建立了工场论坛制度，工人们的观念势必会发生较大的改变，很有可能对资方的态度、与资方的关系，将由原来的对抗转为友好与合作。如果工人们在管理方面成为资方的积极合作者，那么这将意味着工会的前景暗淡且会大失人心，因此，工会对这种职工参与论坛制的形式似乎一直都不能接受。它们认为，如果能够创设某种非工场论坛的制度来实现职工的参与，那么这将不仅会帮助工会巩固和扩大现有的权力、特权和权利，还能够发挥论坛的真正效用。从实践运作来看，让工会参与到一些自创性组织的协商和共同决策中，确实能够产生积极的作用。因此可以推断出，如果立法者想要实现推动论坛的良性发展的初衷，首先就要消除工会对它的顾虑和不安，创建一个有利于职工、工会和雇主的论坛制度。虽然从世界各国来看，职工参与制已经被普遍看作一种积极且符合世界经济潮流的理念，但南非现有法律中规定的形式似乎并没有对劳工起到激励的作用，同时也得不到管理者的接受和欢迎。因此，如何让工场论坛制在南非得到切实运行需要理论与实践的相结合。

从工场论坛制在南非的实践运行结果来看，直接照搬诸如德国、瑞典等国外的经验到南非来实施是行不通的，南非立法者在制定法律时，应当充分考虑到这个国家长期以来社会、经济和政治上的动荡局势导致的南非劳资双方关系的敌对关系，旧观念的根深蒂固不能给予工人、工会以安全感，只有通过转变他们原有的思想、意识和观念，真正改变劳资双方的敌对态度和关系，才能够确实地推动工场论坛制的良性发展，实现论坛的价值和意义，职工参与制在促进南非经济的发展中起着举足轻重的作用。早在1999年的时候，一位南非前劳工部部长曾说过，如果工场论坛这种对话机制失败了，那么工人获得提高工作保障的机会将会失去，而雇主则需要花费更多的精力去与劳工协商解决劳动纠纷问题。如此，那么工人的地位不仅得不到提高，他们的权益也无法得到保障，于经济发展来说，只可能是弊多利少。通过对工场论坛以及其他形式的职工参与制的调查研究发现，职工参与制在企业的生产和经营中起到了巨大的推动作用，不仅提高了企业生产的效率，巩固了生产的稳定性，激发了工人的生产积极性，而且促进了劳资双方的有效合作。概而言之，工场论坛的作用主要表现为：第一，不管雇员是否为工会的成员，工场论坛都必须致力于探寻如何提高工场中所有雇员的利益；第二，工场论坛必须探索如何增强工场的效能；第三，工场论坛有权就《劳动关系法》第84条规定的特别事项受到雇主的咨询以及就自己的观点达成一致的合意；第四，工场论坛有资格参与就《劳动关系法》第86条规定的事项作出共同的决策。可见，工场论坛对于劳资双方来说，是一种双赢的劳动法律制度，它对于促进劳资关系起着非常重要的作用。[①] 但是，如果这项制度要在经济领域得到长期坚持和贯彻下去，那么它所蕴含的正确理念还需要得到国家和社会对它进行正确和准确的诠释，这样才能真正地为利益各方所接受。这项工作还需要南非的劳资双方、政府乃至全社会付出艰辛的努力。[②]

关于南非工场论坛制度的具体运行可详见2002年《劳动关系法修正案》的第5章和附录2。其内容包括了雇员和代议制工会的定义，工场论坛的作用、设立、信息披露、解散等。有关工场论坛的法律规定，雇员是指那些在工场被雇用的普通员工，但是不包括代表雇主处理工场论坛的高级管理层雇员以及那些代表雇主做决定和确定政策，并且可能与工场中的

---

① See section 79, section 84 and section 86, from No. 66 of 1995: Labour Relations Act, 1995 of the Republic of South Africa.

② 李琛：《南非工场论坛述评》，硕士学位论文，湘潭大学，2006年。

雇员代表发生冲突的高级管理层雇员。代议制工会是指某个登记的工会，或者两个以及更多的登记工会联合行动，它们的成员大多数为雇主在工场中雇用的员工。[①] 任何工场都可以设立工场论坛制度，只要该雇主雇用的职员超过 100 人。任何代议制工会都可以就规定的形式向调停、调解和仲裁委员会申请设立工场论坛，申请者应当符合委员会的要求向雇主交付申请书的副本。受理申请之后，委员会必须认真考虑该项申请以及要求申请者提供更多的关于申请的信息，并且要考虑到关于申请所涉及的工场是否雇用有 100 个或者更多的雇员。该申请者是否是代议制工会以及是否存在已经依法设立的正在运行的工场论坛。如果申请者的申请复核委员会的标准和要求，委员会必须任命委员去协助申请方依照集体协议或者《劳动关系法》第 5 章的规定建立工场论坛。委员会必须要与申请者、雇主以及拥有工场雇员作为其成员的任何登记的工会一起召集会议，目的在于促进各方之间关于集体协议的缔结，或者至少是申请者与雇主之间的集体协议的议定。如果某项集体协议最终缔结了，那么《劳动关系法》第 5 章就不予适用了。如果集体协议未能缔结，那么委员会必须召集各方会议以促进集体协议的达成，内容是涉及工场论坛的章程，其依据《劳动关系法》第 5 章的规定，以及附录 2 中的指导方针。如果关于工场论坛的章程的协议不能达成，那么委员会必须建立一个工场论坛并依据《劳动关系法》第 5 章的规定和附录 2 中的指导方针决定章程的条款。工场论坛设立之后，委员必须为工场论坛的第一批成员的选举设定一个日期，同时任命一个选举官员负责选举。这是一般的工场论坛的设立方式，并不适用公共服务的工场论坛的设立，公共服务领域的工场论坛是由劳工部部长依据第 207 条第 4 款公布的一个附录，专门针对公共服务和管理领域的工场论坛进行规范和调整。

　　工场论坛必须有常规性的会议，在会议上，雇主必须提交关于工场的经济和雇用状况，以及它的自最后一次报告以来的工作业绩表现、它预期的短期和长期的工作业绩情况，并且就可能影响工场雇员的任何来自报告中的问题在工场论坛上予以咨询。工场论坛的成员和雇员之间必须要间隔一定的时间经常性地召集会议，在会议上，工场论坛必须要报告它的一般性活动、雇主向它咨询过的事项以及它参与的与雇主共同作出决策的事

---

① See section 78, from No. 66 of 1995: Labour Relations Act, 1995 of the Republic of South Africa.

项。除了依据集体协议必须跟代议制工会商议的事项以外，工场论坛可以就以下事项跟雇主商议：工场重组，包括新技术和新工作方法的引进；工作组织的变动；工厂部分关闭或者全部关闭；对雇员有影响的工厂所有权的合并和转移；以操作性要求作为原因对雇员的解雇；依据任何集体协议或者法律导致的免责；岗位定级；绩效奖励或者酌情支付的奖金的标准；教育和培训；生产发展的计划以及促进出口。谈判委员会可以就属于它登记范围内的其他事项授予工场论坛咨询的权利，代议制工会和雇主可以通过签订集体协议授予工场论坛有权利就工场的任何其他事项进行商议。此外，依据当前适用的职业健康和安全立法，代议制工会和雇主应当一致认同雇主必须就有关确保工作中健康和安全措施的创制、发展、促进、监管和检查与工场论坛进行商议。工场论坛和雇主的会议中应当包括依法组建的一个职业健康和安全委员会会议，并且应当有一个或者更多的健康和安全的职工代表。在对事项作出共同决策方面，除了依据集体协议应当与代议制工会商议以外，雇主在实施关于下列事项的计划之前必须与工场论坛商议且达成共识，比如纪律规则和程序；关于工场适度监管的规章，适用于与雇员的工作业绩无关的管理；制定保护和有利于受到不公正歧视的弱势群体的措施；由雇主或者雇主任命的代表，就雇主控制计划的信托或者董事会的变动以及关于社会福利计划调整的规章。代议制工会和雇主可以签订集体协议授权工场论坛就关于工场的其他事项作出共同决策。任何其他法律也可以授权工场论坛对其他事项作出共同决策。如果雇主未能在工场论坛达成共同意见，那么雇主可以依据任何商定的程序提交争议至仲裁，或者如果没有商定的程序则提交争议至调停、调解和仲裁委员会。雇主必须按照委员会的要求提交申请书的副本给工场论坛的负责人。然后，委员会必须尽力通过调解来解决争议，如果调解未能解决争议，那么雇主可以要求通过仲裁解决争议。如果仲裁裁决书是关于社会福利计划或者由雇主或者雇主任命的代表就雇主控制计划的信托或者董事会的变动，那么裁决书会在裁决书日期之后30天开始生效。关于信托或者董事会的任何代表可以向法院申请一份指令，宣布该项裁决书的执行构成了对该代表一方的受信责任的违背，那么该仲裁书也可能因法院对代表的申请作出的待决期间而不发生效力。由此可见，关于工场论坛中的争议，一般都是向调停、调解和仲裁委员会提起书面申请，解决方式一般是先调解，调解不成再仲裁。

雇主在实施任何计划之前必须与工场论坛商议，并且尽量达成一致的意见。雇主必须允许工场论坛有机会在商议期间作出申述和提出可替换的计划。雇主必须考虑和回应由工场论坛提出的申述和可替换的计划，并且如果雇主对工场论坛的申述和可替换的计划不认可的时候，雇主必须陈述不认可的理由。如果雇主和工场论坛未能达成共识，那么雇主必须在推行自己的计划之前，调用任何双方一致认可的程序来解决双方存在的不同意见。此外，关于工场论坛的信息披露制度和争议解决规定。2002 年《劳动关系法修正案》的第 89 条规定，雇主必须将允许工场论坛有效参与商议和共同决策的所有相关信息向工场论坛公开和披露。但是以下情况不得披露信息：比如对于享有法律特权的信息；在未违背依据强加于雇主的来自任何法院的任何法律或者法令的禁令的情形下，不得披露信息；不得披露机密信息，否则会导致对雇员或者雇主的重大伤害；不得披露有关雇员个人隐私信息，除非该雇员同意披露该信息。雇主必须书面通知工场论坛哪些是属于依法不得披露的机密信息。如果对某项信息披露存在争议，任何一方可以书面提交争议至调停、调解和仲裁委员会，委员会必须努力通过调解解决该争议，如果争议未得到解决，任何一方可以要求通过仲裁解决该争议。对于所谓的任何泄露机密信息的争议，委员可以颁布指令，并在裁决书里特别规定一个时期撤回工场中的信息披露权利。工场论坛在运行一段时间后，如果需要解散，那么代议制工会可以要求投票决定解散工场论坛。在代议制工会提出解散工场论坛的要求后 30 天之内，任命一个负责选举的官员准备和管理投票。如果参与投票的雇员有 50% 同意解散工场论坛，那么工场论坛可以被解散。综上所述，南非工场论坛制度充分体现了职工的参与权、劳资双方平等协商的新型劳动关系，以及劳资双方在劳动领域里开始表现出来的民主、公平、公开和公正的理念和意识。这项制度在南非的推行，对于改变长期以来形成的比较严重劳资矛盾，有一定的缓解作用，而且有利于促进新南非经济的稳定与发展。

## 三　劳动解雇制度

社会法的根本目的不是以平等主体之间的社会关系为起点，而以追求平等的价值理念为终点，保障在社会竞争中处于劣势的自然人或者自然人群体的基本权益，追求一种实质的社会正义，体现社会的文明与进步以及人文关怀。因此，为保障劳动者的劳动权益和职业稳定，各国都通过劳动立法来对雇主的解雇权予以限制。从南非来看，普通法、制定法以及南非认可的国际劳工条约都对解雇和不公正解雇进行了具体规定。由于英国普通法在南非的移植和接受，在劳动法领域，普通法授予雇主较大的权力，如制定劳动纪律规章制度，单方以雇员违反劳动纪律为由而终止劳动雇用关系。在劳动保障方面，没有制定任何条款以保障雇员的权益，从而使得雇员在工场中处于雇用不安全的状态。从普通法的规定来看，以及雇主对于雇员所表现出来的权威性来看，它不仅折射出劳资双方不平等的社会关系，更是从实际层面上反映了当时的经济状况和社会秩序。究其原因，这主要是源于雇主对工业资产的所有权和控制，而最初雇主和雇员的关系表现为主仆关系。因此，当时的南非政府甚至利用主仆关系立法和其他的制定法来迫使雇员劳动，并且允许在工作场所适用刑法中的严厉条款以保障劳动纪律的遵守。除了普通法之外，制定法也适用于调整劳动雇用关系，而最主要的立法规范为《劳动关系法》，它对"不公正的劳动行为"（unfair labor practice）① 作了详细的规定。在 1988 年《劳动关系法修正案》颁布之前，1956 年《劳动关系法》的条款中没有规定"不公正劳动行为"的概念，相反地，立法者宁愿对该概念进行广泛定义或者交由劳资法庭解释。但是在"解雇"方面，法院的具体司法实践通常与普通法是背道而驰的。通常而言，人们都认为，雇主解雇雇员是不合法的，因而要求解雇必须公正、具有充足的解雇理由，以及解雇之前必须适用公正的程序。法院也乐意颁布指令以恢复那些因程序不公正而被解雇的雇员的职位。可以说，"解雇"和"不公正解雇"一直是南非《劳动关系法》的重要内容。2014 年《劳动关系法修订案》未对解雇制度进行修订，基本沿用 2002 年《劳动关系法修正案》的规定。该法的第八章和附录 8 中对南非的解雇制度作了具体的规定。其内容涉及解雇的定义、不公正解雇的类型、合法解雇的理由和程序、不公正解雇的争议处理方式与程序、不公正解雇的救济等方面。以下将作具体论述。

（一）解雇和不公正解雇的界定

解雇是由资方或用人单位主动提出"永久终止雇用关系"或"终止劳务合约关系"的一种行为。如果雇员主动提出终止劳动雇用关系的，

---

① 不当劳动行为是指雇主凭借其经济优势地位，以违反劳动法律原则的手段来对抗工会的措施或行为。参见常凯《论不当劳动行为立法》，载《中国社会科学》2000 年第 5 期。

则被称为"请辞"或者"辞职"。大部分国家的法律都规定不可以无故解雇雇员，必须的或者正当的解雇理由包括：工作失误，导致公司的损失；经常迟到早退；缺乏胜任工作的能力；公司改组，内部另外未有其他适合的空缺；欠缺诚信；冗员。① 在南非，2002 年《劳动关系法修正案》第 186 条对"解雇"和"不公正劳动行为"的含义进行了规定。该条款指出，"解雇"的含义是指下列情形。(1) 雇主在通知或者没有通知雇员的情形下就终止了雇用劳动合同关系。(2) 雇员在合情合理的情形下，期待与雇主续签同等条款或者类似条款的固定期限雇用合同，但是雇主同意续签的合同条款不太有利于雇员，或者没有同意续签雇用合同。(3) 雇主不同意有下列两种情况的女性雇员从事原职工作：一种是依据任何法律、集体协议或者雇用合同请产假之后希望仍继续从事原职工作的女性雇员；另一种是在预产期之前离岗四周，并且在孩子出生的实际日期后离岗八周的女性雇员重新回到原职工作。(4) 雇主同意重新雇用因同样的或者相似的原因被解雇的一部分雇员中的某一个人或者更多的人，但是拒绝重新雇用其他的人而导致的解雇。(5) 雇员在无法忍受雇主提供的超长强度且工作要求比较苛刻的雇用条件的情形下，通知或者没有通知雇主即终止雇用合同。(6) 如果根据 2002 年《劳动关系法修正案》第 197 条或者第 197A 条规定的雇用合同被转让之后，新雇主规定的工作条件或者环境与原雇主提供的相比而言不利于雇员，在此情形下，雇员通知或者没有通知雇主即终止雇用合同。② 上述内容展示了由雇主原因导致的雇用关系的终结和由雇员因对自身权益的考虑而主动终止雇用关系的两种情形。但是不管是哪一种情形导致的解雇，都会对雇员的生存与发展造成一定的影响，因此，南非劳动立法要求加强对解雇的法律规制。

南非对于"解雇"在法律上的严格要求导致了对"不公正解雇"的界定和保护。南非 2002 年《劳动关系法修正案》第 185 条专门对不公正解雇作了详细规定："每个雇员都有权利拒绝不公正的解雇，以及有权利拒绝不公正的劳动惯例。"③ 并且规定不公正解雇包括自动的不公正解雇 (automatically unfair dismissal) 和其他的不公正解雇 (other unfair dismiss-

　　① 参见解雇，资料来源于 http：//zh. wikipedia. org/wiki/%E8%A7%A3%E5%83%B1。(访问日期：2013 年 12 月 10 日)

　　② See section 186 in Labour Relations Amendment Act No. 12 of 2002 of the Republic of South Africa.

　　③ Ibid..

al）。自动的不公正解雇是指雇主没有正当理由是不能够随便以下列理由解雇雇员：如参与罢工、拒绝工作、拒绝接受雇主的强迫要求、反抗雇主的行为、跟怀孕有关的事宜、各种歧视、劳动转让合同引发的事宜等。其他的不公正解雇则是关于雇主没有正当理由证实雇员的行为不当或者能力存在缺陷，或者没有通过正当合法程序即解雇雇员。比如本书第四章案例评析中的皮厄纳尔诉斯坦陵布什大学及齐科特教授案（Abel Jacobus Pienaar v Stellenbosch University & Prof. U Chikte），案件中的原告和被告因不公正解雇而发生劳动争议。该案的核心问题是，原告与被告之间是否存在劳动雇用关系，原告是否属于"不公正的解雇"。经过案情调查发现，该案符合其他不公正解雇的情形规定。根据 2002 年《劳动关系法修正案》第 192 条的规定："关于任何解雇的诉讼程序，雇员必须证实解雇事实的存在。如果解雇事实确实存在，那么雇主必须证实解雇是公正合理的。"① 因此，原告阿贝尔·贾克布斯·皮厄纳尔必须寻找充分且有力的证据证实自己与被告的劳动雇用关系，即原告是被告的雇员，并且存在解雇的事实。与此同时，被告斯坦陵布什大学也要提供证据证明对原告的解雇属于合法性行为。因为根据 2002 年《劳动关系法修正案》第 188 条第（1）款和第（2）款对"其他不公正解雇"的规定，即如果雇主不能证实下列情形则为不公正解雇：一是未能证实因雇员行为或者能力而解雇的理由是公正的；二是未能证明依据雇主的操作性要求解雇雇员的理由是合理的；三是没有合理理由说明解雇是依据合理程序实施的。任何人，不管是否考虑到解雇的理由是公正的或者解雇是否依据合理程序进行的，都必须重视依据本法颁布的《良好行为规范》。② 从上述法律的规定来看，解雇必须有正当的理由和合法的程序，任意解雇即是违法，而且加重了对雇主的要求，即雇主必须提供证据来证明自己的解雇行为的合法性。因此，本案中的斯坦陵布什大学是不能够随便解聘雇员的。如果原告能够证实解雇的真实存在，那么斯坦陵布什大学必须按照法律的规定提供正当的解雇理由和合法的程序，否则视为违反《劳动关系法》，并且要承担劳动法院或者调停、调解和仲裁委员会对其作出的相应法律惩罚。这些惩罚措施包

---

① See section 192 in Labor Relations Amendment Act No. 12 of 2002 of the Republic of South Africa.

② See section 188 (1) and (2) in Labor Relations Amendment Act No. 12 of 2002 of the Republic of South Africa.

括：（1）责令雇主恢复雇员的职位，恢复工作的时间为不得早于解雇日期；（2）责令雇主重新雇用雇员至原来的工作岗位或者其他合适的岗位，恢复工作的时间为不得早于解雇之日；（3）责令雇主给予雇员的损失赔偿。① 所以，为了求证原告与被告之间是否存在劳动雇用关系，斯特尼卡姆·J. 法官作出指令，要求诉讼继续，但是程序中止，移交该争议案件于仲裁处理程序，并要求原告依据 2002 年《劳动关系法修正案》提供相关的证据。

（二）解雇的正当理由

就解雇而言，并非所有的解雇都是不公正的解雇，但是必须要显示出解雇的正当性和合法性，所以允许存在合理的解雇理由。从国际劳动立法来看，在解雇方面也对劳动者的劳动权益保护作了相关的规定。如 1982 年第 158 号国际劳工组织公约的第 4 条和第 7 条对合法的解雇进行了明确的规定。比如第 4 条规定："工人的劳动雇用不应被终止，除非有有效的理由解释涉及工人的能力和行为或者企事业或者服务的操作要求的雇用终止。"② 这就对解雇的正当理由进行了限定，主要是雇员的行为不当、无能以及所从事工作的操作规范与要求。1982 年第 166 号《建议公约》在第 5 条中进一步规定，不得将年龄、因强制性服兵役或者其他的公民义务导致的离岗以及因为生病或者受伤而临时性离岗作为解雇的合理理由。此外，国际公约规定的不得非法终止雇用的其他特殊理由还有：工会成员资格、工作时间以外参加工会活动、种族、肤色、性别、婚姻状况、宗教、家庭责任、怀孕、政见、国籍或者社会地位以及产假时期的离岗。上述国际劳工组织有关解雇的立法在相当程度上成为成员国的立法模板。因此，在解雇方面，为了体现对于劳动者权益的保护，对新型劳资关系的维护，促进新兴经济的发展，以及减少高失业率的发生，南非劳动立法要求在中止雇用劳动关系之前，雇主必须提供解除雇用劳动关系的充足理由，并且应当适用公正的解雇程序。这也就是说，公正的解雇必须同时具备实体和程序的双重公正，否则就是不公正解雇，应当实施法律救济。

从南非劳动解雇的相关立法来看，2002 年《劳动关系法修正案》第

---

① See section 193（1）in Labor Relations Amendment Act No. 12 of 2002 of the Republic of South Africa.

② Alan Rycroft, Aarney Jordaan, A Guide to South African Labour Law, Juta Co., Ltd., 1990, Cape Town Wetton Johannesburg, p. 152.

185 条规定："任何雇员有权利免于遭受不公正的解雇和不公正的劳动惯例。"这个条款明确告知雇主不得随意解雇雇员。一般来说，劳动雇用关系的成立以书面合同为依据，因此，大多数国家要求雇主在雇用雇员从事劳动活动之前必须订立书面的劳动合同。如果以劳动合同的工作期限为标准，对于定期和不定期的劳动合同又规定了不同的解除条件。比如不定期劳动合同，解雇条件并不严格，只要提出解雇申明，遵守一定的预告期限即可；而对于定期劳动合同，则只有在满足一定条件下才可以解除。① 南非 1997 年《就业基本条件法》第 5 章对解雇的通知期作了明确的时间规定，由于雇用劳动的期限不同，雇用合同任何一方提出的合同终止提前通知的时间限制也是不一样的。但是不管是在哪种情形下实施的解雇都必须具有正当的理由，否则该解雇属于不公正的解雇。为此，2002 年《劳动关系法修正案》附录 8 的第 2 条对解雇的正当理由进行规定："（1）如果某项解雇不是基于正当的理由或依据公正的程序，即使它遵从的是雇用合同中的或者依法管理雇用的任何通知，该解雇就是不公正的解雇。不管某项解雇是否存在某正当理由都将由案件的事实决定，并且解雇的合适性将作为一项处罚。不管程序是否公正，将由本法提及的下列指导性规定来确定。（2）本法认可下列三种终止雇用的理由是合法有效的，它们是：雇员的行为，雇员的能力，以及雇主业务的操作性要求。（3）本法规定，如果解雇的理由接近于侵害雇员和工会的基本权利，或者该理由为第 187 条规定之一项，其理由包括参加合法罢工、计划怀孕或实际怀孕，以及歧视行为，那么该解雇为自动的不公正。"除此以外，附录的第 3 条、第 7 条、第 8 条和第 10 条，也都分别对因不当行为导致的解雇、对因不当行为导致解雇的指导原则、缺乏能力（即工作表现不佳）、因工作表现不佳导致解雇的指导原则、无行为能力（即身体不健康或受伤）均作了具体规定。由上可见，南非对合法的劳动斗争是予以保护的，出于保护劳资双方的正当权益，允许合法的罢工和闭厂，并且不得作为解雇的理由。所以，为了保护劳动者的劳动权，南非劳动法规定如果劳动雇用关系解除是由雇主提出的，那么雇主就有责任和义务提供合理的理由和合法的证据证明雇员是否符合 2002 年《劳动关系法修正案》规定的合法解雇的基本要件，否则视为不公正解雇，雇主将因此受到法律的惩罚。正如英国劳动雇

---

① 刘焱白：《劳动关系稳定之法律调整研究》，博士学位论文，湖南大学，2007 年。

用法专家史蒂芬·哈迪指出："长期存在的'合理性（reasonableness）'概念适应现代需要成为了广泛适用的且更规范的'公正性'的条件。仍然，除非解雇是因为某个自动不公正的原因，法院都要裁定是否雇主行为合理。"① 因为，"每个雇员（除了下面列出的某些例外）都有不被其雇主不公正解雇的权利。第一步，必须证明某雇员被'解雇'了，这意味着：（1）雇主终止了合同；（2）固定期限合同到期了且无续约；或（3）'推定解雇'。一旦上述要件得到证明，那么雇主必须提出解雇的理由（或如果理由不止一个，则主要理由）。第三步则确定是雇主给出的解雇理由是否正当。有些理由自动地不正当，除此以外，当法庭对雇主罗列的理由看作解雇的充足理由的处理方法不满意时，则该理由是不正当的"。② 南非的劳动立法大多是移植和传承英国法，所以英国劳动法有关解雇所需正当理由的规定，必然对南非解雇立法有着深远的影响。

（三）解雇的合法程序

1982 年第 158 号国际劳工组织公约的第 7 条对解雇的程序进行了规定："在为雇用工人提供机会保护自己免于指控之前，其不应当因为自己的行为或者表现而被作为终止雇用的理由，除非雇主不能合理地提供这样的机会。"③ 南非作为国际劳工组织的成员，根据国际公约的要求制定了有关解雇程序的劳动法律法规。因此，在解雇之前，南非除了要求合理、正当的理由以外，还必须采取合法公正的解雇程序。2002 年《劳动关系法修正案》的附录 8 第 4 条对此作出规定："（1）通常情况下，雇主应当调查确定是否存在正当的解雇理由。虽然可以不采用正式的调查，但是雇主应当以被指控的雇员能够理解的语言和形式对其告知。每个雇员均享有机会对该指控进行情况说明，并且应当有合理的时间准备对指控的回应，以及向工会代表和同事获得援助。在调查后，雇主应当与雇员交流所作出的决定，最好是提供给雇员一份书面的决定通知。（2）如果事先未告知工会或与之商议，不得对工会代表或担任工会办事员或官员的雇员进行纪律处分。（3）如果雇员被解雇，雇主应当给予解雇的理由，并且提醒其

---

① ［英］史蒂芬·哈迪：《英国劳动法与劳资关系》，陈融译，商务印书馆 2012 年版，第210 页。

② 同上书，第 202 页。

③ Alan Rycroft, Aarney Jordaan, A Guide to South African Labour Law, Juta Co., Ltd., 1990, Cape Town Wetton Johannesburg, p. 23.

享有权利提交该案件至具有管辖权的委员会或调解、调停和仲裁委员会或根据集体协议建立的任何争议解决机构和程序。（4）在特殊情况下，如果雇主不能被合理期待遵守上述指导原则，那么雇主可以摒弃解雇前的程序。"① 可见，上述法条清楚明了地将解雇的法定程序、解雇过程中雇主应尽的责任和义务、雇员享有不被随意解雇的权利以及有权受理解雇引发的争议的部门和机构作出了规定。

在上述解雇程序之前还可以进行解雇前的仲裁和纪律程序，具体规定如下。（1）仲裁程序。雇主可以在得到雇员同意的情形下，以规定的形式要求谈判委员会、委派机构或者调解、调停和仲裁委员会对该雇员的行为或能力的指控进行仲裁，在雇主的要求下，这些机构在收到申请人按照规定支付的费用及雇员关于询问的书面同意书时必须任命仲裁员仲裁。（2）纪律程序。每个雇主应当制定纪律条例，以便对其雇员的行为标准进行要求。根据雇主业务的规模和性质，纪律条例的形式和内容应有明显区别。一般来说，大规模业务对纪律的要求更正规。雇主的纪律条例在纪律适用时必须具有确定性和一致性。这就要求该行为的条例或标准是非常的清楚，以至于没有必要对它们进行传达和解释，并且以雇员能够理解的方式提供给雇员。法院已经认可这些具有矫正性或进步性的纪律理念。这种理念让雇员知道和理解纪律的目的即是对他们所要求的标准是什么。同时，应当努力通过这些分级别的纪律措施如劝告和警告等来矫正雇员的行为。（3）没有必要每次当条例被违反或不符合标准时都启用正式程序。非正式的建议和矫正对于轻微违反工作纪律的雇员来说是最佳的和最有效的方式。对重复性不当行为给予警告，并根据其情节的严重性程度进行分级处理。比较严重的违反行为或重复性不当行为可处以最终警告，或者处以其他可以免于解雇的处罚方式。解雇应当是作为严重的不当行为或者重复性违反行为的情形下适用。② 由此可见，南非在对雇员适用解雇时还是非常谨慎的。从南非法定解雇程序的规定来看，解雇是雇主对具有重大违反劳动法律和劳动纪律的雇员的最严重的处罚。解雇意味着失业，而失业会给个人、家庭和社会造成一系列不稳定的因素，因此，南非在劳动立法

---

① See schedule 8, section 4 in Labor Relations Amendment Act No. 12 of 2002 of the Republic of South Africa.

② See schedule 8 in Labor Relations Amendment Act No. 12 of 2002 of the Republic of South Africa.

上严格地规定了解雇程序的具体操作。对于未按照公正程序实施的解雇行为属于违法行为，而实施者应受到法律处罚。这不仅对劳动者灌输了一种程序优先于权利的理念，而且为劳动者维护自己的基本劳动权益提供了强而有力的支撑。

（四）违法解雇的救济

2002年《劳动关系法修正案》第193条规定了对不公正解雇的司法救济。主要内容如下。（1）如果劳动法院或依据本法任命的仲裁员发现该解雇为不公正解雇，那么法院或仲裁员可以作出下列指令：一是指令雇主在不早于解雇日期的某个时候恢复雇员的职位；二是指令雇主在不早于解雇日期的任何时候重新雇用雇员，使其从事原来的工作或者其他适合的工作；三是指令雇主支付补偿金给雇员。（2）劳动法院或仲裁员必须指令雇主恢复雇员的职位或者重新雇用该雇员，除了下述情况以外：一是雇员不希望被复职或者被重新雇用；二是解雇的环境发生变化致使这种持续性的雇用关系让雇员难以忍受；三是对雇主来说，恢复雇员的职位或重新雇用都是不可行的；四是解雇是不公正的，原因仅在于雇主没有遵循公正的程序。（3）如果解雇是自动的不公正，或者如果发现基于雇主的操作性要求的解雇是不公正的，那么劳动法院可以增加颁布其他适宜该情形的指令。（4）依据本法任命的仲裁员可以对提交的任何不公正劳动行为的争议进行裁决，裁决的结果包括：恢复原职、重新雇用或者补偿。[1] 关于补偿的具体要求，该法第194条对解雇补偿裁决的内容作了明确说明：（1）对于雇主因未能证明因雇员的行为或能力导致解雇或者因雇主的操作性要求导致解雇的理由是公正的，则必须对雇员作出解雇补偿金的裁决，该补偿必须在所有的情形下都为公正和合理的，但是不得超过从解雇之日开始计算的雇员薪酬的比率，即相当于12个月的酬薪。（2）对于自动不公正解雇的补偿裁决为不得超过从解雇之日开始计算的雇员薪酬的比率，其相当于24个月的酬薪。（3）因不当劳动行为导致解雇的补偿金不得超过相当于12个月的酬薪。[2] 补偿金是对雇员根据任何法律、集体协议或雇用合同获得的任何其他金额的额外增加的款项。

除了对解雇进行补偿之外，南非劳动法律还规定了解雇金，如2002

---

[1]　See section 193 in Labor Relations Amendment Act No. 12 of 2002 of the Republic of South Africa.

[2]　Ibid..

年《劳动关系法修正案》第 196 条规定如下。(1) 雇主必须支付雇员因雇主的操作性要求而被解雇的解雇金，其数额相当于为雇主持续性工作的每一年里至少一周的酬劳，除非该雇主不受本款的约束。(2) 劳动部部长在与全国经济发展和劳动委员会以及公共事业合作谈判委员会协商之后，可以通过政府公告变更解雇金的数额。(3) 如果雇员不具有合理理由而拒绝接受该雇主提供的与另一雇主或任何其他雇主的雇用选择，那么其不能够享受本条第 (1) 款规定的解雇金。(4) 雇员依据本条享受的解雇金的支付不影响其依法有权获得任何其他的款项支付。[1] 这些关于不公正解雇的法律救济措施，充分彰显了南非确实对劳动者从实质层面上进行了保障。因为当雇主考虑到违法解雇应当承担上述法律所规定的双重经济赔偿责任而导致的个人经济损失时，必然会在解雇雇员的时候予以慎重对待。同样，在我国劳动法中，违法解雇赔偿金也是用人单位于违法解雇情形下需要承担的最重要的法律责任，正如王全兴、郑尚元、谢增毅等我国的学者所认同的，在违法解雇情形下，用人单位应当赔偿劳动者预期利益损失，主要包括合同剩余期限的工资损失。[2]

## 四　劳动争议处理制度

适宜于群居生活的人们在日常的社会交往过程中难免产生争议。对于"争议"的定义，日本学者六本佳平教授界定为"以两个主体间在社会生活上的利益对立为基础，特定的当事人为了实现自己的要求相互影响对方的过程"。[3] 那么劳动争议的含义，在众多学者的阐释下，主要包括广义和狭义两种。我国的法学家史尚宽先生曾提出："劳动争议，广义的谓以劳动关系为中心所发生的一切争议。于此意义，因劳动契约关系，雇用人与受雇人间所生之争议，或关于劳动者之保护或保险，雇用人与国家间所起之纷争，雇用人团体与受雇人团体本身之内部关系所生之纠纷，以及雇用人或雇用人团体与受雇人团体间因团体的交涉所生之纠纷，皆为劳动争议。然本章所称劳动争议，乃指狭义之劳动争议而言。即仅以个个之雇用人与受雇人所生之争议及雇用人或雇用人团体与受雇人团体间所生之争议

---

① See section 196 in Labor Relations Amendment Act No. 12 of 2002 of the Republic of South Africa.

② 刘焱白：《我国违法解雇赔偿金的功能重塑及制度完善》，载《法学》2015 年第 3 期。

③ ［日］六本佳平：《法社会学》，有斐阁出版社 1992 年版，第 98 页。

为限。"① 这一解释，基本上概括了劳动争议的内涵。在南非，劳动争议的定义和类型是在南非劳动立法不断修订完善的过程中完成的。最初，南非劳动争议没有明确类型之分，它仅指雇主与雇员之间的争议或纠纷，例如1956年《劳动关系法》在序言中宣称其制定目的之一是 "防止和解决雇主与雇员之间产生的争议"。② 2002年《劳动关系法修正案》第127条的注释规定了劳动争议的类型和范围，具体内容为 "该条致力于解决下述争议：组织机构的权利争议；缺乏程序规定的集体协议产生的争议；工会代理制企业的争议；仅雇用工会会员的工厂（或商店等）的争议；因劳工部部长的决定引发的争议；被取消登记的委员会的集体协议的解释和适用引发的争议；行业分工和委员会范围划分引发的争议；工场论坛信息披露的争议；等等"。③ 因此，现行南非劳动争议类型主要表现为权利争议和利益争议。利益争议是指新权利的创设，如增加工资和就业新条件。这种类型的劳动争议是由于集体谈判不成功所导致的，应提交劳资争议委员会或调解委员会进行调解解决。然而，权利争议是关于现存权利的侵犯或解释，应提交普通法院。譬如根据合同或劳资争议委员会的协议导致的争议，或者因不受保护的罢工或闭厂的禁令导致工资不足而产生的争议。从现代社会日新月异的发展速度和新型劳动纠纷的不断涌现来看，南非劳动争议的类型和范围也会有新的变化。④

（一）劳动争议处理的立法发展

南非有关劳动争议的立法也经历了曲折发展的过程。1652年，南非成为非洲第一个白人移民地。欧洲殖民者从国外引进奴隶至南非，同时大肆剥夺南非本土人的土地等生产资料，使大部分南非本土人沦为奴隶。奴隶没有人身自由，只是会说话的工具，不享有劳动力的自由支配权和获得劳动报酬的权利。此时并没有大量劳动关系的出现，因而没有诞生调整此类社会关系的特定的劳动法律法规。20世纪初期，南非劳动条件恶劣、罢工运动频发并经常导致流血事件，加之国际社会的谴责和施压，南非劳

---

① 史尚宽：《劳动法原理》，正大印书馆1978年重版，第241页。

② Alan Rycroft, Aarney Jordaan, A Guide to South African Labour Law, Juta Co., Ltd., 1990, Cape Town Wetton Johannesburg, p. 185.

③ See annotations from 28 to 38 towards section 127, in Labour Relations Act 1995, as amended in 2002 of the Republic of South Africa.

④ 肖海英：《论南非的劳动争议处理机制》，载《中国人力资源开发》2015年第1期。

动立法在这种情境下得以发展，南非政府制定了相关的法律以改善劳动关系和解决劳资纠纷，如 1924 年《劳资争议调解法》、1932 年《土著劳动合同法》、1939 年《劳资争议调解法》、1956 年《劳资争议调解法》等。其中 1924 年《劳资争议调解法》是关于南非劳动争议处理机制的第一次立法。该法不适用非洲雇员，而且主要解决利益争议。1924 年《劳资争议调解法》于 1937 年和 1956 年进行两次进行修正，并且 1956 年《劳资争议调解法》规定，建立一个劳资争议裁判所仲裁争议，尽管它受限于职位保留争议并且不适用所有的劳动争议。[①] 这些法律中的大部分条款是歧视性条款，明确规定限制黑人的自由，剥夺他们的劳动权利和维护白人统治者的利益。对于其中产生的劳动争议，通过建立集体谈判机制来解决。在处理黑人劳工的劳资关系及相关劳资争议问题方面，当时的南非政府专门制定了 1953 年《黑人劳工关系管理法》和 1973 年《黑人劳工关系法修正案》，对黑人实行平行立法。上述法律在一定程度上规定黑人和他们的雇主可以通过联络员和工厂委员会进行集体谈判。但是实际上，这些机构基本没有发挥应有的作用，关于行业范围内的决定仅由登记委员会作出，黑人的不满与牢骚得不到关注。

由于以上原因，1976 年，南非爆发了多次全国性大罢工，给整个社会带来了极大的隐患。为此，第二年，维哈尼委员会受聘于南非当局展开调查，并提出有关南非劳动立法的建议。继该委员会调查之后，南非当局对 1956 年《劳资调解法》进行了全面的修订，并更名为《劳动关系法》（LRA）。从此，在 1956 年《劳动关系法》（LRA）的规定中不再排斥非洲人。该法在 1979 年修正时，引进了"不公正的劳务惯例"的理念，并由劳资争议法庭承担审判不公正的劳务惯例。在南非擅长于政治协商解决的精神之下，1995 年《劳动关系法》取代了 1956 年《劳动关系法》（LRA）。新的劳动关系法的目的在于建立一个高效的劳动争议处理机制，为了解决争议案件的冗长、节省花费和减少具有种族隔离时期分配制度特点的劳资诉讼的影响。这标志着南非新的里程碑的开始，意味着南非劳资关系从表面的对抗到相互合作关系的发展。1994 年，南非种族隔离政策

---

① Haroon Bhorat, Kalie Pauw, "Liberty Mncube: Understanding the Effectiveness of the Dispute Resolution System in the South Africa: An Analysis of CCMA Data, September 2007", available at http://www.labour.gov.za/documents/research-documents/understanding-the-efficiency-and-effectiveness-of-the-dispute-resolution-system-in-south-africa-an-analysis-of-ccma-data. (last visit: 9/16/2013)

结束，新南非政府宣布取消种族歧视，废除不利于民族团结的条款，制定保护黑人劳动权益的条款，并且在 1996 年宪法中规定了南非劳动者享有的基本劳动权利。此外，南非政府还颁布了其他的关于劳动争议处理的法律，如 1995 年《劳动关系法》和 1998 年《就业平等保障法》①、2000 年《促进平等和防止不公正歧视法》、2010 年《就业服务法》等。其中 1995 年《劳动关系法》规定了劳动争议处理的机构和程序。这些机构包括调停、调解和仲裁委员会（the CCMA）和一些劳动法院（即劳工法庭和劳动上诉法院）。调停、调解和仲裁委员会有权利特许一些私人争议处理机构和集体谈判委员会执行它的一些或全部职能。尽管集体谈判委员会是争议双方通常约定的第一争议处理机构，但是允许争议双方选择有助于其的争议处理机构，并且如果没有集体谈判委员会，那么调停、调解和仲裁委员会有司法管辖权。② 以下内容将对劳动争议处理的方式、程序、基本原则和机构等展开论述。

（二）劳动争议处理的方式和程序

南非劳动争议中的权利争议解决方式为调解和调停、仲裁以及司法判决。争议人可以选择性地适用这些处理方式。仲裁是指在争议解决程序中通过不偏不倚的第三方裁决。然而，调解是由中立的第三方通过帮助双方当事人达成一个共同的协议以解决争议，而仲裁员则通过最终的和具有约束力的决定来解决争议。劳动关系法规定在特定的情形下，劳工法院可以复审该仲裁裁决。③ 司法判决是指争议解决的法律程序。④ 以下将对这四种争议处理方式进行论述。（1）调解和调停。调解通常是指争议的双方

---

① 肖海英：《论南非的劳动争议处理机制》，载《中国人力资源开发》2015 年第 1 期。

② Haroon Bhorat, Kalie Pauw, "Liberty Mncube: Understanding the Effectiveness of the Dispute Resolution System in the South Africa: An Analysis of CCMA Data, September 2007", available at http://www. labour. gov. za/documents/research-documents/understanding-the-efficiency-and-effectiveness-of-the-dispute-resolution-system-in-south-africa-an-analysis-of-ccma-data. (last visit: 9/16/2013)

③ 这种情况在最近被明显地削弱了。劳工法庭复审调停、调解和仲裁委员会的裁决书的权力等同于其他任何行政复审。See Haroon Bhorat, Kalie Pauw, "Liberty Mncube, Understanding the Effectiveness of the Dispute Resolution System in the South Africa: An Analysis of CCMA Data, September 2007", available at http://www. labour. gov. za/documents/research-documents/understanding-the-efficiency-and-effectiveness-of-the-dispute-resolution-system-in-south-africa-an-analysis-of-ccma-data. (last visit: 9/16/2013)

④ Haroon Bhorat, Kalie Pauw, "Liberty Mncube: Understanding the Effectiveness of the Dispute Resolution System in the South Africa: An Analysis of CCMA Data, September 2007", available at http://www. labour. gov. za/documents/research-documents/understanding-the-efficiency-and-effectiveness-of-the-dispute-resolution-system-in-south-africa-an-analysis-of-ccma-data. (last visit: 9/16/2013)

寻求外部的第三方解决纠纷的一个过程。调解不同于仲裁，在调解中的第三方调解者无权作出对当事人双方有约束力的最终裁决。① 调停是指第三方以调停人的身份，就争端的解决提出方案，并直接参加或主持谈判，以协助争端解决的行为。在南非，当因相互利益引发的劳动争议被提交委员会时，委员会将委派一名委员通过调解解决争议。调解在没有偏见的基础上以不公开的方式进行，包括调停、实况调查和以咨询仲裁裁定形式提供建议。也就意味着，不要求委员提供证据证明在调解会上产生的问题。② 只有当事人自己或当事人工会或雇主组织的行政人员可以出席调解会。当争议没有被解决之时，当事人可以给予罢工或闭厂的通告，或根据具体情形，将争议提交劳工法庭或仲裁。（2）仲裁与调解相结合。所谓仲裁，是指纠纷当事人在自愿基础上达成协议，将纠纷提交非司法机构的第三者审理，由第三者作出对争议各方均有约束力的裁决的一种解决纠纷的制度和方式。仲裁在性质上是兼具契约性、自治性、民间性和准司法性的一种争议解决方式。③ 然而，劳动争议仲裁则是劳动争议机构对当事人请求解决的劳动争议，依法居中公断的执法行为，包括对劳动争议依法审理并进行调解、裁决的一系列活动。南非劳动立法规定仲裁与调解相结合是为了加快限定范围情形下的争议处理程序，例如关于试用期内因任何原因的雇员解雇或关于试用期不公正的劳务惯例的任何宣称。（3）仲裁。仲裁是对该案件的完全复审。④ 在南非，每年大约有 8 万至 9 万个解雇案件被提交委员会，达到其移交案件总量的 80%。仲裁裁决书最多达到每年大约

---

① 林晓云等：《美国劳动雇用法》，法律出版社 2007 年版，第 164 页。

② Lilian Kasyoka Munuve, "A Comparison Between the South African and Kenyan Labour Law Systems" ( Submitted in partial fulfillment of the requirement for the degree of Magister Legum), from the Faculty of Law at the Nelson Mandela Metropolitan University, available at http: //downloaduserman-ual. com/tags/a-comparison-between-the-south-african-and-kenyan-labour-law. html. ( last visit: 9/16/2013)

③ 参见仲裁，资料来源于 http: //baike. baidu. com/view/27332. htm。（访问日期：2013 年 10 月 18 日）

④ Lilian Kasyoka Munuve, "A Comparison Between the South African and Kenyan Labour Law Systems" ( Submitted in partial fulfillment of the requirement for the degree of Magister Legum), from the Faculty of Law at the Nelson Mandela Metropolitan University, available at http: //downloaduserman-ual. com/tags/a-comparison-between-the-south-african-and-kenyan-labour-law. html. ( last visit: 9/16/2013)

1.1 万份。① 如果调解没有解决劳动争议，那么调解、调停和仲裁委员会必须委派委员仲裁该案件。劳动咨询顾问不是法律执业者，因此不能出现在任何调解或仲裁程序中，除非他们是真诚的工会或雇主组织的行政人员或除非当事人另外同意的。劳工法庭可以取消委员根据不被允许作为证据的纪律调查结果作出的裁定。② 综上可见，上述这四种争议处理方式中，调解是争议解决的必经程序，调解不成功的争议可以申请进入仲裁或者司法程序。因为调解、调停和仲裁具有简便、快捷和低廉的特点，加之通过调解和仲裁方式解决的案件能够得到及时和有保障地执行，从而被双方当事人广泛选择。另外，这也充分显示了非洲人重视和睦、以和为贵的思想和精神理念。③

由上可见，南非劳动争议处理的程序主要包括非司法程序和司法程序两种类型。司法程序是指当事人双方或一方采取到司法机构诉讼的方式，要求以司法判决的方式解决争议。而非司法程序则是当事人双方同意通过第三人或调解（调停）机构或仲裁机构以协商谈判的方式，达成一致意向从而解决争议。南非种族隔离前，争议处理机构主要是劳资争议委员会、调解委员会、劳资争议法庭、劳动上诉法院，一般采取调停、仲裁和认可协议的方式处理争议。新南非时期的争议处理机构包括调停、调解和仲裁委员会、集体谈判委员会、私人争议处理机构、劳工法庭和劳动上诉法院。其中，调停、调解和仲裁委员会享有先前劳资法庭的仲裁职能，而劳工法庭则具有高等法院的权限，处理其他曾经由劳资法庭根据 1956 年劳动关系法第 43 条和第 46 条第（a）项规定可进行仲裁的案件。④《劳动

---

① Haroon Bhorat, Halton Cheadle, "Labour Reform in South Africa: Measuring Regulation and a Synthesis of Policy Suggestions", available at http://www.labour.gov.za/documents/research-documents/labour-reform-in-south-africa-measuring-regulation-and-a-synthesis-of-policy-suggestions. (last visit: 10/18/2013)

② Lilian Kasyoka Munuve, "A Comparison Between the South African and Kenyan Labour Law Systems" (Submitted in partial fulfillment of the requirement for the degree of Magister Legum), from the Faculty of Law at the Nelson Mandela Metropolitan University, available at http://downloadusermanual.com/tags/a-comparison-between-the-south-african-and-kenyan-labour-law.html. (last visit: 9/16/2013)

③ 肖海英：《论南非的劳动争议处理机制》，载《中国人力资源开发》2015 年第 1 期。

④ Lilian Kasyoka Munuve, "A Comparison Between the South African and Kenyan Labour Law Systems" (Submitted in partial fulfillment of the requirement for the degree of Magister Legum), from the Faculty of Law at the Nelson Mandela Metropolitan University, available at http://downloadusermanual.com/tags/a-comparison-between-the-south-african-and-kenyan-labour-law.html. (last visit: 9/16/2013)

关系法》规定通过劳动法院的判决或调停、调解和仲裁委员会、私人争议处理机构或集体谈判委员会的仲裁来处理权利争议。在所有的案例当中，争议在进行仲裁或判决之前必须被调解。① 调解涉及中立的或双方同意的第三方帮助双方当事人达成一个相互认可的、可执行的约束双方的解决办法。如果利益争议在调解层面没有得到解决，则可能（除非某项必要的服务活动）导致罢工或闭厂，虽然这种情况不常发生。如果利益争议通过调解不能解决，则应当提交仲裁或司法判决。某些争议被提交仲裁和其他的争议被提交劳工法庭判决的原因，在于特定类型的争议属于公共政策方面，如开支紧缩。所以，影响公共政策方面的争议问题属于劳工法庭司法管辖的范围。② 这些规定让当事人非常清楚地知道自己的争议案件是属于权利争议还是利益争议，以及应当选择怎样的处理方式和程序。③

（三）劳动争议处理的原则

根据南非劳动立法的精神和基本内容，劳动争议案件在处理的过程中应当遵循的原则如下。

1. 合法、公正、及时处理原则。所谓合法，即处理劳动争议应当以法律为准绳，并遵循法定程序。南非劳动关系法多处提及在处理争议时，执法机关和当事人都应遵循宪法、劳动法律和其他法律的规定，依法处理。所谓公正，即在劳动争议处理的各个阶段，不论适用实体法还是程序法，都应当对双方当事人一视同仁，公正地对待双方当事人，在程序和结果上都不得偏袒其中任何一方，尤其是要确保双方当事人享有平等的法律地位，使当事人的实体法权利和请求解决争议、举证、辩解、陈述、要求回避等程序法权利，都获得平等的保护。比如为确保争议解决的公正性，

---

① 调解之后，根据要求提交仲裁方的要求，权利争议通常被提交仲裁，仅在特定的案例中，如不公正歧视和自动不公平争议将成为提交劳工法庭的争议．See Haroon Bhorat, Kalie Pauw, "Liberty Mncube: Understanding the Effectiveness of the Dispute Resolution System in the South Africa: An Analysis of CCMA Data, September 2007", available at http://www. labour. gov. za/documents/research-documents/understanding-the-efficiency-and-effectiveness-of-the-dispute-resolution-system-in-south-africa-an-analysis-of-ccma-data. (last visit: 9/16/2013)

② Haroon Bhorat, Kalie Pauw, "Liberty Mncube: Understanding the Effectiveness of the Dispute Resolution System in the South Africa: An Analysis of CCMA Data, September 2007", available at http://www. labour. gov. za/documents/research-documents/understanding-the-efficiency-and-effectiveness-of-the-dispute-resolution-system-in-south-africa-an-analysis-of-ccma-data. (last visit: 9/20/2013)

③ 肖海英：《论南非的劳动争议处理机制》，载《中国人力资源开发》2015 年第 1 期。

规定调解、调停和仲裁委员会的独立性地位，不受国家、任何政党、工会、雇主、雇主组织、工会联盟或雇主联盟的干涉。① 同时规定劳工法院和劳动上诉法院是公平、公正和适用法律的法院。所谓及时，即受理劳动争议案件后，应当在规定的时间内尽快查明事实，分清是非，并在此基础上尽快调解、裁决或判决，不得违背时限方面的法定要求。比如规定争议调解的时间为 30 天和当事人双方同意的调解时间的延长。调解不成的争议被提交仲裁的时间间隔一般为 90 天，如果有充足的理由显示，那么 90 天届满之后提交委员会的仲裁要求也是允许的。② 这就从时间上对劳动争议的及时处理作了明确规定，促使劳动争议案件能够得到快速有效的解决。

2. 调解优先原则。调解是处理劳动争议的基本手段，即在处理劳动争议的过程中，应当注重运用调解方式解决劳动争议。在劳动争议调解程序中，始终应在平等自愿基础上，贯彻调解精神，不仅基层调解机构应当促使当事人达成调解协议，而且仲裁机构在裁决前、审判机构在判决前，对适用调解的劳动争议案件也应当先行调解，调解不成才进入下面的程序，着重调解原则应贯彻其始终。南非《劳动关系法》规定所有的争议在提交仲裁或判决之前，都必须调解。调解是争议解决的第一道程序。当劳动争议被提交调解、调停和仲裁委员会时，委员会必须任命委员努力通过调解解决该争议。被任命的委员必须在受理劳动争议的申请之日起 30 天内通过调解解决该争议。如果双方当事人同意可以延长 30 天的期限。当调解不成或在 30 天期限的末期或双方当事人同意延长此期限时，委员必须作出一项证明书证明该争议是否已解决，然后将证明书的副本给予参加调解程序的当事人，并且必须提交原件给委员会。③ 此外，委员会可以为调解过程制定调整程序及具体实施的法规。④ 尽管社会存有对调解解决争议机制的批评态度，但是仍有大量的争议案件被移交调解解决，这不仅表明调解机制的合理合法性，为大多数人所接受和认同，同时也说明了调

---

① See section 113 in No. 66 of 1995: Labour Relations Act 1995 of the Republic of South Africa.

② See section 136 in No. 66 of 1995: Labour Relations Act 1995 of the Republic of South Africa.

③ See section 135 (1) (2) (5) (a) (b) (c) in No. 66 of 1995: Labour Relations Act 1995 of the Republic of South Africa.

④ See section 115 (2) (cA) in No. 66 of 1995: Labour Relations Act 1995 of the Republic of South Africa.

解对于减少提交更加昂贵的仲裁程序的案件量起着很重要的作用。① 以上南非劳动立法关于调解的规定不仅表明了南非争议处理机制中，调解手段对于争议解决的重要性及现行法律对调解的重视，还充分显示劳动争议的解决在于化解矛盾，而不是激发矛盾，和谐的社会关系是争议解决的最终诉求。

（四）劳动争议处理的机构

1. 调解、调停和仲裁委员会

调解、调停和仲裁委员会在法定争议处理程序中起着重要的作用。调解、调停和仲裁委员会是根据劳动关系法由国家设立的独立的法定机构，不受任何政党、工会、雇主或雇主组织、工会联盟或雇主组织联盟的干涉。它的诞生有以下原因。第一，建立信任感。建立委员会是 20 世纪 90 年代的劳动改革目标之一，当时的新南非社会需要一个支持商业、劳动和政府的可信任的机构。第二，消除旧劳动关系的对抗性。《劳动关系法》的制定融入了新政府想要在劳动关系场所，重建经济社会及使其民主化的目标和想法。因此，它引入新的争议处理机制意图，给予雇主和工人有机会打破，具有旧劳动关系标识的比较紧张的劳资对抗关系。第三，提供便捷快速解决争议的机制。委员会这种新的争议处理机制，致力于提供给所有的工人一种积极主动的且快捷的争议解决机制。第四，提供性价比高的服务。委员会最主要的目标，在于给予劳动关系群体提供性价比高的争议解决服务，同样在预防争议产生方面也起着重要的作用。第五，确保通过调解解决争议。委员会意欲通过调解尽可能多地解决争议案件，从而使得少量的争议案件通过仲裁或者劳动法院解决。② 在职能方面，委员会的职能由具有准司法性公职人员性质的委员和高级委员执行，其职责是

① Haroon Bhorat, Halton Cheadle, "Labour Reform in South Africa: Measuring Regulation and a Synthesis of Policy Suggestions", available at http://www.labour.gov.za/documents/research-documents/labour-reform-in-south-africa-measuring-regulation-and-a-synthesis-of-policy-suggestions, pdf. (last visit: 9/16/2013)

② Hanneli Bendeman, "An Analysis of the Problems of the Labour Dispute Resulution System in South Africa", available at http://xueshu.baidu.com/s? wd = paperuri: (cc5080d6c27667ce9af3e220bbf8acaa) &filter=sc_ long_ sign&sc_ ks_ para = q%3DAn + Analysis + of + the + Problems + of + the + Labour + Dispute + Resolution + System + in + South + Africa&tn = SE _ baiduxueshu_ c1gjeupa&ie = utf - 8&sc _ us = 3210784131459809190. (last visit: 5/6/2018)

调解和仲裁争议，同时也负责编纂和出版涉及其工作的信息和数据。① 它的其他职能还有：一是当需要时，监督工会投票；二是公布指导方针和原则；三是帮助雇主和雇员建立集体谈判组织；四是制定内部纪律程序；五是作出肯定性行动计划；六是处理性骚扰；七是指导工场改组；八是调停、调解和仲裁委员会也可以颁布法规。②

在争议受理方面，并不是所有的争议案件都会提交委员会，例如，当案件涉及独立订约人时、非处理劳动关系法或涉及就业平等法的案件、当某集体谈判委员会为某个行业存在时、当存在解决争议的私人协议时等。此类争议都不应提交委员会。然而，《劳动关系法》和其他劳动法规如1997 年《就业基本条件法》、1998 年《就业平等法》、1998 年《技能发展法》和2001 年《失业保险法》中规定的劳动争议通常应提交该委员会。③ 最初的《劳动关系法》规定委员会不得适用于依据普通法劳动雇用合同被雇用的雇员，后来随着2002 年《劳动关系法修正案》扩大了对更多的弱势工人的法律保护，大多数的劳动争议问题都可以提交委员会处理。当争议人依法提交争议案件到委员会时，委员会必须委派委员尽责尽力地处理该争议。该委员必须在争议提交日后30 天内处理该争议，并且由该委员决定处理该争议的程序。任何法定代理人不能出现在调解程序中。在调解程序的最后阶段，该委员必须出具一项证书说明该争议是否已被处理。④ 如果委员会未能通过调解解决争议，而且《劳动关系法》有此

---

① Haroon Bhorat, Kalie Pauw, "Liberty Mncube: Understanding the Effectiveness of the Dispute Resolution System in the South Africa: An Analysis of CCMA Data, September 2007", available at ht-tp: //www. labour. gov. za/documents/research-documents/understanding-the-efficiency-and-effective-ness-of-the-dispute-resolution-system-in-south-africa-an-analysis-of-ccma-data. (last visit: 9/22/2013).

② Lilian Kasyoka Munuve, "A Comparison Between the South African and Kenyan Labour Law Systems (Submitted in partial fulfillment of the requirement for the degree of Magister Legum), from the Faculty of Law at the Nelson Mandela Metropolitan University", available at http: //downloadusermanu-al. com/tags/a-comparison-between-the-south-african-and-kenyan-labour-law. html. (last visit: 9/16/2013)

③ Haroon Bhorat, Kalie Pauw, "Liberty Mncube: Understanding the Effectiveness of the Dispute Resolution System in the South Africa: An Analysis of CCMA Data, September 2007", available at ht-tp: //www. labour. gov. za/documents/research-documents/understanding-the-efficiency-and-effective-ness-of-the-dispute-resolution-system-in-south-africa-an-analysis-of-ccma-data. (last visit: 9/22/2013)

④ Haroon Bhorat, Kalie Pauw, "Liberty Mncube: Understanding the Effectiveness of the Dispute Resolution System in the South Africa: An Analysis of CCMA Data, September 2007", available at ht-

规定，同时争议的任何一方要求通过仲裁解决时，委员会必须仲裁该争议。仲裁程序比调解更正式。如果当事人有仲裁的要求，那么委员会应委派一名委员进行审理。审理争议后，该委员要作出裁决，在大部分情况下，裁决书是最终的和具有约束力的，并且可以成为劳工法庭的一项指令。1995 年《劳动关系法》的起草者们作出决定，认为不应存在对抗依据调停、调解和仲裁委员会委员作出的仲裁裁决的上诉权。然而，他们也认同对这些程序结果不满意的仲裁程序的一方当事人，可以诉求劳动法院以审查该仲裁裁决。① 总而言之，委员会的设立，就是为了创设一个建立在利益和替代性纠纷解决机制之上的、极少有对抗性的劳动关系体系以及建立在权限冲突、效能管理冲突和争议预防之上的一种劳动关系。②

2. 集体谈判委员会

进行登记的一个或多个工会和一个或多个雇主组织可以设立一个行业和区域性的集体谈判委员会。③ 它是共同雇主和工会谈判的机构。根据现行南非《劳动关系法》，其职能和权力主要包括：订立集体协议和强制执行这些集体协议；防止和解决劳动争议；根据第 51 条履行争议解决职能；建立和管理为争议解决设立的基金；倡导和制定就业培训教育计划；建立和管理退休金、医疗救助、病假工资、节假日、失业和培训计划或基金，或类似的计划，或一方或多方协议方给予集体谈判委员会或其成员的福利基金等。现行南非《劳动关系法》对其制定目的之一，是促使集体谈判成为一种调整劳动和管理之间关系的手段及作为他们之间争议的处理办法。集体谈判委员会有责任解决当事人之间自委员会中签订的集体协议和其他法定文件中产生的争议。集体谈判委员会协议处理下列问题，比如最低工资、工作时间、超时、假期薪资、通知期限和削减的薪资。在调停、调解和仲裁委员会委托授权下，可以执行它的大部分争议解决职能。集体

---

tp：//www. labour. gov. za/documents/research-documents/understanding-the-efficiency-and-effectiveness-of-the-dispute-resolution-system-in-south-africa-an-analysis-of-ccma-data. （last visit：9/16/2013）

① Ibid..

② Hanneli Bendeman, "An Analysis of the Problems of the Labour Dispute Resulution System in South Africa", available at http：//xueshu. baidu. com/s? wd = paperuri：（cc5080d6c27667ce9af3e220bbf8acaa）&filter=sc_ long_ sign&sc_ ks_ para = q%3DAn + Analysis + of + the + Problems + of + the + Labour + Dispute + Resolution + System + in + South + Africa&tn = SE _ baiduxueshu _ c1gjeupa&ie = utf - 8&sc _ us = 3210784131459809190. （last visit：5/6/2018）

③ See section 27 （1）in No. 66 of 1995：Labour Relations Act 1995 of the Republic of South Africa.

谈判委员会也可以通过集体协议设立它自己的程序，以处理其有管辖权的争议。另外，如果集体谈判委员会的裁定一旦获得调停、调解和仲裁委员会主席的证明，也同样具有劳工法院指令的法律地位。当前，南非有 55个集体谈判委员会。① 它们的管辖范围广泛，涉及不同的行业、区域或工业方面。因此，它们解决争议的规模和特点有差异，其缺陷在于组织机构比较零散和组织资源方面非常贫乏。

3. 私人争议处理机构

南非独立调停服务机构（IMSSA）是南非第一个专门从事重大的劳动争议的私人争议处理机构。它建立于 1984 年，主要提供仲裁调停服务以处理劳动争议，与法院相比，其具有快速、非正式性和对抗性较少的特点。2000 年，南非独立调停服务机构关闭，由新成立的托科索争议解决机构（Tokiso Dispute Settlement）替代其地位和作用。此后，托科索（Tokiso）发展成为南非最大的和最有效的私人争议解决服务机构。然而，尽管存在对托科索（Tokiso）之类的私人争议解决机构的需求，但是调停、调解和仲裁委员会并未授权其他任何私人机构享有对争议进行处理的职能。② 正如南非比勒陀利亚大学的哈勒里·本德曼博士（Hanneli Bendeman）所说："南非政府应该鼓励雇主和工会尽量使用私人争议解决机制。比较明显的费用低廉和工场关系的保留使得私人争议解决机制日益显得有吸引力。应该在从事管理和专业技术的高级雇员的合同中规定私人争议解决机制的条款。调解、调停和仲裁委员会必须行动起来，授权给予更多的私人争议解决机构。"③ 他认为："真正的非诉解决机制就在于私人

---

① Haroon Bhorat, Kalie Pauw, "Liberty Mncube: Understanding the Effectiveness of the Dispute Resolution System in the South Africa: An Analysis of CCMA Data, September 2007", available at http://www. labour. gov. za/documents/research-documents/understanding-the-efficiency-and-effectiveness-of-the-dispute-resolution-system-in-south-africa-an-analysis-of-ccma-data. (last visit: 4/18/2014)

② Haroon Bhorat, Kalie Pauw, "Liberty Mncube: Understanding the Effectiveness of the Dispute Resolution System in the South Africa: An Analysis of CCMA Data, September 2007", available at http://www. labour. gov. za/documents/research-documents/understanding-the-efficiency-and-effectiveness-of-the-dispute-resolution-system-in-south-africa-an-analysis-of-ccma-data (last visit: 9/16/2013).

③ Hanneli Bendeman, "An Analysis of the Problems of the Labour Dispute Resulution System in South Africa", available at http://xueshu. baidu. com/s? wd = paperuri: (cc5080d6c27667ce9af3e220bbf8acaa) &filter=sc_ long_ sign&sc_ ks_ para = q%3DAn + Analysis + of + the + Problems + of + the + Labour + Dispute + Resolution+System+in+South+Africa&tn = SE_baiduxueshu_c1gjeupa&ie = utf-8&sc_ us = 3210784131459809190. (last visit: 5/6/2018)

争议处理机制。雇主也许会认为价格昂贵，但是当他在调解、调停和仲裁委员会出现四五次之后，他们的想法就会有所改变。如果争议方的经验足够丰富，那么他们都应当使用私人争议处理机制，例如专业性的和高水平的雇员以及经济性的工会部门。因为大量的个人不公正解雇案件都涉及小型到中型的企业雇主，所以调解、调停和仲裁委员会应当作为争议当事人选择争议处理的保留机制，从而应该表现出经验不够丰富和具有高度的对抗性。"① 因此，为了提供给争议当事人更多的可供选择的争议处理机构，委托授权私人争议处理机构处理争议以及促进私人争议解决机制的发展，已成为南非当前一项非常紧迫的需要。

4. 劳动法院

南非的劳动法院包括劳工法庭和劳动上诉法院，它们象征着公平、公正和法律的适用。

（1）劳工法庭。劳工法庭的地位相当于高级法院，具有权威性、固有权力和稳定性，处理受其管辖的案件。其由一名主席法官、一名副主席法官及总统认为必要多的法官组成，对南非共和国的所有省份具有管辖权，其职能可以在共和国的任何地方行使。② 它必须依据 1994 年《国家经济、发展和劳动委员会法》第 2 条设立的国家经济、发展和劳动委员会的建议，且与司法部部长和劳工法庭的首席法官协商后才能行使职能。劳工法庭可以审理涉及劳动合同的争议或属于 1997 年《就业基本条件法》或 1998 年《就业平等法》管辖范围内的争议，并且可以事先不通过调解程序。禁止罢工和闭厂也可以不经过先行调解。如果争议案件通过调解之后，争议人比较满意，那么事实上不会有太多案件被提交劳工法庭。劳工法庭的管辖范围包括以下几个。一是专属管辖权。根据《宪法》和《劳动关系法》第 173 的规定，除了劳动关系法另有要求以外，劳工法庭依据《劳动关系法》或根据由劳工法庭确定的其他任何法律，对其他地方的所有案件都具有专属管辖权。二是共同管辖权。劳工法庭与高等法院

---

① Hanneli Bendeman, "An Analysis of the Problems of the Labour Dispute Resulution System in South Africa", available at http://xueshu.baidu.com/s? wd = paperuri： (cc5080d6c27667ce9af3e220bbf8acaa) &filter=sc_long_sign&sc_ks_para = q%3DAn + Analysis + of + the + Problems + of + the + Labour + Dispute + Resolution+System+in+South+Africa&tn =SE_baiduxueshu_c1gjeupa&ie =utf−8&sc_us =3210784131459809190. (last visit：5/6/2018)

② See section 151 and 156 in No. 66 of 1995：Labour Relations Act 1995 of the Republic of South Africa.

对任何宣称或违背 1996 年《宪法》第二章，明确规定予以保障的任何基本权利，雇用和涉及劳动关系的争议以及国家作为雇主的行政行为的合宪性争议等具有共同管辖权。三是 1965 年《仲裁法》对劳工法庭的解释性规定。该法指出，凡涉及依据《劳动关系法》运用仲裁处理劳动争议案件的法庭可以解释为劳工法庭。四是除了《劳动关系法》第 158 条第（2）款的规定以外，如果《劳动关系法》要求仲裁解决争议，那么劳工法庭对未决争议没有司法判决管辖权。[1]

就劳工法庭的权力而言有以下几方面。第一，根据具体情况制定和颁布指令，包括授予紧急临时救济、禁令、宣告性的指令，《劳动关系法》所规定的补偿和损害赔偿的裁决指令，以及费用指令。根据《劳动关系法》的规定发布命令，制定仲裁裁决或具有法院指令性质的争议解决协议。要求调解、调停和仲裁委员会协助其进行调查，并且向其提交调查报告。审理和判决依据 1993 年《职业健康和安全法》的上诉案件等。第二，争议提交劳工法庭后的任何时期，如果该争议明显地应提交仲裁，那么劳工法庭必须停止程序。然后，将争议提交仲裁，或者在获得争议人同意的情况之下，法院应以仲裁员的身份继续该争议解决程序。在这种情况下，法庭仅可以制定出相当于委员或仲裁员作出的指令。第三，只有在下列情形出现时进行仲裁，比如在调解、调停和仲裁委员会或委托授权的委员会或机构的协助下进行仲裁，或依照私人争议解决程序进行仲裁，或仲裁关于集体协议的解释或适用的争议。第四，对于依据《劳动关系法》第 158 条第（4）款第（a）项规定保留的法律问题，由劳动上诉法院判决之后，劳工法庭可以作出暂时性指令。此外，根据 1995 年《劳动关系法》第 159 条还设立了劳工法庭法规局。由劳工法庭的主席法官、副主席法官，以及由司法部部长任命、根据国家经济、发展和劳动委员会的建议行使职能的人员组成。他们是在劳动法方面有知识、经验和专长的辩护律师、开业律师、代表雇员利益的人员、代表雇主利益的人员，以及代表国家利益的人员。该劳工法庭法规局可以为规范劳工法庭程序而制定、修改、废除及公布法规，也可以为劳动上诉法院制定法规。劳工法庭的开庭审理必须公开进行，参加开庭的人员可以是一名法律执业者，一名争议方的领导或雇员，任何成员、公务员或争议方的登记工会或登记雇主组织的

---

[1]　See section 158 in No. 66 of 1995: Labour Relations Act as amended in 2002 of the Republic of South Africa.

行政官员，一名委员会指派的代理人或行政官员，或一名劳动部门的行政官员。在诉讼费用方面，法庭会考虑到法律的要求和规定、当事人的行为及公正性。法庭的判决、裁判、指令的效力和执行，等同于高等法院的判决、裁判、指令的效力和执行。

（2）劳动上诉法院。该法院是指依据1995年《劳动关系法》第167条设立的，是针对劳工法庭专属司法管辖权范围内案件的判决和指令提起上诉的最终法院，其地位等同于最高上诉法院。它由一名劳工法庭的主席法官、副主席法官和一定数目的高等法院的法官组成。在管辖权方面，劳动上诉法院可以审理和判决所有的关于劳工法庭的最终判决和指令，并且判决根据1995年《劳动关系法》第158条第（4）款保留的法律问题。在审理上诉案件的权力方面，劳动上诉法院可以要求指定人员提供进一步的证据。无论是口头或是书面的证据，或将案件移交劳工法庭进一步审理，可以确认、修正或取消判决、指令及根据情况的需要作出判决或指令。由于劳动上诉法院是劳动争议案件上诉的最终法院，所以根据宪法和其他任何法律，任何适用不得反对由劳动上诉法院作出的判决、裁判和指令。这些最终判决、裁判和指令，是关于《劳动关系法》第173条第（1）款第（a）项的上诉、根据第173条第（1）款第（b）项规定的任何法律问题的判决和第175条作出的任何判决和指令。[①]

综上可见，《劳动关系法》规定设立这些劳动法院以处理劳动问题，其实质导致了整个社会过度依赖于执行法官，他们当中的很多法官都缺乏劳动法的实践经验。因此，现行劳动法院在实际运行当中并没有实现社会所预期的设想，出现了一些类似于根据1956年《劳动关系法》设立的劳资争议法庭曾经面临的问题。通常情况下，这些劳动法院的判决不一致，使得当事人很难预见争议的可能性结果。此外，当事人在他们的案件受到审理或下达判决书之前，往往要等候数个月。[②] 如此一来，耗时比较长，导致案件的拖冗。如提交劳工法庭的案件自移交之日起得等候12个月至

---

① See section 183 in No. 66 of 1995: Labour Relations Act, as amended in 2002 of the Republic of South Africa.

② Lilian Kasyoka Munuve, "A Comparison Between the South African and Kenyan Labour Law Systems" (Submitted in partial fulfillment of the requirement for the degree of Magister Legum), from the Faculty of Law at the Nelson Mandela Metropolitan University, available at http://downloadusermanual.com/tags/a-comparison-between-the-south-african-and-kenyan-labour-law.html. (last visit: 9/16/2013)

18 个月之间的时间才能被审理，而劳动上诉法院则自审理之日和判决之日之间迟延 12 个月至 18 个月的时间，都是很正常的。[①]此外，由于调解、调停和仲裁委员会及劳工法庭都承担了大量的劳动争议案件，劳工法庭未能真正发挥其对调解、调停和仲裁委员会的监督职能。然而，由于法庭人力资源薄弱，劳工法庭整体表现为效率显著性不高。虽然如此，但是目前已有一项针对诸如劳工法庭和劳动上诉法院这些专门法院的职责和效能的司法复审程序，并已在运行之中。它将起着监督南非劳动司法判决的效率、公平和公正的程度，其劳动司法程序的优化性将得到进一步的加强。

## 第二节　南非劳动条件基准制度

依据南非《宪法》第 23 条第 1 款的规定："授予南非公民享受公正劳动行为的权利"，以及遵守南非共和国作为国际劳工组织的成员国应承担的义务和责任，特制定南非 1997 年《就业基本条件法》。[②]该法一共有 11 章 96 项条款和 4 个附表，规定了劳动的基本条件，比如工作时间、假期、雇用和薪酬标准、禁止童工和强迫劳动、就业基本条件的变动等。[③]2002 年《就业基本条件法修正案》主要涉及雇用法的定义、工作时间的解释、超时的规定、福利基金的工资捐助、雇用合同终止的时间、劳动检查等。该法是为了促进南非社会的经济发展和防范社会的不公正，进一步规范南非《宪法》所强调的公正劳动行为及其贯彻落实，切实履行国际劳工组织成员国的义务。最新的是 2014 年《就业基本条件法修正案》。以下将对劳动条件基准法律制度中的劳动合同制度、工资制度、工作时间和休息休假制度、儿童用工制度进行论述。

### 一　劳动合同制度

在南非，劳动合同的签订非常重要，尤其是书面的劳动合同。1997

---

① Haroon Bhorat, Halton Cheadle, "Labour Reform in South Africa: Measuring Regulation and a Synthesis of Policy Suggestions", available at http://www.labour.gov.za/documents/research-documents/labour-reform-in-south-africa-measuring-regulation-and-a-synthesis-of-policy-suggestions, pdf, (last visit: 9/16/2013)

② See Basic Conditions of Employment Act: No. 75, 1997 of the Republic of South Africa.

③ Ibid..

年《就业基本条件法》第 29 条明确规定，在雇用关系开始的前一天，雇主就应当提供给雇员一份详细具体的书面合同，其内容包括第 29 条所列举的款项。如果雇主未能遵守法律的要求，那么他随时可能受到调解、调停和仲裁部门的处罚，比如处以一定期限的监禁或者承担严重的处罚责任。因此，了解和熟悉南非合同制度是用人单位在南非雇用员工的第一项重要事情。以下将对劳动合同的历史演进、劳动合同的渊源、类型和内容、成立、终止及违约补救措施展开论述。

（一）劳动合同的历史演进

从劳动合同的历史发展来看，根据罗马法，有偿服务的提出，是为了适用于雇用合同规定下的某些类型的租契或雇用。由于在很大程度上，奴隶的劳动满足于当时劳动的需求，而且罗马习惯法规定为获得工资而提供服务是不受惩罚的，所以从现在的罗马法里看不到系统的雇用合同理念的发展。① 如 F. 舒尔茨在《古典罗马法》中指出："这类雇用服务仅限于不需要技能的服务，并且弱势一方在社会地位和经济上都得不到特殊保护。此外，罗马—荷兰法中同样将此类个人提供服务的行为视为雇用的一种情形。虽然合同的目标不仅仅限于此类不需要技能的服务，但是双方的权利和义务主要由地方政策和法规决定，并且成为习以为常的现象。因此，在十八世纪时期，民法体系中开始形成一种明显的协商一致的雇用关系。"② 然而，提供个人服务的协议和租赁物的协议是有区别的，这是因为它们所引发的潜在经济关系的发生具有差异。譬如租赁物协议被视为对简单经济交易的描述，凭借某特定人将某物以双方共同协定的价格交给其他人。然而，提供个人服务是指可以自由支配自己的自由的个人之间的自由交易，它所包含的思想是指合同的自由，也就是说，在劳工市场中，雇主和工人享有免于国家干涉的自由、订立合同双方的选择自由及决定合同内容的个人自由。南非法院仿照罗马—荷兰法的范例，已牢固树立将雇主和雇员关系作为一种雇用类型。它认为，关于各种合同的潜在原则，在服务出租和土地出租之间或任何被租用和租赁的事物之间不存在区别。因此，尽管它们所导致的这种关系的自然属性存在明显的和基本的区别，但是普通法雇

---

① Alan Rycroft, Aarney Jordaan, A Guide to South African Labour Law, Juta Co., Ltd., 1990, Cape Town Wetton Johannesburg, p. 22.

② Ibid., p. 23.

用关系仍然关联到物的租赁制度（即劳务雇用的实质）。① 以上就是劳动合同的定义在南非法律史发展历程中的演变，可以看到罗马荷兰法、英国普通法和制定法对南非劳动合同的实质界定。根据现代劳动合同的一般意义，劳动合同，亦称劳动契约或劳动协议，此概念既可以在法律行为（法律事实）意义上使用，即指劳动合同行为（意即劳动合同的运行）；也可以在法律关系（社会关系）意义上使用，即指劳动合同关系。② 在南非，劳动合同的定义内容非常丰富，但是任何一个定义都不能完全令人满意，其部分原因是劳动关系是由一系列的内容组成，如多种劳动关系中的每一种劳动关系都具有普通法、制定法和集体谈判市场规律性的特点，而不是单一的劳动合同类型。③ 此外，不同的管理制度适用于公共行业和私营行业雇员的事实状况使合同关系变得复杂，并不是所有私营行业的雇员都属于保护性立法调整的范畴。合同的特点通常应视为包括报酬和具有从属关系的个人服务协议的签订。④

（二）劳动合同的渊源

雇主和雇员的相互权利和义务来自各种渊源，但并不是公共行业之外的所有雇员都属于雇用立法调整的范围。例如国内农场工人就是被排斥在外的群体，他们基本上依赖于普通法和他们雇主制定的雇用条款进行调整。如前所述，普通法让当事人确定他们协议的内容。然而，通常情况下雇员的弱势谈判地位显示了他们的雇用条款主要由雇主决定。⑤ 普通法雇用合同成为私营行业中雇用立法调整雇主和雇员关系的基础。由于雇用立法具有保护的特性，所以它们不会赞同那些与制定法，比如《劳动关系法》《就业基本条件法》《工资法》和《机械与职业安全法》相比而言不太有利的雇用条款。⑥ 从合同最初的形式要求来看，除了学徒关系的劳动合同需要书面合同以外，通常情况下雇用合同不需要书面形式，而且可以

---

① Alan Rycroft, Aarney Jordaan, A Guide to South African Labour Law, Juta Co., Ltd., 1990, Cape Town Wetton Johannesburg, p. 23.

② 王全兴：《劳动法》，法律出版社 2008 年版，第 125 页。

③ Alan Rycroft, Aarney Jordaan, A Guide to South African Labour Law, Juta Co., Ltd., 1990, Cape Town Wetton Johannesburg, p. 25.

④ Ibid..

⑤ Ibid., p. 33.

⑥ Ibid..

通过口头形式订立或者以行为方式建立，也就是默认形式。① 但是从现在的劳动立法来看，一般都要求雇主和雇员之间订立书面的劳动合同。如果当事人对某个特定情境没有作出明确规定时，合同内容可以依据成文法，共同协商的协议条款，习惯和惯例，以及普通法的默认条款予以适用。② 所以说，普通法和制定法的默认条款、集体协议的条款都是劳动合同的渊源。

上述劳动合同的渊源表现如下。（1）普通法默认条款。它们的核心内容是指雇员对雇主的合法指示有顺从义务、忠诚义务、注意义务，以及合理效率或能力的义务。与之相对，雇主应当承担接纳雇员服务的义务、提供合理安全工作条件的义务以及给予雇员酬劳的义务。这些关于雇用自然属性的普通法默认条款清楚地表达了对社会和经济的构想。（2）制定法默认条款。劳动法被称为保护性立法，其主要目标是平衡雇用关系内在的、不平等的协商谈判权力。私营行业中的雇用关系实质在很大程度上由主要的和附属的制定法决定。在当事人不可能同意相比规定最低限度标准条款而言不太有利的其他条款的情形下，这些法定标准是非常有必要的。虽然这样做不仅会被视为刑事犯罪，而且可能触犯条款或者甚至导致整个协议无效。这也就是说，当事人可以同意比这些法律规定条款更有利的雇主雇用条款。因此，这些法定标准限制了决定他们协议内容的当事人的法律自由。冲突有时会产生于劳资协议条款或工资决定以及《就业基本条件法》或《人力资源培训法》的条款。《就业基本条件法》第2条第（3）款明确表明，该法在实施当中比该条提及的其他措施都要软弱无力，这包括了根据《工资法》的工资决定和根据《劳资关系法》的工资调整措施。反过来，后者会优先于根据《工资法》制定的任何工资决定中的冲突条款。因此，在冲突情形中，根据《劳动关系法》制定的工资调整措施，优先于《就业基本条件法》的规定和根据《工资法》制定的工资决定。另外，劳工法庭的界限指令，优先于根据《劳动关系法》制定的工资调整措施中的任何冲突条款或根据《工资法》制定的工资决定。同样，《人力资源培训法》的规定优先于任何工资决定中的冲突条款或其他

---

① Alan Rycroft, Aarney Jordaan, A Guide to South African Labour Law, Juta Co., Ltd., 1990, Cape Town Wetton Johannesburg, pp. 33-34.

② Ibid..

工资调整措施。① （3）集体协议的默认条款。一般来说，集体协议包括法定的集体协议和非法定的集体协议。前者已经根据《劳动关系法》第48条予以颁布，是指那些在劳资委员会或调解委员会层面签订的协议。术语"协议"有些用词不当，因为这些法定协议事实上构成附属立法或"国内"立法。上述所说的关于法定雇用条款的必要性的适用，等同于劳资委员会和调解委员会适时颁布的协议所包含的标准。它们成为雇用合同的一般要素，但是因为它们的必要性，除了更为有利的安排外，雇主和雇员不可以不受它们的约束而订立合同。非法定协议的情形不仅包括在劳动关系法体系以外订立的工会和雇主之间的集体协议，同时包括在该体系内订立的但是还没有公布的集体协议。虽然权威性意见显示它们不具有普通法效力，但是没有原则性理由表明这些实质性的条款不能被纳入个人雇用合同中。从这方面看，它们与完全订立于法定体系以外的集体协议没有区别。② 这就充分说明了不管是何种性质的集体协议的条款都将是劳动合同的渊源。

（三）劳动合同的类型

雇用合同非常重要，它调整着雇主和雇员之间的雇用期限和雇用基本条件，其目的是保护订立合同者免于因合同本身的违反行为或者违法行为导致的利益损失，合同当事人一般包括双方或者多方。雇用合同规定了雇主应当依据劳动立法和福利政策为雇员提供相应的条件，明确规定雇员依据公司政策、公司福利规定和劳动立法享有权利，调整雇员在工场中的行为表现，公司所有的政策和程序及纪律规则也是雇用合同内容的一部分。如果没有调整和规范这些事项的雇用合同，那么雇主是很难采取措施应对雇员存在的问题。同样的，如果没有合同约束雇主和雇员之间的劳动权利和义务，那么雇员或者雇主随时都可以结束雇用关系，从而导致双方的权益受到潜在危险的侵害。为了规范劳动的类型，劳动合同存在一定的表现形式。劳动合同的形式是劳动合同内容赖以明确和存在的方式，即它是劳动合同当事人双方意思表示一致的外部表现。各国关于劳动合同可以或应当以什么形式存在，都由立法明确规定。劳动合同有口头和书面两种表现形式。从各国劳动的立法来看，可归纳为三种形式：（1）允许一般劳动

---

① Alan Rycroft, Aarney Jordaan, A Guide to South African Labour Law, Juta Co., Ltd., 1990, Cape Town Wetton Johannesburg, p. 34.

② Ibid., pp. 36-37.

合同采用口头形式，只要求特定劳动合同采用书面形式；（2）一般要求劳动合同采用书面形式，但允许在特殊情况下劳动合同采用口头形式；（3）要求所有劳动合同都采用书面形式。①

根据南非普通法的规定，当雇员接受雇主提供的雇用条件时，雇用合同产生了，雇用合同签订时是没有具体形式要求的。虽然普通法对雇用合同没有形式要求，但是《就业基本条件法》第 29 条要求雇主向雇员提供特定雇用的书面合同形式，这并不意味着法律要求书面合同，该合同才是有效的。特定的雇用合同必须是书面形式，其他的立法也有此要求。这些特定的雇用合同有：与商船水手订立的雇用合同，根据《技能发展法》与见习驾驶员订立的雇用合同，与候选代理人订立的雇用合同。当雇用合同签订时，双方应当就雇员从事的工作达成一致的意见，雇员有义务按照雇主的指示和要求开展工作。然而，在合同中对工资达成一致的协议，工资可以现金或者实物的形式支付。工资支付周期可以多样化，比如月工资、周工资或者日工资，或者甚至是不定期的支付工资。② 南非《就业基本条件法》第 29 条规定，雇主必须在雇用雇员之时，以书面形式对下列事项进行明确规定：雇主的全称和地址；雇员的名称和职业；雇员工作场所的简单描述（如工作的地点以及雇员被要求工作的地点或各种工作场所）；雇用开始的时间；雇员的日常工作时间和工作日；雇员的工资或者计算工资的比例和方式；超时工作支付的比例；其他现金支付形式；其他实物支付及实物支付的估算；酬劳被支付的频率；雇员酬劳的扣减；允许雇员请假的规定；合同终止要求通知的期限（如果是特定时期的雇用，那么该日即为雇用终止之日）；对理事会或者涉及雇主业务的不同行业的情况的描述；雇员先前的雇用时间也被计算在本次雇用的时间内以及劳动合同包含的其他事项。如果上述内容发生变化，那么书面的事项也必须修订以提示变化，并且必须提供给雇员一份反映该变化的文件副本。如果雇员不能理解这些书面的项目内容，那么雇主通过雇员能够理解的语言和方式进行解释。雇用终止后，雇主必须对根据第 29 条规定的事项以书面形式保存三年。③

---

① 王全兴：《劳动法》，法律出版社 2008 年版，第 133 页。

② See Contracts of Employment, available at http: //www. labourguide. co. za/contracts-of-employment/contracts-of-employment-72. (last visit：10/6/2014)

③ See section 29 in Basic Conditions of Employment Act, 1997 of the Republic of South Africa.

　　南非劳动合同的类型较多，如无固定期限劳动合同、固定期限劳动合同、试用期劳动合同以及项目劳动合同。无固定期限劳动合同又被称为不定期劳动合同，它没有明确规定合同有效期限，劳动关系可以在劳动者的法定年龄范围内和企业的存在期限内持续存在，只有在符合法定或约定条件的情况下，劳动关系才可终止。① 在南非，雇主以书面形式与有发展前景的雇员缔结永久性雇用关系，该书面合同的类型即为无固定期限劳动合同。固定期限劳动合同，又称为定期劳动合同，是明确规定了合同有效期限并可依法延长期限的劳动合同。劳动关系只在合同有效期限内存续，期限届满则劳动关系终止。② 在劳动实践操作当中，南非的固定期限劳动合同，也称为临时劳动合同，基本类似于无固定期限劳动合同。唯一的区别是固定期限劳动合同固定了雇用开始和结束的时间，雇用关系在劳动合同规定结束的时间终止，雇员自劳动合同关系结束之日起不再受雇于雇主。除此上述明显的不同以外，固定期限劳动合同与无固定期限劳动合同是一样的，即使他们在对待雇员的福利待遇方面有所差异，如养老金、医疗援助、准备基金、团体人寿保险设施等方面。固定期限劳动合同的任何一方当事人都可以提出终止劳动雇用合同关系，但是必须提前一个月通知对方具有终止劳动雇用合同关系的意图，其理由为法律所认可的充足理由。雇主可以在合同持续期间的任何时候可以就雇员的不当行为、没有工作能力或者雇主业务的操作性要求而终止劳动合同。如果是因为这些原因导致劳动雇用合同终止的，雇员在同意终止合同之时，没有权利要求雇主给付未支付的任何福利，包括工资。根据《就业基本条件法》的规定，受限于此合同的雇员享有带薪年休假和病假（自被雇用的第一天开始计算）以及被雇用四个月之后享有家庭责任假。

　　项目劳动合同是指以完成一定工作（工程）为期限的劳动合同，是把完成某项工作（工程）规定为合同终止条件的劳动合同。项目完成的时间是未知的或不确切的，可以是 6 个月、12 个月或者更长的时间。这实际上是一种特殊的定期劳动合同或者临时合同，但不存在合同延期的问题。项目合同的雇用开始于规定的时间，并且将在项目完成时结束。此类劳动合同的任何一方当事人可以法律认可的充足理由，提前一个月通知对方以结束雇用关系。雇主也可以雇员的行为不当、不具备工作能力，或者

---

① 王全兴：《劳动法》，法律出版社 2008 年版，第 132 页。
② 同上书，第 132 页。

雇主工作的操作性要求等理由而终止雇用关系。雇用关系因上述原因被终止后，雇员没有权利向雇主要求支付未清算的工资及其他福利待遇。最后一种类型是南非试用期雇用劳动合同，它的试用期条件一般常见于无固定期限合同中。试用期就是供用人单位考察劳动者是否适合其工作岗位的一项制度，给企业考察劳动者是否与录用要求相一致的时间，避免用人单位遭受不必要的损失。它被包括在劳动合同期限内，劳动关系还处于非正式状态。用人单位对劳动者是否合格进行考核，劳动者对用人单位是否符合自己要求进行了解的期限。然而，此合同类型的特点在于雇主应当规定该试用期间的所有条件。雇主不得擅自延长试用期。因为雇主是最好的"法官"，其可以决定特定雇员是否"达到标准"，也可以判断新雇用的员工应当需要多长时间才能"达到标准"。如果雇员在规定的试用期内（三个月）不能证实自己的能力，那么任何时间的延长都不能够达到预期目的。这就是说如果雇员在雇主提供的合理时间内不能够证实自己的能力，那么他是不可能有能力证实自己的才能的。因此，没有必要延长试用期，延长时间只会浪费雇主的时间和金钱。此外，雇主还应注意到《劳动关系法》附录8"良好行为规范"的第8条规定"没有能力、工作表现差"包含的内容。根据该条的规定，雇主可以要求新雇用的雇员在被确定是否雇用之前从事一段时期的试用服务。试用目的是给予雇主机会在确定雇用之前对雇员的表现进行评价。试用期间应当提前进行且是一个合理的期限。试用时间由工作性质决定，试用时间决定了雇员是否适宜继续该工作。在试用期间，雇主应当对雇员的表现进行评估。雇主应当给予雇员合理的评价、教育、培训、指导或者建议，使其能够提供令人满意的服务。试用期间的解雇要求在解雇前给予雇员机会陈述以作为对解雇的回应，并且可以获得工会代表或者同事的帮助。试用期后，除非雇主已经给予雇员的合理时间内改进后，雇员仍继续表现出令人不满意，否则雇员不得因为表现令人不满意而被解雇。导致解雇的程序应当包括对令人不满意的表现的原因调查以及雇主应当考虑其他的方式，除了解雇以外，对事件进行补救。在此解雇的过程中，雇员应当有权利申请审理解雇争议和获得工会代表和同事的援助。①

---

① See the Importance of the Employment Contract, available at http：// www. labourguide. co. za/contracts-of-employment/the-important-of-the-employment-contract-649. （last visit：9/22/2013）

（四）劳动合同的主要内容

1. 雇主的责任和义务

雇主被授予聘用雇员的权利，但是这个权利不是绝对的。例如，禁止雇主雇用或者保持雇用非工会雇员。另外，雇主不能自由随意地重新雇用曾被集体解雇的雇员，例如因参加罢工而被解雇的雇员。虽然雇主不能阻止雇员从属于某个工会或者参加工会的合法活动，此类保护仅延伸至"雇员"（按照法定的含义），不包括职业申请者或者工作寻找者。雇主有义务接受雇员从事工作并且约定工作日期，给付雇员工作酬劳。如果雇主没有履行自己的责任和义务就构成对合同的违反，那么雇员可以根据法律原则对雇主提出要求或者选择终止合同。如果雇主的违反行为严重，雇员可以申请诉讼并要求赔偿损失，或者可以要求雇主按照协议继续履行给付酬劳的义务。为了强迫雇主履行义务，雇员获许拒绝继续工作直至所拖欠的工资款被支付。① 所有的劳动雇用合同都有关于雇主给付酬劳义务的明示或默示条款。根据南非普通法，酬劳可以现金的方式或者部分以现金和实物的方式支付。劳资委员会协议和工资决定可以（并且通常）禁止以实物的形式支付工资。关于劳动雇用安全工作条件方面，普通法要求雇主为了其雇员的安全采取合理的注意。劳动合理的注意包括安全的工作前提条件、安全的机械和工具以及安全的工作制度。根据普通法，雇主没有义务授予雇员假期休假、病假或者偶然休假。除非劳动雇用合同的明示或默示条款另有规定以外，甚至雇主没有义务支付离岗期间的酬劳，除非合同另有规定以外。② 除了上述义务以外，雇主还承担履行根据各种各样的就业法规所强加的实质性的和行政性的义务。例如雇主有义务捐资建立失业保险基金、保留特定规定的记录、给雇员提供工作证和在雇用结束时给予贡献者记录卡。此外，雇主对雇员的过错行为负有民事责任，并且在特定情形下，甚至承担刑事责任。③

2. 雇员的责任和义务

雇员的主要义务是从约定日期开始向雇主提供服务，并且持续到合同终止的时间。雇员工作的实质是劳资当事人之间的某个事项。雇员的工资

---

① Alan Rycroft, Aarney Jordaan, A Guide to South African Labour Law, Juta Co., Ltd., 1990, Cape Town Wetton Johannesburg, pp. 54-55.

② Ibid., pp. 56-61.

③ Ibid., p. 67.

获取和雇主常规性的工资支付来源于雇员服务的可利用性而非服务的实际提供。这就是说，只要雇员提供服务，雇主就有义务继续向雇员提供报酬。虽然存在一些实际情况如法院已认可允许雇员工作的默认条款，但是这取决于雇员雇用的性质和报酬的方式。通常情况下，雇主不可以强迫雇员提供劳动雇用合同规定以外的服务，除非雇员同意变更条款。雇主单方面修改雇用条款视同对合同的否定。根据劳动合同法原则，雇员可以要求雇主遵守现存的条款，或者如果雇主的违反情况相当严重，可以取消协议及通过诉讼要求损害赔偿金。希望变更合同条款的雇主在未取得合同变更权时有责任获得雇员的同意。如果雇员不同意，那么雇主可以根据普通法通过适当的通知结束合同，并且以关于新条款的新雇用关系替代已结束的劳动合同关系。虽然这种情况下的雇主行为是合法的，但是仍然构成了不公正的劳动行为。[1] 劳动服务的日期从合同之日开始，除非某确定的将来日期为后来协议所确定的日期。工作期限可以被固定，比如年度合同、季度性合同或待完成工作合同。无确定期限的合同，其期限可以不被确定。不确定期限合同的时间可以是从某个时期到某个时期，比如按天、按周或按月计算直至通知结束或在严重违反的情况下结束。当劳动合同有确定或固定期限时，劳动合同将持续至合同时间的末期并且自动结束。除非事先明确表示续签，或者通过协议结束，或者因重大违反时间限制而结束。续签的劳动雇用合同应按原有的条款继续执行，除非有证据表明有相反的意图。新雇用的时间限度由相关情形决定。雇员聘用受限于试用期，试用期的新雇员不能宣称享有雇员的权利直至试用期结束。如果任何时期显示试用的意图令人不满意，那么就没有继续适用长久且没有价值的必要，此时，雇主应当合理通知解雇。[2]

雇员应按照合同进行工作直至合同的结束，除了授权允许不工作的时期以外。如果不按照合同提供工作则构成违反合同，那么雇主有权不通知雇员即给予解雇。不管雇员是拒绝还是没有提供服务，其严重性都足以根据具体情形依据普通法授权解雇。关于雇员拒绝或没有提供服务是否构成基本地或严重地违反合同，应当考虑的因素包括雇用的性质、离岗的持续时间、事实上或潜在的可能对雇主不利、离岗的原因以及雇员的精神状

---

① Alan Rycroft, Aarney Jordaan, A Guide to South African Labour Law, Juta Co., Ltd., 1990, Cape Town Wetton Johannesburg, p. 42.

② Ibid., p. 43.

态。依据普通法，不管雇员参加的罢工是否合法，雇员因离岗参加罢工导致的立即解雇是合法的。因疾病或者超越雇员能够掌控的其他原因离岗不构成违反履行雇员工作义务，但是如果离岗的总量导致事后的劳动合同部分或者全部履行的不可能性。比如当离岗时间长且不合理时，雇主可以选择依据事后合同履行的不可能性把合同视作已结束。另外，如果雇主选择继续履行劳动合同，劳动合同的实施可以在离岗期间中止。在所有的离岗情形中，除非另外获得同意，根据普通法，雇员在此离岗期间是不允许获得报酬的。雇员在特定情形下不提供服务是合法的，比如雇主没有提供雇员已付出劳动的报酬或者雇员工资出现非法扣减。①

根据普通法，工作时间和工作日的调整是当事人协议的内容。在缺乏雇用合同的明示或默认条款时，必须考虑相关行业的现行惯例和决定当事人真实意图的雇员工作的性质。它们的地位与规定超时工作、星期日工作和公共假日工作的义务是一样的。在缺乏相对明示或默认条款的情形下，雇员没有权利依据普通法就疾病或者假期要求休假。甚至遇到规定休假时，雇主也没有义务支付离岗期间的报酬，除非劳动合同的明示或默认条款另有规定。年度休假由劳动雇用合同规定。雇员有权享受权责发生期届满之时的休假，即一年服务后。依据普通法，雇员在某时期获许休假而没有休假的，在解雇时是不得要求以金额折算替代休假。但是如果雇员没有享受休假的福利，其原因是雇主不愿意批准所申请的休假时，雇主必须给予未休假的雇员以金额折算补偿。如果劳动合同在权责发生期届满前结束的，那么雇员没有权利获得按比例的假期薪资。休假的时期，依据普通法，可以与通知结束的时期相一致。②《就业基本条件法》与工资调整措施一样可以更改属于它们调整范围的雇员工作时间和休假。这些条款包括最大限度的日常工作时间和超时工作时间、假期和病假、星期日工作和公共假日的额外报酬，以及雇用结束时的假期薪资比例。③ 每个劳动合同都有一个默认条款，即雇员在完成工作过程中应当勤奋和具有技能。雇主依据普通法对工作过程中表现出缺乏能力的雇员能否给予立即解雇的现实情况是，只要该雇员能力缺乏的情形非常严重或者具有持续性即表明立即解

① Alan Rycroft, Aarney Jordaan, A Guide to South African Labour Law, Juta Co., Ltd., 1990, Cape Town Wetton Johannesburg, p. 44.

② Ibid., pp. 45-46.

③ Ibid., p. 46.

雇是合法的。其他可能导致立即解雇的情形还有雇员的工作性质、不胜任工作，以及对雇主或其他人存在现实的或潜在的不利。通常情况下，雇员未披露自己以前的不当行为不构成违反劳动合同，但是如果雇主要求雇员披露以前不当行为，或者雇主提出该雇员完全不适合该雇用工作，或者雇员对以前不当行为的隐瞒足以违反其能够完成所从事工作的默示保证，或者雇员以前不当行为使雇主对雇用该雇员的服务没有安全感时，都会动摇雇主对雇员的信心。在上述情况下，雇员都有义务披露以前的不当行为。①

要求雇员对雇主的诚实和忠诚反映了在国民经济建设的设想中，法院对劳动雇用关系的期待，以及关于雇员道德责任和伦理标准的司法态度。通过这种方式，劳动雇用关系被融入了与普通法雇用合同的原商业性相争议的道德内容。从劳动雇用关系的历史发展来看，劳动合同法是不能调整劳动雇用关系的，它在一定程度上对劳动雇用关系保留控制权是为了雇主的利益。劳动合同法原则不得不与旧的法律身份观念结合起来，为了雇主所希望的控制提供法律依据。劳动雇用合同的乏味也同样从雇员必须真诚的默示义务得到反映。劳动雇用合同被视为创造法律的非道德义务，所以雇员对雇主的诚信应通过法律的其他方式予以寻找。雇员有义务促进雇主的商业利益，并且必须避免他们的个人利益与雇主的商业利益发生冲突。雇员不能利用工作为自己谋取秘密佣金和收益，不能挪用雇主的财产，并且不能泄露工作过程中获得的机密信息和商业秘密。雇主可以雇员的不诚实或"道德不端行为"及其他"破坏忠诚关系的持续性所必需的信任和信心"的行为而立即解雇雇员。② 一般认为，雇员的从属地位包括两个方面：一是雇员有义务遵从雇主的合法指令；二是行为举止中以尊重的方式对待雇主和上级。如果雇主的指示属于雇员合同义务范围外的，或者如果它们违背任何立法规定的，或者如果它们违背公共政策指导原则的，都视为不合法。依据普通法，如果雇员拒绝遵从合法的指令，雇主有权立即解雇雇员。这些合法指令是经过雇主深思熟虑和具有严重性质的指令。其严重性由当时情况决定，关键在于雇员有没有执行协议或其中的重要部分，并且不需要雇主证明雇员的不服从导致的任何不利。至于雇员表示尊重的

---

① Alan Rycroft, Aarney Jordaan, A Guide to South African Labour Law, Juta Co., Ltd., 1990, Cape Town Wetton Johannesburg, p. 47.

② Ibid., pp. 49-50.

义务，一般认为持续的傲慢导致的立即解雇是合法的。因为傲慢导致的解雇仅当其属于"非常严重"时，才是合法公正的。①

（五）劳动合同的成立与终止

南非劳动雇用关系的建立在于订立劳动合同，虽然口头劳动合同并非无效，但是《就业基本条件法》要求就雇用的详细资料出具书面形式，如雇主姓名和地址、所从事工作的描述、工作时间、雇用开始的日期以及书面合同要求确定的其他事项和避免争议的规定。如果是外国雇员在南非工作则须获得工作许可证（即临时居住许可证）。工作许可证的类型包括以下几个。（1）一般工作许可证。针对特定类型的雇员，有效时间为5年。（2）法人许可证。针对雇用多种族外国雇员的公司申请人，有效时间为5年。（3）特别技能许可证。针对具有特别技能和资格的个人以及由劳动局长确定的该申请人的近亲属成员。（4）公司内部转让许可证。针对被南非商业运行的分支机构、子公司和附属机构雇用的外国雇员，该雇员在南非工作的时间不得超过2年。发放许可证着重需要考虑的是南非公民或者具有适当技能的永久性居民是否适合于该项工作。申请工作许可证的花费是1200—2500美元，获取许可证的时间为10—30天，取决于大使馆、高级专员公署或者申请者提交的领事馆。② 南非的劳动雇用事务均由制定法、普通法及劳动合同调整。一般而言，南非劳动雇用法律适用于在南非境内工作的所有雇员。虽然法律条款的选择得到认可，但是这些被强制执行的法律仅是与合同密切相关的法律。在大多数情况下，如果雇员在南非工作且获得薪酬，那么南非法律也是适用的。在特定情况下，南非法律也适用于国外工作的南非雇员。③ 依法订立的劳动雇用合同，劳动雇用关系自订立之时起即发生法律效力，受到法律保护。

关于劳动雇用合同的终止，1997年《就业基本条件法》第5章有专门规定。但是该章仅适用于为雇主工作时间一个月内不少于二十四小时的雇员。具体包括以下几个。（1）终止劳动雇用关系的通知。根据雇员雇用时间的不同，由雇用合同任何一方提出的合同终止提前通知的时间限制

① Alan Rycroft, Aarney Jordaan, A Guide to South African Labour Law, Juta Co., Ltd., 1990, Cape Town Wetton Johannesburg, pp. 52-53.

② See Doing Business in South Africa, available at http://corporate.practicallaw.com/1-500-3762? q = * &qp=&qo=&qe=. (last visit: 10/16/2013)

③ Ibid..

也不一样。对于雇用时间为四周或者少于四周的雇员，应当提前一周通知；对于雇用时间超过四周但是不超过一年的雇员，应当提前两周通知；对于雇用时间为一年或者更久的雇员，或者是雇用时间超过四周的农场工人或者家政工，应当提前四周通知。2014 年颁布的《就业基本条件法修正案》对提前通知雇员的时间予以修正。比如对于雇用时间为六个月或不足六个月的雇员，提前一周通知；对于雇用时间超过六个月但是不足一年的雇员，提前两周通知；对于雇用一年或者一年以上的雇员，或者雇用超过六个月的农场工人和家政工人，提前四周通知。① 集体协议的终止可以允许比上述劳动雇用合同终止时间更短的提前通知时间，集体协议可以缩短四周的提前通知时间至不得少于两周。② 任何协议不得要求或者同意雇员的提前通知的时间长于雇主的提前通知时间。发出雇用合同终止的通知时间必须以书面形式确定，除非该雇员为文盲。如果接收终止通知的雇员没有能力理解该通知，雇主必须以雇员能够理解的官方语言口头向雇员解释。由雇主提出的雇用合同终止通知不得在第 3 章规定的休假期间作出，并且不得在第 3 章规定的休假时间同时作出，除了病假以外。《就业基本条件法》第 37 条规定，不得干涉根据 1995 年《劳动关系法》第 8 章或者其他任何法律授予解雇雇员享有的怀疑解雇的合法性和公正性的权利，以及不得干涉雇主或者雇员享有因法律规定原因终止雇用合同而没有提前通知对方的权利。对上述规定，2013 年《就业基本条件法修正案》提出，雇主依据本法发布的关于雇用关系终止的通知，不得阻止雇员依据1995 年《劳动关系法》，或者其他任何法律享有的对解雇的公正性和合法性的质疑。③ （2）以薪酬支付代替雇用终止通知。为了代替依据《就业基本条件法》第 37 条给予雇员的终止通知，雇主可以支付雇员应当享受的薪酬。如果雇员在终止雇用通知期间进行了工作，其薪酬金额按照该法的第 35 条计算。如果是雇员发出雇用终止通知，而雇主不履行通知的内容，那么雇主必须依据该法的第 38 条第（1）款的规定支付雇员薪酬，除非双方达成一致的意见。（3）雇用终止时的薪酬支付。雇用终止时，雇主必须支付雇员以下情形的薪酬：第一，雇员没有享受依据第 10 条第（3）

---

① See section 5 in Basic Conditions of Employment Amendment Act, 2013 of the Republic of South Africa.

② Ibid..

③ See section 5 in Basic Conditions of Employment Amendment Act, 2013.

款或者第 16 条第（3）款规定的带薪休假的薪酬；第二，雇员没有享受依据第 20 条第（2）款规定的任何时期的年休假，则根据第 21 条第（1）款计算薪酬；第三，如果雇员被雇用的时间超过四个月，那么第 20 条第（1）款确定的未完成的年休假周期内（即雇员被雇用时起十二个月内，或者该雇员先前雇用完成后的第二个十二个月的雇用时间内）关于雇员的年休假权利的规定，即每十七日中一日的薪酬。该日为雇员工作或者允许获得报酬之日，或者薪酬计算是建立在任何其他依据之上。主要是根据上述情形计算适宜于雇员的薪酬。（4）支付解雇金。雇主因操作性规定[①]解雇雇员的应支付，均等于每个持续性工作完成年的每一周的酬劳，依据第 35 条进行计算。劳工部部长依据第 41 条第（2）款更改解雇金的总额以及在政府公报上公告。解雇金的变更仅可以在与国家经济、发展和劳动委员会，以及依据 1995 年《劳动关系法》建立的公共服务协调谈判委员会磋商后进行。任何雇员不得无故拒绝雇主提供的雇用变更，否则不允许获得解雇金。雇员根据第 41 条获得解雇金不影响他依据其他法律获得任何其他额度的酬劳。关于根据第 41 条规定的雇员享有解雇金权利的争议，如果争议双方属于理事会登记的范围，那么雇员可以将争议以书面形式提交该理事会，但是如果理事会没有管辖权，那么可以将争议提交调解、调停和仲裁委员会。将争议提交理事会或者调解、调停和仲裁委员会的雇员必须确保所有的争议方都有提交争议的副本。理事会或者调解、调停和仲裁委员会应当努力通过调解解决争议。如果该争议没有得到解决，那么雇员可以提交仲裁。如果劳工法院意图通过司法判决处理因雇主的操作性规定引发的解雇争议，那么法院可以进行调查及决定被解雇雇员可以允许获得的解雇金的总额，并且法院可以作出指令指示雇主支付该数额的解雇金。（5）颁发服务证书。雇用终止时，雇员有权获得服务证书。其内容包括：雇员的全称、雇主的名称和地址、任何理事会的说明或者雇主业务涉及的行业雇用标准、雇用开始的时间和终止的日期、关于雇员在雇用结束时被雇用的工作名称及简短的工作描述、雇用终止时的薪酬，以及如果雇员有此要求时，那么雇主应当给予雇用终止的原因情况说明。[②]

---

① 操作性规定是指依据经济、科技技术、结构或者雇主类似的需要而作出的规定或要求。

② See Chapter Five Termination of Employment in Basic Conditions of Employment Act，1997 of the Republic of South Africa.

## 二　工资法制度

工资，又称薪金。其广义，即职工劳动报酬，是指劳动关系中，职工因履行劳动义务而获得的，由用人单位以法定方式支付的各种形式的物质补偿。其狭义，仅指职工劳动报酬中的基本工资（或称标准工资）。工资较之其他劳动报酬或劳动收入（如农民劳动报酬、个体劳动收入、劳务报酬等），具有以下特征。（1）工资是职工基于劳动关系所获得的劳动报酬。（2）工资是用人单位对职工履行劳动义务的物质补偿，换言之，支付工资是用人单位必须履行的基本义务。（3）工资的确定必须以劳动法规、劳动政策、集体合同和劳动合同的规定为依据。（4）工资必须以法定方式支付，即一般只能用法定货币支付，并且应当是持续的、定期的支付。工资的基本职能如下。（1）分配职能。即工资是向职工分配个人消费品的社会形式，职工所得的工资额也就是社会分配给职工的个人消费品份额。（2）保障职能。即工资作为职工的生活主要来源，其首要作用是保障职工及其家庭的基本生活需要。（3）激励职能。即工资是对职工劳动的一种评价尺度和手段，对职工的劳动积极性具有激励作用。（4）杠杆职能。即工资是国家用来进行宏观经济调节的经济杠杆，对劳动力总体布局、劳动力市场、国民收入分配、产业结构变化等都有直接或间接的调节作用。[①]

### （一）工资法制度的历史发展

工资立法一直是劳动立法的重要组成部分。20世纪初期，为改善工人的工资状况，各国都推行法定的最低工资执行制度以保障特定产业领域的特定工人群体。[②] 不仅各国的劳动法典和劳动标准基本法中都设有关于工资的专篇或专章，而且许多国家还制定专项工资法规。如《日本最低工资法》《美国联邦最低工资法》等。国际劳工组织也制定了若干项关于工资的建议书，例如，1928年第26号公约《确定最低工资办法的制订公约》和相应的第30号《建议书》，1949年的第95号公约《工资保障公约》和相应的第85号《建议书》，1970年的第131号公约《特别参照发

---

① 王全兴：《劳动法》，法律出版社2008年版，第283页。

② Alan Rycroft, Aarney Jordaan, A Guide to South African Labour Law, Juta Co., Ltd., 1990, Cape Town Wetton Johannesburg, p. 241.

展中国家情况确定最低工资公约》和相应的第 135 号《建议书》，等等。①
譬如国际劳工组织制定的《确定最低工资办法的制订公约》成为大部分
国家所认可的国际劳工法律文件，它要求创设和维系制造业和商业贸易领
域固定的最低工资机制，因为这些领域通常不存在通过集体协议或其他方
式有效调节工资的协定。就南非而言，其工资立法也经历了一个曲折发展
的历史过程。长期以来，由于占南非社会阶层主体部分的工人群体未能利
用组织和团结的力量来对工资进行有效的集体谈判，从而导致这些工人群
体很容易为了低廉的工资而受到雇主强加的工作时间和恶劣的工作条件的
侵害。为此，南非制定了工资法规如 1957 年《工资法》，并且在 1997 年
《就业基本条件法》第 4 章第 32—35 条对劳动报酬和工资做了具体规定，
2002 年《就业基本条件法修正案》增加了第 4 章第 34A 条，修正了第 35
条。在与国际劳工工资立法接轨方面，南非批准了国际劳工组织制定的若
干项关于工资的公约，例如 1932 年批准的《确定最低工资办法的制订公
约》、1939 年批准的《关于工资和工作时间统计公约》、2000 年批准的
《同工同酬公约》等。由此形成比较完整的工资法律体系，对工人的最低
工资、基本工资与工作时间的关系及同工同酬等问题予以法律保障，使工
人的生存和发展得到确实的关注和保障。

　　1918 年的《学徒与改良法》是南非关于工资的第一次立法。该法着
重于调整那些在劳动条件差、工作时间长和工资低的行业、工场或工厂工
作的妇女以及未成年工人的工资待遇。② 1925 年《工资法》是第一部具
有广泛特性的关于工资管理的立法，不同于当时的其他劳动立法。它适用
于黑人工人，但是不适用于从事农业和家政服务业的工人。这部工资法规
制定的原因之一，在于如果排斥黑人工人，那么雇主将雇用不受工资管理
的黑人工人代替白人工人。虽然 20 世纪 20 年代末期，工资委员会宣称它
的重要任务之一，是给予黑人和白人同等的机会，但事实上，它认为将黑
人工人纳入适用范围是出于对白人工人的保护。此外，这项法律的特定条
款还允许推行肤色障碍，并且该法被描述为促进"文明劳动"政策的重
要支撑。根据该法规，白人可以在私营行业中获得雇用机会。这些早期的
工资立法的成效表现为，最低工资往往设定得很低，并且雇主因未履行他

　　①　王全兴：《劳动法》，法律出版社 2008 年版，第 283—284 页。
　　②　Alan Rycroft, Aarney Jordaan, A Guide to South African Labour Law, Juta Co., Ltd., 1990, Cape Town Wetton Johannesburg, p. 241.

们的责任和义务而受到法院的处罚也是非常轻微的。① 此后，1925 年《工资法》先后被 1937 年《工资法》和 1957 年《工资法》取代。其他关于工资的立法还有 1981 年《工资法修正案》、1981 年《第二次工资法修正案》、1982 年《商船运输法修正案》、1984 年《工资法修正案》、1984 年第 27 号《就业基本条件法修正案》及其后续的修正案、1993 年《法官的报酬和雇用条件法修正案》。然后，包括一系列的政府公报，比如 1981 年第 R186 号政府公报、1984 年第 R1056 号政府公报、1985 年第 R2019 号政府公报、1985 年第 R2424 号政府公报、1985 年第 R2531 号政府公报等。② 这些法规和政府公报充分显示了南非政府对工资管理从立法和政策上的不断修正和完善。以下将就 1957 年《工资法》、1997 年《就业基本条件法》以及 2013 年《就业基本条件法修正案》中关于工资的规定作一阐述，以便进一步了解南非工资法律制度的基本内容。

（二）工资法制度的基本内容

1. 1957 年《工资法》

当时的工业领域里缺乏劳资委员会，为了保留工人工资调整的基本观念，1957 年《工资法》规定不适用于《劳动关系法》调整范围的协议、公告、决定以及申请裁决的申请人。与此同时，该法不适用于农场雇员，私人家庭的家政服务员，议会官员，国家雇员慈善组织中不接受报酬的雇员，被登记的福利组织雇用且接受国家财政援助的雇员，由公共基金全部或者部分供奉的被雇用为大学、专科院校、中小学校或者其他教育机构工作的人员，以及作为大学实训部分和学业完成中受雇的大学生。除了上述特殊情况外，该法适用于每个行业，如"任何职务、加工业、工业、商业、工厂、企业（包括公用事业企业）、职业、专业性工作或者专业性行业，以及包括多种行业的群体或者任何行业的部门"。③ 一般规定劳资委员会的协议优先于《工资法》中的应条款。此外，《工资法》中设立了一个专门的工资委员会，由三名永久性成员和临时性成员组成，由劳工部部

---

① Alan Rycroft, Aarney Jordaan, A Guide to South African Labour Law, Juta Co., Ltd., 1990, Cape Town Wetton Johannesburg, p. 242.

② See International Labour Organization：Browse by Country, available at http：//www.ilo.org/dyn/natlex/natlex_ browse. details? p_ lang = en&p_ country = ZAF&p_ classification = 12. 02&p_ origin = COUNTRY&p_ sortby = SORTBY_ COUNTRY. （last visit：12/16/2013）

③ Alan Rycroft, Aarney Jordaan, A Guide to South African Labour Law, Juta Co., Ltd., 1990, Cape Town Wetton Johannesburg, p. 242.

长决定任职。雇主和特定行业的雇员代表受劳工部部长的任命担任调查期间的顾问专家。工资委员会的职能主要有：依据劳工部部长的要求对任一行业进行调查和提交调查报告并向劳工部部长提交建议。在作出建议时，委员会有义务考虑各种明确规定的因素，比如利害关系当事人提出的要求、报告、保留意见、信息及在该行业开展地区的生活费用。委员会的建议涵盖工资的多个方面和雇用条件，但主要规定了雇员或者某类雇员报酬的最低比例。工资委员会不能依据性别、种族和肤色区别对待。①

　　1957 年《工资法》规定，如果雇员或者相关被调查的行业未能提供工资委员会所要求的信息属于违法。如果工资委员会需要采取宣誓或者明确申明的方式传唤及讯问证人时，必须公开进行，除非工资委员会另有决定。在斟酌委员会的建议后，劳工部部长可以作出决定，但是该决定必须依据委员会的建议。② 工资决定及开始日期应当在政府公报上进行公告。通常认为，如果该法的意图是作为保护工人的社会措施，那么工资决定范围的广泛性应当被解释为包括尽可能多的工人。决定的效力可以持续到被取消时或者被新的决定替代。争议当事人不可以通过协议改变具有约束力的工资决定，任何雇员不得同意不执行工资决定的条款。③ 1995 年《劳动关系法》第 65 条第（1）款明确规定，禁止根据《工资法》作出的自公告之日起为期一年的关于罢工或者闭厂的约束性决定，同样适用于处理《工资法》中针对罢工或者闭厂事件的"条款"。当存在确定最低工资的法定工资决定时，工人或者工会举行罢工以要求较高的实际工资是否合法，有案例表明，《劳动关系法》第 65 条第（1）款第 b 项，不适用于由工资决定处理的与最低工资或者相关事宜无关的争议。④ 关于工资决定的修正，首先，工资决定必须具有约束力，这是修正的前提，具有效力的工资决定才可以通过召集提交修正案的代表对其进行修订。工资委员会应当对修正事项进行调查，承担提交报告和建议书给劳工部部长的责任和义

①　See section 8 in Wage Act 5 of 1957 of South Africa.
②　See section 14 in Wage Act 5 of 1957 of South Africa.
③　在与工资委员会磋商后，劳工部部长可以不包括由其在政府公报上公告确定的期间关于行业任何部分的工资决定。See Alan Rycroft, Aarney Jordaan, A Guide to South African Labour Law, Juta Co., Ltd., 1990, Cape Town Wetton Johannesburg, p. 244。
④　See Alan Rycroft, Aarney Jordaan, A Guide to South African Labour Law, Juta Co., Ltd., 1990, Cape Town Wetton Johannesburg, p. 244.

务，并且修正案应当在政府公报上公告。① 劳工部部长可以授权取消或者中止某项工资决定，但是只能在与工资委员会磋商后以及征求雇主和雇员关于提议行动的看法之后进行。② 与此同时，劳工部部长也能够扩展任何工资决定的全部或者其中任一条款适用于某特定的地区。③

关于工资决定的具体适用。劳工部部长可以通过特别许可使某人或者某类人免于受到工资决定条款的约束，这样也可以使雇主不再受工资决定的限制。④ 他有权任命劳动检查员，随时都有资格进入处所，并且在这些处所中询问相关人员及要求提供账册和文件。⑤ 因疏忽或者粗心大意而不遵守工资决定中的规定以及特许免除都被视为违法行为，《工资法》规定法院对违反者予以罚款。对于工资争议案件，审理案件的治安法官有责任和义务根据工资决定来计算和评估支付总额与应付总额间的区别。为了合理合法的补偿目的，治安法官必须证实雇员方是否存在合谋串通，同时应当考虑雇员签订的周围环境协议。如果雇主的某款项总额与法院发现的未支付总额或者是作为罚款支付总额相等时，那么法院有权对违反者处以1000 兰特的罚款以及（或者）一年的监禁。⑥ 如果未支付的总额超过1000 兰特，那么所处罚款可以增加至 1000 兰特以上的总额且相当于未支付的总额。⑦ 雇主缺乏支付能力不能作为抗辩支付雇员低薪指控的理由，但是雇主实际支付的总额可以适当减少，而且支付罚款的期间可以延长。雇主将拖欠雇员的薪金交付给为雇员争取报酬的劳动检查员，雇员没有权利通过民事法律程序起诉雇主要求任何支付数额，但是法院可以对支付数额颁布指令。⑧ 同样的，雇员也可能被发现有犯罪行为，如未能遵守工资决定的某项规定或者是作为关于雇用终止发布通知的特许免除。⑨

2. 1997 年《就业基本条件法》及其最新修订案的规定

1997 年《就业基本条件法》有关劳动报酬的规定如下。第一，劳动

---

① See section 15 in Wage Act 5 of 1957 of South Africa.

② See section 16 in Wage Act 5 of 1957 of South Africa.

③ See section 17 in Wage Act 5 of 1957 of South Africa.

④ See section 19 in Wage Act 5 of 1957 of South Africa.

⑤ See section 26 & 27 in Wage Act 5 of 1957 of South Africa.

⑥ See section 37 in Wage Act 5 of 1957 of South Africa.

⑦ See section 20 (6) in Wage Act 5 of 1957 of South Africa.

⑧ See section 23 in Wage Act 5 of 1957 of South Africa.

⑨ See Alan Rycroft, Aarney Jordaan, A Guide to South African Labour Law, Juta Co., Ltd., 1990, Cape Town Wetton Johannesburg, p. 246.

报酬的支付。雇主必须以南非货币形式向雇员支付劳动报酬，支付周期为日薪、周薪、每两周一次的薪酬或者月薪。酬劳支付形式为现金、支票或者直接存入雇员指定的账户。以现金或者支票支付的劳动报酬可以在工作场所或者雇员同意的地方进行，在雇员的工作期间或者工作时间开始或者结束的十五分钟内放入视为雇员财产的密封信封内交给雇员。雇主应当在支付雇员劳动报酬的期间完成或者雇用合同终止后不迟于七天内支付雇员劳动报酬。但是《就业基本条件法》对劳动报酬支付的规定不适用于根据基金法规规定的支付给雇员的退休金或者准备基金。第二，关于劳动报酬的信息。雇主必须将雇员每日应获得报酬的信息以书面形式提供给雇员。这些信息包括雇主的名字和地址、雇员的名字和职业、劳动报酬支付的时间、以现金支付给雇员的劳动报酬、劳动报酬扣减的总额和目的、支付给雇员的实际总额，以及关于雇员劳动报酬的计算。根据《就业基本条件法》第 33 条第（1）款要求的书面信息应当在法律规定的地点和时间提供给雇员。第三，劳动报酬的扣减和其他关于劳动报酬的行为。雇主不可以随意扣减雇员的劳动报酬，除非有以下情形：①根据《就业基本条件法》第 34 条第（2）款的规定，雇员以书面形式同意协议中明确规定的关于债务的扣减；②根据法律、集体协议、法院指令或者仲裁裁决的要求或者允许的扣减。根据第 34 条第（1）款的扣减只有在下列情形下因损失或者损害可以作为对雇主的补偿：①损失或者损害出现在雇用过程中，并且是由雇员导致的；②雇主遵循公正的程序，并且给予雇员合理的机会说明不应当扣减的原因；③债务的全部总额不得超过损失或者损害的实际总额；④根据第 34 条第（2）款从雇员劳动报酬中扣减的全部总额不得超过雇员现金报酬的四分之一。关于雇员购买的任何商品，根据第 34 条第（1）款第（a）项，扣减必须明确商品的性质和质量。根据第 34 条第（1）款，从一个雇员的劳动报酬中扣减一部分，以支付给另外一个人的雇主必须依据期间以及协议、法律、法院指令和仲裁裁决的明确规定支付一定数额给该人。雇主不能要求或者准许雇员有下列情形：①除非雇主之前计算雇员的劳动报酬时产生错误而导致超额支付，否则不得要求雇员偿还报酬；②不可以要求或者准许雇员承认收入总额多于实际劳动报酬的收入。第四，劳动报酬和工资的计算。首先，雇员工资是依据雇员日常工作的时间量来计算的。为了依据时间计算雇员工资的目的，以下情形视为雇员的正常工作：①一周工作四十五小时，除非雇员在一周内的正常工作时间较少；②一周工作五天以上且一天工作时间为九小时或者七点五小时，或者雇员一天工作的时间量依据《就业基本条件法》第 11 条签订的协议确定，除非雇员在一天内的正常工作时间较少；③雇员的月薪或者月工资大约分别是雇员周薪或者周工资的 4.3 倍；④如果雇员劳动报酬或者工资的全部或者部分的计算不是以时间为依据，或者如果各个时期雇员工资的浮动性很大，那么根据《就业基本条件法》，支付给雇员的劳动报酬必须依据雇员之前的十三个星期的报酬或者工资进行计算，或者如果雇员已被雇用了一段较短的时间，则依据该期间的报酬或者工资进行计算。⑤为了计算根据第 24 条规定的雇员年假薪酬、第 38 条的公告薪酬或者第 41 条的解雇金之目的，雇员劳动报酬包括作为雇员劳动报酬部分的任何以实物作为报酬的货币价值，除非该雇员同意接受以实物作为报酬的形式，但是不包括小费、工作津贴以及跟雇员的工作时间或者工作绩效不相关的任何酌情酬劳。①

2014 年颁布施行的《就业基本条件法修正案》对 1997 年《就业基本条件法》的第 33、33A、34、34A 和 35 条予以修正。具体内容可以详见以下。第一，关于报酬的信息。在给予雇员报酬时，应当以书面形式告知雇员以下信息，比如雇主的名字和地址、雇员的名字和职业、报酬支付的周期、以现金支付、从报酬中给予的任何扣减、实际支付的总额。如果相关雇员报酬的计算，那么应考虑下列情形：一是雇员的报酬等级及超时费用；二是在报酬支付期间，雇员的日常工作和超时工作的时间总数；三是在报酬支付期间，在某星期日或者公众假日工作的时间总数；四是对于已经缔结了关于平均工作时间的协议，那么应考虑在平均工作时间的期间里的日常工作和超时工作的全部时间总数。雇主不能要求或者接受雇员以及可能成为雇员的求职者，为了获得职位或者工作的分配而给予的报酬，同时不允许雇主要求雇员或者可能成为雇员的求职者，从雇主处或者从任何商业处或者雇主制定的人员处购买货物、产品或者服务。第二，关于报酬的扣减及其他行为。一般情况下，雇主不得从雇员的报酬中扣减费用。除非有以下情况：一是雇员书面同意对特别债务的扣减；二是该项扣减的依据是集体协议、法律、法院的指令或者仲裁裁决书。由雇员导致的损毁或者亏损而给予的报酬扣减应当依据协议，以及雇主应当遵循公正的程序之

① See section 32, 33, 34 & 35 in the Basic Conditions of Employment Act, 1997 of the Republic of South Africa.

后才可以进行。雇主必须在七天之内支付报酬扣减和雇主供款作为福利基金给予基金会。第三，关于报酬和工资的计算。工资计算的依据是日常工作时间的总数。月报酬或者月工资是周工资的四又三分之一（13/3）倍。如果工资计算是用时间以外的某个依据，或者如果雇员的报酬或者工资从某个时期到某个时期的波动很大，那么任何报酬支付的计算必须参照先前十三周的报酬或者工资。或者如果雇用的是一个较短的时期，则以那个时期为准。为了依据本法规定的报酬计算之目的，雇主和雇员应当查阅政府公报公布的时间安排表来决定是否确定一个特定类型的支付形式作为雇员报酬的部分。[①]

### 三 工作时间与休假制度

南非主要适用国际劳工法律法规和 1997 年《就业基本条件法》对劳动时间和休假予以规定。一般来说，国际劳工组织和各国都会针对雇用基本条件进行劳工立法干涉，以保证雇用的基本条件得到法律的监督和保障。比如工人的工作时间和最低工资标准成为国际劳工组织自 1919 年成立以来首项关注的问题：第一批 26 个公约中有 9 个是处理不同行业中工人的雇用工作时间和最低工资的。[②] 南非作为国际劳工组织的成员，它对雇用基本条件的立法干涉可以追溯到工会出现前的主仆立法，以及 20 世纪 20 年代通过的地方工场时间条例。1939 年颁布了《商店和政府机关法》，是第一部综合性法律。该法规定了一周最多的工作时间为四十六小时以及超时费率和带薪休假。1983 年的《就业基本条件法》废除了 1964 年的《商店和政府机关法》和 1941 年的《工厂、机关及建筑工作法》中的特定条款。在维哈尼后期的立法中，关于健康和安全的事项依照《机关和职业安全法》的规定施行，而雇用基本条件则依据 1983 年《就业基本条件法》的相关规定。该法的制定目的被描述为"规定特定的基本雇用条件，并且通过刑事程序强制执行而非民事程序"。该法也以同样的方式强制执行劳动雇用合同的规定。它规定的相关劳动问题为：工作时间、

---

① See section 33, 33A, 34, 34A & 35 in The Basic Conditions of Employment Amendment Act, 2013, No. 37955 Government Gazette, 29 August 2014 of the Republic of South Africa.

② See Alan Rycroft, Aarney Jordaan, A Guide to South African Labour Law, Juta Co., Ltd., 1990, Cape Town Wetton Johannesburg, p. 230.

超时工作、休假、病假、雇用终止以及工资的调节。① 以下将就 1983 年
和 1997 年的《就业基本条件法》以及 2002 年、2010 年、2014 年的《就
业基本条件法修正案》中的相关内容作一阐述与比较，了解南非相关法
律制度的发展演变及最新动态，从而体现南非在新时期对劳动者身心健康
等基本权益的关注与保障。

　　1983 年《就业基本条件法》对工作时间和休假的规定如下。第一，
每周最大限度的日常工作时间。② 保安的工作时间为每周六十小时，其他
雇员的工作时间为每周四十六小时。但是该规定不适用根据该法第 2 条第
（3）款第（a）项或者第 2 条第（3）款第（b）项所指的雇员。第二，
最大限度工作时间的延长。③ 最大限度工作时间的延长为十二小时，可以
通过超时延长。计算公式为：（日常工作时间）+（规定的餐饮间歇时
间）+（每日允许的最多三个小时的超时工作）= 最大限度的工作时间延
长。但是这不适用第 2 条第（3）款第（a）项或者第 2 条第（3）款第
（b）项所指的雇员、应急工，或者第 3 条第（2）款第（b）项所规定的
雇员。第三，白昼工人④最大限度的日常工作时间。⑤ 一周工作五天且白
昼工作的保安，其最大限度日常工作时间为十二小时，包括餐饮时间但是
不包括超时工作的时间。而每周工作六天且白昼工作的保安的最大限度日
常工作时间为十小时，包括餐饮时间。临时工的日常工作时间是九小时十
五分钟，不包括餐饮时间。每周工作五天的白昼工人的日常工作时间为九
小时十五分钟，而每周工作六天的白日工人每天的工作时间为八小时，两
者都不包括餐饮时间。但是第 2 条第（3）款第（a）项或者第（b）项的
雇员都不适用此规定。第四，轮班工人每班的最长工作时间。⑥ 担任保安
的轮班工人，每周轮班五次，每次的最长时间为十二小时。每周轮班六次
的，每次的最长时间为十小时。轮班工人涉及持续性工作的，每次八小
时。其他轮班工人每周轮班五次的，每次九小时十五分钟。每周轮班六次

　　① See Alan Rycroft, Aarney Jordaan, A Guide to South African Labour Law, Juta Co., Ltd.,
1990, Cape Town Wetton Johannesburg, pp. 230-231.
　　② See section 2 in the Basic Conditions of Employment Act 3 of 1983 of South Africa.
　　③ Ibid..
　　④ 白昼工人是指在白天从事工作的工人，与夜间工人相对应。
　　⑤ See section 4 in the Basic Conditions of Employment Act 3 of 1983 of South Africa.
　　⑥ Ibid..

的轮班工人，每周每次八小时。第五，日常工作时间的延长。① 商铺工人被要求在完成日常工作时间后每天耗时十五分钟处理与顾客相关的事项，但是每周不得超过六十分钟。第六，餐饮间歇时间。② 雇员每次工作五小时后，享受一小时的餐饮间歇时间，期间不接受强迫工作。然而，雇员也可以同意最低三十分钟的餐饮间歇时间。但是上述规定不适用第 2 条第（3）款第（a）项或者第（b）项所指的雇员、应急工，以及第 3 条第（2）款第（b）项所指的雇员、保安或者雇用从事持续性工作的轮班工人。第七，超时工作。③ 雇员没有超时工作的义务，除非雇员与雇主在协议中有约定。即使有协议，每天的超时工作也不得超过三小时或者每周的超时工作不得超过十小时。当雇主向劳动检查员申请超时工作时，劳动检查员必须与雇员和雇主磋商，同意授权增加最大限度的超时。但是这些条款的规定不适用第 2 条第（3）款第（a）项或者第（b）项所指的雇员、应急工，或者第 3 条第（2）款第（b）项所规定的雇员。第八，星期日工作。④ 在商铺或者政府机关里，只有劳动检查员书面同意才可以进行周日工作。该规定不适用于第 2 条第（3）款第（a）项或者第（b）项所指的雇员或者被雇用从事持续性劳动的雇员。第九，年休假。⑤ 第 2 条第（3）款第（a）项所指的雇员和保安的年休假至少为二十一天。其他雇员的年休假至少为十四天。这种带全薪的离岗休假适用于被雇用连续工作十二个月的雇员。第十，病假。⑥ 对于每周工作不少于五天的雇员，在每三年的周期里可以享有三十天的病假。对于每周工作超过五天的雇员，在每三年的周期里可以享有三十六天的病假。在第一年里，雇员每达到五周的雇用时间就可以享受一天的病假。对于每周工作时间超过五天的雇员，可以在每个雇用月结束后享受一天的病假。⑦ 由上述规定可见，1983 年《就业基本条件法》对工作时间和休息休假的规定，增强了雇员劳动的强度，表现为日常劳动时间和超时劳动时间比较长，劳动休息时间非常短，年休

① See section 6 in the Basic Conditions of Employment Act 3 of 1983 of South Africa.

② See section 7 in the Basic Conditions of Employment Act 3 of 1983 of South Africa.

③ See section 8 in the Basic Conditions of Employment Act 3 of 1983 of South Africa.

④ See section 10 in the Basic Conditions of Employment Act 3 of 1983 of South Africa.

⑤ See section 12 in the Basic Conditions of Employment Act 3 of 1983 of South Africa.

⑥ See section 13 in the Basic Conditions of Employment Act 3 of 1983 of South Africa.

⑦ See Alan Rycroft, Aarney Jordaan, A Guide to South African Labour Law, Juta Co., Ltd., 1990, Cape Town Wetton Johannesburg, pp. 234-236.

假和病休的要求比较苛刻，这仅仅有利于加强资方对劳动者的剥削，不利于劳动者的自身发展、权益保护和身心健康。

　　1994 年新南非成立后，废除了 1983 年《就业基本条件法》，制定了新的 1997 年《就业基本条件法》，后经 2002 年、2010 年和 2013 年修正。现就 1997 年《就业基本条件法》的第 2 章和第 3 章中有关工作时间和休假的规定作出概述。第一，本法规定的工作时间不适用高级管理雇员、从事流动性销售的雇员以及月工作时间少于二十四小时的雇员。[1] 第二，日常工作时间。[2] 雇主不得要求或者允许雇员每周工作超过四十五小时。每周工作五天或者少于五天的雇员，每天不得超过九小时，或者每周工作超过五天的雇员，每天不得超过八小时。第三，超时工作。[3] 雇主不可以要求或者允许雇员超时工作，除非另有协议约定。但是每周不得超时工作十小时。协议不得要求或者允许雇员每天超时工作十二小时。在任何一个年度内，集体协议可以增加超时工作达到两个月、每周十五小时。对于超时工作，雇主必须支付雇员日常工资或者带薪休假工资的 1.5 倍。第四，集中工作周。[4] 雇主和雇员之间应当签订一份书面协议，该协议可以要求或者允许雇员在一天之内集中工作十二个小时，并且包括根据 1997 年《就业基本条件法》第 14 条的餐饮休息时间，但是没有超时报酬。该协议不得要求或者允许雇员的周工作时间超过四十五小时，或者任一周的超时工作为十小时，或者任一周的工作时间超过五天。第五，平均工作时间。雇员的超时和日常工作时间可以依据某项集体协议，每四个月的周期就进行一次平均计算。雇主不得要求或者允许受集体协议约束的雇员的日常工作时间超过协议的时间。第六，由劳工部部长确定工作时间。劳工部部长可以基于健康和安全的考虑，通过规章规定最大限度的工作时间，包括超时。该时间是指雇员可以在每日、每周或规章中规定的任何其他特定的时间，并且是没有间断的一个持续性时间。而最大限度的时间是不可以超过 1997 年《就业基本条件法》第 9 条和第 10 条许可的时间规定。该规章只能按照相关法规任命的总督察长[5]的建议，与雇用条件委员会商议后制

　　[1]　See section 6 in the Basic Conditions of Employment Act, 1997 of the Republic of South Africa.

　　[2]　See section 9 in the Basic Conditions of Employment Act, 1997 of the Republic of South Africa.

　　[3]　See section 10 in the Basic Conditions of Employment Act, 1997 of the Republic of South Africa.

　　[4]　See section 11 in the Basic Conditions of Employment Act, 1997 of the Republic of South Africa.

　　[5]　分别指依据 1993 年《南非就业健康和安全法》任命的总督察长以及依据 1996 年《南非矿山安全与健康法》任命的总督察长。

定。第七，餐饮休息时间。雇主必须给予持续工作五小时以上的雇员，至少一小时的餐饮时间。在餐饮休息时间内，雇主可以要求该雇员完成那些紧急且不能由其他雇员完成的工作。因此，该雇员可以要求雇主支付在餐饮时间工作的酬劳。此外，雇主和雇员可以通过书面协议减少餐饮休息时间，但不得少于三十分钟，也可以取消一天工作少于六个小时的雇员餐饮休息时间。第八，每日和每周的休息时间。雇员在工作结束和重新开始之间必须有至少连续十二个小时的日常休息时间，除非另有协定外，还包括星期日在内的至少连续三十六个小时的周休息时间。对于生活居住在工作场所的雇员及餐饮休息时间为连续三小时的雇员，可以通过书面协议减少日常休息时间为十小时。同时，书面协议可以规定每隔两周至少有连续六十小时的休息时间，或者如果随后一周的休息时间可以同等延长时，雇员的周休息时间可以减少至每周八小时。第九，星期日工作的报酬。雇主必须支付非星期日工作的雇员，每小时双倍的工资，如果该雇员的日常工作是在星期日，那么雇主必须支付其每小时 1.5 倍的工资。第十，夜间工作。1997 年《就业基本条件法》第 17 条规定，"夜间工作"是指当天的18：00 之后，第二天的 6：00 之前的工作。雇主要求和允许雇员从事夜班工作是有条件限制的，首先双方必须协定，其次是雇员可以获得补偿津贴，其表现为轮班津贴，或者工作时间的减少以及雇员居住的地方与雇员轮班开始和结束的工作场所之间的交通便利。如果雇主要求雇员经常性地在23：00以后和第二天 6：00 以前从事夜间工作，那么雇主必须书面或口头告知该雇员有关夜间工作的健康和安全问题，雇员有权利接受因夜间工作导致的健康和安全隐患的健康检查，并且当雇员继续从事此类工作时，雇员可以获得适当的间歇休息时间。如果该雇员因从事夜间工作而患病，雇主必须安排雇员在合理的时间内从事适当的白昼工作。为此，劳工部部长可以与雇用条件委员会协商，为从事夜间工作的雇员制定关于实施健康体检的规章。第十一，公共假日。除非雇主与雇员签订了协议，否则雇主不可以要求雇员在公共假日工作。如果某公共假日正好是雇员的日常工作之日，那么处理情况分为两种：首先，如果该雇员无须在该公共假日工作，那么雇主必须支付该雇员的工资，至少是该日工作的日常工资；其次，如果雇员确实需要在公共假日工作，那么雇主必须支付雇员日常工资的两倍，或者如果该工作量比较大时，雇主必须支付的工资为日常工资总额加上该雇员在该日工作所赚到的总额之和。此外，1997 年《就业基本条件法》第18条第（3）款规定，如果雇员在某公共假日工作，而该雇员无须在该公共假日从事日常工作时，那么雇主必须支付该雇员的工资总额相当于该雇员的日常工资加上在该日不管是按照计时工作或者其他方式工作所赚到的数额。第18条第（4）款规定，雇主必须在雇员的日常支付时间支付雇员的公共假日工资。第（5）款规定，如果某雇员的轮班工作是在某公共假日及另外一日，那么整个轮班工作应当被视为在公共假日工作，但是如果轮班工作的大部分工作时间是在另外一日，那么整个轮班工作应当被视为在另外一日工作。①

　　除了上述规定以外，1997年《就业基本条件法》还对雇员的休假制度作了具体规定，涵盖了年度假、带薪年度假、病假、产假以及家庭责任假。详述如下。第一，年度休假。第20条第（2）款规定，雇主必须给予雇员每个年度休假周期②至少二十一天连续年度假的全额酬劳，或者由双方协定。第二，带薪年度休假。第21条第（2）款规定，雇主必须于休假时间开始之前支付雇员的假期工资，或者通过双方的协议，在雇员的日常工资发放之日支付。第三，病假。第22条第（2）款规定，在每个病假周期，雇员有权获得的带薪病假时间相当于其六周的日常工作时间。在雇用的第一个六个月里，雇员每工作二十六天就可以获得一天的带薪病假。根据第23条的规定，雇主必须在日常的工资发放时间支付雇员的病假工资，其为雇员日常工作所得的工资。此外，雇主和雇员还可以协商带薪病假的工资，但是受到一定的条件限制。第四，产假。第25条规定，雇员有权获得至少连续四个月的产假。除非另有协定，雇员可以在预产期前四个星期的任何时候开始休产假。或者由执业医生或者助产士证实的确是为了该雇员的健康或者其未出生孩子的健康，必须选定某个时间开始休产假。任何雇员不可以在生育后即从事六周的工作，除非某执业医生或者助产士证实其适合如此工作。在妊娠晚期流产或者生育死胎的雇员都有权在流产或者生育死胎后享有六周的产假，不管其是否在流产或者生育死胎之时就已经开始了休产假。雇员必须以书面形式通知雇主关于开始休产假的时间，以及产假后恢复工作的时间。除非该雇员没有能力实施此行为。

---

　　①　See Chapter 2 & 3, section 18 in the Basic Conditions of Employment Act, 1997 of the Republic of South Africa.

　　②　"年度休假周期"是指雇员的雇用开始或者雇员之前的休假周期结束且被同一个雇主雇用，雇用时间为12个月。See section 20 in the Basic Conditions of Employment Act, 1997 of the Republic of South Africa。

孕产妇的福利待遇应由劳工部部长根据 1966 年《失业保险法》确定。第五，家庭责任假。家庭责任假的休假对象为雇用时间超过四个月，且每周至少工作四天的雇员。在每个年度休假周期里，且在雇员的要求下，雇主必须给予雇员三天的带薪休假。当雇员的孩子出生时和生病时，或者其配偶或生活伴侣或者父母、养父母、祖父母、子女、养子女、孙子女或者兄弟姐妹死亡时，该雇员均可以享受上述带薪休假的权利。但是雇员在享受家庭责任假之时，应当向雇主提供合理的证据证实其符合享受第 27 条规定的基本条件。此外，雇员享有家庭责任假的时间和基本条件还可以根据第 27 条的规定在集体协议中予以更改。

2002 年《就业基本条件法修正案》主要修改了第 8 条、第 10 条和第 27 条。如第 6 条规定："'一天'是指从雇员通常开始工作之时估量的二十四个小时的时间，并且'每天'具有与之相对应的含义。第 10 条规定，除非雇主与雇员之间存在协议，否则雇主不可以要求或者允许雇员每天超时工作三小时，或者每周超时工作十小时，并且该协议不可以要求或允许雇员在任何一天内工作十二小时以上。集体协议可以延长被批准的最大限度的超时工作为每周十五小时，但是该项集体协议的适用在十二个月的任何时期内不得超过两个月。"同时第 27 条规定："根据本条支付雇员带薪休假的工资之前，雇主可以要求雇员提供带薪休假的合理证据。"而 2010 年的《修正案》则对违反第 9、10、14、15、16、17、18、19、20、21、22、25、26、27 条规定的行为的处罚进行了修正，凡违反上述条款的最低罚款为 1 万兰特，最低监禁刑期为十二个月。2013 年修正并予 2014 年 9 月 1 日颁布施行的《就业基本条件法修正案》，对工作时间和休假的主要规定如下。(1) 本法不适用于高级管理雇员，从事巡回推销的雇员，以及每月工作时间少于二十四小时的雇员。(2) 日常工作。任何雇主不得要求雇员每周工作超过四十五小时。如果雇员每周工作五天或者不足五天，那么每天的工时不得超过九小时。或者如果雇员每周工作超过五天，那么每天的工时不得超过八小时。(3) 超时工作。除非有协定，雇主不得要求或者允许雇员超时工作，以及不得要求或者允许雇员每周超时工作十小时。任何协议不得要求或者允许雇员每天超时工作十二小时。集体协议可以可以增加超时工作为每周十五小时，超时工作的周数总计为十二个月期间中的两个月。雇主必须支付雇员的超时工资为日常工资的 1.5 倍或者雇员可以同意接受带薪休假。(4) 集中工作周。在集中工作周，雇员可以书面同意每天工作十二小时且不获得超时报酬。集中工作周协议不得要求或者允许雇员每周工作超过四十五小时。或者每周工作超过十小时，或者每周工作超过五天。（5）平均工作时间。集体协议可以同意将工作时间平均到四个月的期间。受此集体协议约束的雇员不得在约定的工作期间，每周的平均工作时间超过四十五小时，以及每周的平均超时工作不得超过五小时。（6）用餐时间。在五小时的工作后，雇员必须享受六十分钟的用餐时间。雇主和雇员可以书面协议减少用餐时间为三十分钟，以及对于每天工作不足六小时的雇员取消用餐时间。（7）每日和每周的休息期间。连续工作十二小时的雇员必须享受一天的休息，以及连续工作三十六小时的雇员必须享受一周的休息时间，除非另有协定，上述情形必须包括星期日。（8）星期日工作的报酬。临时在星期日工作的雇员必须接受双倍的工资。通常在星期日工作的雇员必须接受相当于 1.5 倍的日常工资。对于将带薪休假作为对星期日工作的回报必须由雇用双方协定。（9）夜间工作。对于在 18：00 至 6：00 之间从事夜间工作的雇员，必须获得津贴报酬的补偿或者减少工作的时间，而且要保证交通的便利。对于经常在 23：00 以后和第二天的 6：00 之前进行夜间工作的雇员，必须获得关于任何健康和安全隐患的信息告知，以及有权利获得健康检查。（10）公众假日。如果公众假日刚好也落在工作日，那么雇员必须获得以他们的日常报酬来支付公众假日的报酬。在公众假日工作需通过协议约定且雇员可获得双倍的报酬。通过协议，某个公众假日可以跟其他的日子进行交换。（11）年度休假。雇员可以享受连续二十一天的年度休假。或者通过协议，每工作十七天享受一天的休假。或者每工作十七小时享受一小时的休假。每个年度休假结束后不迟于六个月的时间，必须给予雇员休假。除非雇用关系终结，雇主不得以支付报酬的形式替代雇员的休假。（12）病假。在三十六个月的期间，雇员有权享受六周的带薪病假。在第一个六个月的期间，雇员每工作二十六天可以享受一天的带薪病假。对于连续旷工两天或者经常旷工的雇员，雇主在支付该雇员的报酬时可以要求该雇员提供健康证明。（13）孕产休假。怀孕的雇员可以获得连续四个月的产假。怀孕的雇员或者正在哺乳孩子的雇员不得从事对她自身及她的孩子不利的工作。（14）家庭责任休假。全职雇员每年可以享受三天的带薪家庭责任休假。当雇员的孩子出生或者生病之时，或者如果雇员的配偶或者生活伴侣、父母、养父母、祖父母、亲生子女、养子女、孙子女或者兄弟姐妹死亡之时，在该雇员的要求下，雇主必须给予带薪家庭责任休假。与此同时，雇主也可以要求雇员提供合理的证据以证明之。①

从上述工作时间和休假的立法内容的发展变化来看，新南非成立之前，劳动者的劳动强度大，工作时间长，休息时间少，劳动报酬低，工作非常辛苦。劳动者的身心健康与个人的权益长期得不到关注和保障。新南非成立之后，为了构建和谐的劳动关系，切实保障劳动者的合法权益和身心健康。南非政府通过立法和及时修正相关法律法规的方式，对劳动者的日常工作时间、超时工作、星期日工作和公共假日工作的时间及报酬等都作了严格地限定。这样就大大缩短了劳动的时间和强度，增加了劳动者在日常工作时间以外劳动的报酬。同时注意保障雇员正当合法的带薪休息休假的权利，并且加重了对违反上述规定的处罚。体现了南非政府对劳动者权益的真正重视和关切。与此同时，为了防止某些雇员故意隐瞒和欺骗雇主，对工作造成不利的情形，允许雇主在雇员要求病休假和家庭责任休假时，提供相关的证据予以证明，这也就同时保障了雇主的权益。

## 四　儿童用工制度

南非对于儿童用工制度要求比较严格，依据国际劳工组织有关1999年第182号《最恶劣形式童工劳动公约》、1997年第75号《雇用基本条件法》的第44条第1款、1993年第83号《职业健康和安全法》的第43条第1款，都对儿童用工进行了专门的规定。以政府公告的形式颁布了2010年《雇用基本条件法（75/1997）：关于南非儿童危险作业的规定》。这些用工制度的目的在于保护儿童的身心健康，避免危险工作环境及工作内容和职责带来的危害。所以该规定从年龄、工作环境、工作时间和医疗保健等方面对儿童用工进行了限制和具体规定。其主要内容分为两部分。

一是关于儿童工作的健康和安全的规定。这是由劳工部部长在职业健康和安全咨询委员会的推荐会上依据《职业健康和安全法》的第43条第1款制定的条例规章。此处的"儿童"是指年龄不足十八周岁之人。"童工"（child worker）是指受雇主雇用或者为雇主工作且允许享受任何报酬的儿童，或者在雇主或者任何其他人指示或者监管之下工作的儿童。但是不包括年龄不足十五岁的儿童，或者依法接受强制性教育的儿童，以及年

---

① See The Basic Conditions of Employment Amendment Act, 2013, No. 37955 Government Gazette, 29 August 2014 of the Republic of South Africa.

龄为十五岁或者超过十五岁且没有受限于强制性教育、但依法不得从事工作的儿童。任何人都必须依据上述法律法规的规定要求和允许童工进行工作。雇用或者提供工作给童工的每一个雇主，都必须考虑到该工作的风险评估程序，至少必须包括向童工披露所确定的该项工作存在的风险和危险。对所确定的风险和危险进行分析和评估，准备和实施消除、减轻、减少以及控制所确定的风险和危险，以及提供实施一个监测计划。每一个雇主应当考虑到跟工作有关的下列因素，比如儿童逐渐增长的对于化学制剂、生物制剂、致癌物质以及激素干扰的生物学敏感度；当单独工作时，儿童易于受到任何人的直接或者间接的强迫或者虐待；在作出安全判断时，儿童缺乏经验和考虑不成熟；适应刻板的日常工作的能力不足；正确地感知危险的能力不够；理解安全信息的能力不强；任何机器、器具、设备以及保护性的设备等的设计是否合乎儿童的身高；儿童的工作是否暗示着会对他们的骨架和骨骼的生长期间有影响；为了确保健康安全的工作环境，要考虑到人体工程学中有关儿童的生理发育状况；要考虑到青春期儿童在生理学上和荷尔蒙的发展状况，以及其他易受损的方面。此外，要求年满十八周岁之人在从事工作时佩戴保护呼吸系统的设备。任何人不得要求或者允许童工在较高的位置工作。除非该工作是在有能力的成人雇员或者雇主的监督之下进行，并且有合理可操作的防止坠落的保护措施，以及这些防护措施应当遵守或者超越规章制度建设的规定。任何人不得要求或者允许童工在超越地板或者地面五米高度的位置工作，本法规所指的较高位置意思是指在超越地板或者地面两米高度的地方工作。任何人不得要求或者允许童工从事提举为三十斤的重物或者该重物为儿童体重的百分之二十。根据分规第 1 款，在童工的工作中，不得要求或者允许他们每分钟提举超过十五斤的重物，根据分规第 1 款和第 2 款的规定，不得要求或者允许童工连续超过两个小时提举超过十斤的重物。根据分规第 3 款的规定，除非童工没有在至少三十分钟内提举某个重物，否则该童工被视为连续性提举某重物。任何人不得要求或者允许童工在本法规特别规定的低于实际的干球温度（dry-bulb temperature）的环境中工作，除非该儿童被提供合适的保暖服饰，该保护性的保暖服饰的规定源自 1987 年 10 月 16 日政府公告的《工场环境条例》，规定持续进入零摄氏度的工作环境最多两分钟，六摄氏度的工作环境最多为一小时。

　　依据 1993 年《职业健康和安全法》的规定，任何人不得要求或者允许童工从事由《工场环境条例》确定的，具有时间加权的平均湿球黑球温度指数（WBDT）指标下，超过一个小时的艰苦体力劳动。如果该工作超过三十分钟，除非该儿童在被要求或者允许，在此种环境下工作之前已经适应了这种工作环境，并且每间隔十五分钟要喝水歇息。以及雇主要认识到童工每次间歇需要喝一百五十毫升液体，并且要提供这些必要的可供饮用的液体。任何人不得要求或者允许童工，从事任何暴露于超过八十分贝噪声的工作，除非该儿童佩戴依据1993年《职业健康和安全法》制定的《噪声性听力丧失条例》第12条规定提供的保护听力的设备。任何人不得要求或者允许童工使用任何电动工具、任何切割或者研磨设备，除非依据本法规的第3条进行了风险评估，并且确定对儿童是安全的和儿童在使用中没有任何巨大的风险。或者风险评估提示如果儿童使用安全防护装置是安全的或者不存在巨大的风险。雇主依据《一般安全条例》第2条提供安全防护装置给儿童，并且告知他们有关这些安全防护装置的使用、维护以及局限性。或者儿童在开始工作之前，跟随胜任此类工作的人进行了全面的培训学习，安全地和适当地使用电动工具或者其他此类的设备，并且在使用当中得到胜任此类工作的人的监管和指导。尽管存在分规第1款，如果劳动检查员依据本法规第30条第1款发布通知，禁止童工使用此类工具或者其他的机器，那么任何人不得要求或者允许童工使用电工工具或者其他机器。如果劳动检查员发现童工在受雇之时，或者在雇用中违背了本法规或者上述条例，他可以移送该儿童至依据2005年第38号《儿童法》指定的，儿童保护组织进行调查或者移送至该儿童工作和生活的省的省社会发展部门进行调查。直到该劳动检查员在采取措施后能确保法律得到遵守，并且对该儿童不会再受到任何伤害感到满意为止。对于违背法律法规的处罚规定主要有：对于任何违背或者没有遵守这些条例规定的人将被认为是一种有罪的违法行为，一旦定罪将会被罚款或者监禁十二个月，并且如果是持续违法行为，将接受额外的罚款和监禁，监禁的时间不超过三个月。如果某人依据这些法规被认定为犯罪行为，并且构成罪行的行为和疏忽是《关于儿童危险作业的规定》中，所规定的一种最恶劣的儿童劳动形式，那么法院在给该人定罪和量刑时要考虑到1999年南非已经批准加入《最恶劣形式的儿童劳动公约》，依据该公约，该罪行已经构成一种最恶劣的儿童劳动形式。最后，为了方便包括童工在内的雇员阅读和了解，任何雇用童工的人必须在工场内展示这些法规条例及相关法律的主要内容和概要。

二是关于儿童危险作业的规定。劳工部部长在雇用条件委员会的建议下，依据 1997 年《雇用基本条件法》第 44 条和第 45 条，制定了《雇用基本条件法：关于儿童危险作业条例》。这些条款的主要内容为：儿童是指年龄未满 18 周岁之人。童工是指本法所指的雇员，包括帮助某人从事或者经营管理业务的儿童。雇主是指雇用儿童之人或者准许童工帮助从事或者经营管理他们的业务。如果该儿童被录取到学校或者其他教育机构就读，雇用童工的每一个雇主必须确保他们的雇用不会干扰到童工获取足够的营养、充分的基础医疗健康服务，以及接受教育。任何人要求或者允许童工从事的工作导致该儿童，通宵离开他们的父母或者法定监护人，将被认定为是违法行为。除非该人有该儿童的父亲（或者母亲）或者法定监护人的书面同意书，并且规定该儿童没有在校就读或者即使该儿童在校就读。他的教育不会受到不利的影响，该雇主要提供全面细致的住宿安排，并且得到该儿童的父母亲或者法定监护人的同意。雇主提供给儿童的住宿应当是免费的、舒适的、干净的、合适的和安全的。除了该儿童的父母亲、法定监护人或者受雇照顾儿童者以外。如果他们是来陪伴儿童的，可以留在儿童的宿舍。此外，雇主提供给儿童的住宿不得被其他成人占据，并且雇主要提供给儿童足够的寝具、厕所和洗手设施。雇主要提供给该儿童充足的营养食物，或者该儿童能够从离他们的住处或者工作地的合理的距离处购买到这样的食物。同时雇主要提供给儿童足够的津贴补足和每隔一定的时间去购买这样的食物。任何人违背分规第 1 款招聘童工的行为是违法犯罪行为。任何人要求童工从事计件工作或者派定的工作的行为为违法行为。"计件工作"是指童工的报酬主要以工作完成的总量为依据，"派定的工作"是指童工的报酬主要以指定的工作的完成为依据。如果根据任何行业决议或者谈判委员会协议规定了儿童获得该项工作的最低工资。或者如果没有规定此类最低工资，该儿童在接受任何佣金或者激励工资以外还被支付基础工资。该基础工资的计算以工作时间为基础，并且该工资超过了佣金或者激励报酬且一直按照此基础计算，那么该法规不得阻止童工在完成派定的工作后接受给予他们的佣金报酬或者激励报酬。在每日和每周的童工工作时间上，该条例规定，任何人要求或者允许非在校就读的童工每周工作超过四十小时为违法犯罪行为。任何人要去或者允许在校就读的童工在学期内的每周工作超过二十小时或者在学校假期内的每周工作超过四十小时的均为违法犯罪行为。任何人不得要求或者允许未入校就读的童工一周工作超过四十个小时。任何人要求童工一天工作超过八小时是违法犯罪行为，或者如果该儿童属于在校就读之人，该儿童本应被期待在校就读的当天却被要求工作且超过两小时，或者该儿童本应被期待在校就读而第二天发现并没有在校就读，并且当天被要求工作且超过四小时，这些行为都属于违法犯罪行为。

关于童工在夜间的工时限制。任何人要求或者允许童工在任何一天的上午6点以前工作或者在晚间6点钟以后工作的行为属于违法犯罪行为。童工可以在晚间6点钟工作至晚间11点钟，但是不包括第二天应当在校就读的童工。他们的工作地点为这些有足够的成人监管的地方，比如餐馆、电影院、戏剧院或者商店以及担任临时保姆或者照顾儿童。以下为严格禁止童工从事的工作，如果任何人要求或者允许童工从事这些工作则被认为是违法犯罪行为，比如：深海捕捞；商业潜水或者其他水下危险作业；牲畜屠宰；肉类、家禽或者海产品加工；加工或者包装烟草产品或者任何接触烟草粉尘的工作；伐木工作；对任何人或者财产的保护和保障，或者枪炮操控的工作；提炼石油产品；在加油站给汽车装满石油或者其他化学燃料，或者跟此类操作有关的工作；酿造加工或者销售液体且它的终端形式包含1%以上的酒精；加工或者施用焦油或者沥青柏油；从事涉及暴露或者潜在地暴露于血液传播或者空气传播的病原体的工作；从事医疗保健、兽医或者相关设备的工作，这些工作环境导致童工易于暴露在生物制剂的作用之下，包括但是不限于以下的内容，比如肝炎、艾滋病病毒、肺结核、麻醉、抗肿瘤药物或者使人上瘾的药物；所从事工作涉及暴露于危险物质或者作用中、铅、石棉、二氧化硅、煤或者其他的危险粉尘，以及高压气体中；生产、运输、操作、储存、使用以及其他的工作涉及暴露于炸药或者易燃物之下；在娱乐场或者其他赌场中工作；从事涉及高压电或者其他超过250伏特的电力工作；从事锻接、钎焊和焊接工作；压碎岩石或者石头；操作振动设备，如凿岩机和铆接机；操纵牵引机、绞车起货机、叉式升降机、翻斗叉车、推土设备或者类似的笨重设备；驾驶任何机动车辆或者可移动式动力装置；在运输乘客或者沉重货物的车辆中工作；在密闭空间中工作。

除了上述有关童工的禁止性规定以外，最恶劣的童工劳动形式的还表现为要求或者允许儿童从事下列工作：比如地下采矿业的工作；从事与操作熔炉或者火炉，或者塑造和切割金属的轧机的工作；从事生产铝、黄铜、青铜或者类似的合金、木炭或者燃料、焦炭的工作；从事加工金胺、异丙醇或者红色苯胺染料的工作；煤炭气化的工作；潜水作业由《潜水条例》规定，该条例是依据1993年《职业健康和安全法》制定的，不管该儿童是否是《潜水条例》中规定的雇员；自由潜水低于海洋十米的深度；从事可以合理预见的暴露于血液传播病源或者空气传播病源的危险之中；从事化学矿物的采集提炼或者类似的工作；在干球实际温度低于十八摄氏度的环境中工作；依据1993年《职业健康和安全法》制定的《工场环境条例》的规定，在时间加权的平均综合温度热指数的环境中从事艰苦的体力劳动在任何一个小时中超过十五分钟，或者经测定超过一个小时，达到三十六分钟；儿童从事的工作环境可以被合理预见将暴露于身体的、心理的或者性的虐待；雇用儿童的工作环境非合理受限于雇主的生产经营场所；为了某人的利益而要求或者允许儿童从事其中任何一个由该人指导的有组织性的商业活动，如乞讨，从垃圾或者废料堆里收集或者清除废物，或者利用、招收、促成或者提出要儿童从事1977年《刑事诉讼法》的附表1和附表2上规定的犯罪行为，以及依据1993年《职业健康和安全法》制定的《危险化学物品条例》和《危险生物物质条例》等所规定的禁止性行为。

　　对于最恶劣童工的劳动处境的处理问题上，只要劳动检查员收到任何有关某人要求或者允许儿童从事法律所规定的童工最恶劣的劳动形式的投诉。或者在履职监测到某儿童正在处于最恶劣形式的童工劳动环境中，那么他必须立刻对所指控的违法犯罪行为进行调查。或者如果该劳动检查员无权调查该违法事项，则可以提交给有管辖权的劳动检查员。负责调查所指控的违法事件的劳动检查员必须彻底和迅速地进行调查，并且必须准备一份由总干事备案的书面报告。该书面报告必须包含对所指控的违法行为，是否存在最恶劣童工劳动形式，以及是否要依据本条例，或者其他任何条例或者法律的规定提起诉讼。除非调查没有查获任何违法犯罪的证据，否则总干事必须向相关的检察机关提交一份报告的副本。如果劳动检查员有理由认为某童工所从事的工作，对他或她的健康造成危害，那么该检查员可以发布一项书面指示给雇主，要求由该儿童或者儿童的父母亲或者检查员本人，选择一名执业医生对该儿童进行医疗检测。任何人要求或者允许童工从事违反上述条例的工作，被认定为违法犯罪行为，将会被判处罚款或者处理时长达三年的监禁。[①] 由上可见，南非劳动法律对儿童用工制度规定得非常的详细和具体化，任何违背依照《职业健康和安全法》《就业基本条件法》和相关条例规定的雇主，都将受到法律的严厉惩罚。这表明南非在发展经济的同时已经顾及对老幼病残劳动能力、身心健康等方面权益的保护，体现了南非劳动法律制度的完善和以人为本的特性。

## 第三节　南非劳动保障制度

本节将着重对南非的就业平等制度、职业健康安全制度、失业保险制度，以及劳动检查制度的基本内容、运行模式等展开论述，以期对南非的基本劳动保障制度有一定的了解，探究其可以为我国相关劳动法律制度参考或者借鉴的方面。

### 一　就业平等制度

南非从种族隔离制度向种族平等的民主制度的多党制宪谈判于 1991 年底开始，经过两年的协商和讨价还价之后，就分享权力达成一致。1993 年 12 月 22 日，南非议会通过临时宪法——《南非共和国宪法法案》，标志着在法律上废除白人种族主义统治。南非新宪法昭示着南非的焕然一新，1994 年以后的南非新政府成立初期，最重要的任务就是改造种族隔离制度的法律体系和国家机器，推行了一些列的补救措施，包括一整套有关黑人独立自主的雄心勃勃的计划和平权法案政策。时近五十年的种族隔离制度的实施对南非的众多领域产生了极大而深远的影响。一般来说，白人的工资收入，是南非国内工资收入排名第二的印度人种的工资收入的两倍。然而，有色人种和黑人的工资收入则相对来说比较少。这种工资收入差异一般发展趋势被观测为贫困率，这种对工资差异的观测至少部分被解释为人力资本的持续性差异，是种族隔离领域的残余。2004 年，从各色人种享受学校教育的比较来看，白人享受平均 12.3 年的学校教育，印度人种享受 10.7 年的学校教育，而有色人种享受 8.5 年的学校教育，黑人

---

① See Basic Conditions of Employment Act（75/1997）：Regulations on Hazardous Work by Children in South Africa，Government Gazette，15 January 2010，available at http：//www.ilo.org/dyn/natlex/natlex4.detail? p_ lang＝en&p_ isn＝89779.（last visit：04/25/2018）

享受 7.9 年的学校教育。然而，从 20 世纪 70 年代开始出现的经济发展走向资本市场深化的情况，在种族隔离后的南非劳动力市场仍然继续发酵，导致了对劳动力的需求从非技能型向技能型的巨大转变。上述所说学校教育的不平等导致了黑人教育的严重不足，并由此引发经济领域对大量技能型劳工需求的极不匹配。这也是 1994 年后的十年里，南非为何存在持续性的高增长失业率的原因。因为主要是黑人劳工在推动劳动力需求的转变中起着主力的作用，1995 年至 2004 年间的种族就业缺口（employment gap）在上升，尽管这可能成为雇用里存在的技能费用的增长而非隐含的差别对待的增长。随着对人口入户调查发现这种非正式雇用领域主要是黑人劳工，这意味着当仅考虑正式雇用领域而非所有的雇用领域时，就业缺口更大。① 由上可见，种族隔离政策结束后，其遗留诸多很多问题导致新南非在学校教育、工资收入等方面仍然存在着不平等的现象，而上述不平等现象给社会经济的纵深发展带来了严重的影响。

1998 年，南非共和国颁布了《就业平等法》，该法有 6 章，共计 65 条，附录 4 个。该法规定了就业平等，承认因为存在过种族隔离制度和其他歧视性法律和行为，所以南非国内的劳动市场有着就业、职业和收入的差异。承认上述劳动力市场存在的差异给予特定类型的人创造了明显的劣势，他们是不可能仅通过简单地取消歧视性法律而获得救济。因此，为了推进落实宪法平等权和保障真正的民主，消除就业领域的不公平歧视，确保就业平等的贯彻执行使得歧视的影响得到救济。同时，为了获得一支代表南非人民的多元化劳动力队伍，为了促进劳动力队伍的经济发展和高效，以及促使南非共和国作为国际劳工组织成员的责任义务得到确实执行生效，因此，本法得以制定。② 该法是以下方式获得工场领域的平等：一是通过消除不公平歧视来促进就业领域的平等就业机会和公平对待；二是执行平权行动措施使得经历过雇用劣势的团体以获得救济，以确保他们在工场中获得平等的对待。③ 为了保障《就业平等法》的实施，该法设立了就业平等委员会，并于 1999 年 5 月 4 日成立。该委员会是由劳工部部长任命一位主任和其他八位兼职成员担任，这八位成员均来自国家经济、发

---

① Rulof Burger and Rachel Jafta："Returns to Race：Labour Market Discrimination in Post-Apartheid South Africa", from Stellenbosch Economic Working Papers：04/06, p. 3.

② See Employment Equity Act, No. 55 of 1998 of the Republic of South Africa.

③ See section 2 in Employment Equity Act, No. 55 of 1998 of the Republic of South Africa.

展和劳动委员会（the National Economic，Development and Labour Council）
等行业领域。委员会的所有成员在履行委员会职责时做到不偏不倚，公平
公正，不得从事有损委员会廉政的任何活动，不得参与就涉及直接经济利
益或者任何其他利益冲突的任何事项提供或者交流任何建议。劳工部部长
可以决定委员会成员的任期，但是每一位成员的任期不得超过五年。委员
会成员辞职至少提前一个月时间书面通知劳工部部长。① 委员会的职责主
要有：一是对劳工部部长依据本法第54条颁布的《良好行为规范》，以
及第55条制定的法规提出建议，对涉及本法规定的政策和任何其他事项
给予建议；二是为了达到本法之目的，对取得成绩的雇主予以认可和颁
奖，调查和向劳工部部长提交关于本法实施的任何事项，包括在各行业领
域内数字目标设置的标准和基准，以及执行其他任何规定的职责。② 此
外，委员会还必须向劳工部部长提交年度报告。

　　1998年《就业平等法》第二章规定，禁止不公平歧视。每个雇主都
必须采取措施通过就业政策或者就业行为消除工场中的不公平歧视，以促
进平等就业。任何人都不得以任何就业政策或者不公平歧视、直接或者间
接地以某个或者某些理由来对抗雇员，如种族、性别、怀孕、婚姻状况、
家庭责任、民族、肤色、性取向、年龄、伤残、宗教、艾滋病毒状况、道
德意识、信仰、政治意见、文化、语言以及出身等。一般情况，雇主都不
得对雇员进行医疗检测，除非有以下情形，如法律允许要求进行医疗检
测，或者依据医学事实、雇用条件、社会政策、雇员福利的公平分配或者
某项工作的固有要求。该项医疗检测是合法合理的，那么可以对雇员进行
医疗检测。禁止检测雇员是否具有艾滋病毒，除非该项检测是由劳动法院
依据《就业平等法》第50条第4款的规定决定的。同时，任何人不得要
求雇员进行职业心理测试和其他类似的评估测试，除非这些测试被科学证
明是合法有效和可信的，并且能够被公平地适用于雇员，以及对任何雇员
或者团体不具有偏见。③ 在上述各项雇员的检测中，雇员不仅包括在职的
雇员，也包括就业申请者。在雇权平权行动措施，该法的第三章规定除非
有其他的规定以外，该章仅适用于指定的雇主，但是非指定的雇主，如果
愿意遵循本章的规定也可以通知总干事（Director-General）将其当成指

① See Employment Equity Act，No. 55 of 1998 of the Republic of South Africa.
② See section 30，Employment Equity Act，No. 55 of 1998 of the Republic of South Africa.
③ See section 7-8，Employment Equity Act，No. 55 of 1998 of the Republic of South Africa.

定的雇主，为了实现雇用平等，每个指定的雇主必须对依据本法规定指定群体的人实行平权行动措施。每个指定的雇主必须依据本法第 16 条规定的要求与雇员协商，依据第 19 条规定的要求就雇用政策、业务、工作环境、职业类型和级别等内容向雇员进行分析和说明，必须依据第 20 条的要求准备雇用平等计划，以及依据第 21 条的要求，就雇用平等计划执行的进展情况向总干事（Director-General）汇报。

任何人都不得歧视本法授予雇员的任何权利。如果《就业平等法》法第 51 条第 1 款规定授予的一般保护未受到限制，那么任何人不得有下列行为：（1）不得阻止雇员行使本法授予的权利或者依据本法参与任何程序活动；（2）不得因为雇员的以后、现在和将来被要求向他人披露信息，依据本法行使权利或者依法参加任何程序活动而存有偏见。① 由此可见，本旨在保护雇员在行使自己的权利和职责时免于遭受欺诈、阻碍和不正当的影响，为保障雇员不受歧视，《就业平等法》对指定雇主执行的平权行动措施作了如下规定：第一，这些措施必须包括承认和消除就业壁垒，包括不公平歧视，这些壁垒对指定群体的人产生了不良的影响；第二，这些措施的设计，是为了促进建立在具有同等尊严地位的所有人的基础之上的工场多元化；第三，雇主对指定群体的人作出合理的适应以确保他们享受平等机会，以及在指定雇主的工场中受到平等对待；第四，根据《就业平等法》第 15 条第 3 款规定，这些措施是为了确保工场中所有职业类型和级别中指定群体受到平等对待，以及培训指定群体的人员，实施合适的培训措施，包括依据《议会法》规定的技能培训。根据《就业平等法》第 15 条第 2 款规定的措施包括优惠待遇和数字目标，但是不包括配额。② 此外，指定雇主还应当与指定群体的雇员就雇用平等等问题进行协商，以及适时进行信息披露。关于雇用平等计划的要求，一般来说，指定的雇主必须准备和实施雇用平等计划，以促进其工场雇用平等的适当进展。该雇用平等计划必须体现下述几个方面：一方面必须体现年度的合理实现目标；二方面必须体现依据《就业平等法》第 15 条第 2 款规定的平权行动措施的执行情况；三方面必须体现指定群体代表名额不足的人员在指定雇主的相关信息分析中得到确定，以及体现工场每个职业类型和级别

---

① See section 51, Employment Equity Act, No. 55 of 1998 of the Republic of South Africa.

② See section 16, 17&18, Employment Equity Act, No. 55 of 1998 of the Republic of South Africa.

内指定群体中有资格的合适人员实现平等对待的数字目标，以及实现该目标的时间表和意图实现目标的策略；四方面必须体现每年实现目标和目的计划的时间表而非数字目标的时间表；五方面体现计划的持续时间，不得少于一年或者最长不得超过五年；六方面体现用来监督和评估计划实施的程序和雇用平等的实施是否取得合理进展的程序；七方面体现用于解决关于计划的解释和实施的任何争议的内部程序；八方面体现包括高级管理人员在内的负责监督和实施计划的工场人员，以及其他任何规定的事项。①

　　雇员和工会代表监督就业平等法律制度的执行。任何雇员或者工会代表可以宣称对本法的违背，从而引起其他雇员、雇主、工会、劳动检查员、总干事或者委员会的注意。劳动检查员享有本法规定的权力对事项进行介入和质问，以及依据《就业基本条件法》第 65 条和第 66 条进行检查。如果劳动检查员有合理的理由认为雇主没有做到以下事项，那么其必须要求某指定雇主在特定期间书面承诺遵守第 36 款第 a 项到第 j 项的内容，具体如下：(a) 依据第 16 条的要求与雇员协商；(b) 依据第 19 条的要求提供一份分析说明；(c) 依据第 20 条的要求准备一份雇用平等计划；(d) 执行其雇用平等计划；(e) 依据第 21 条的要求提交一份年度报告；(f) 依据第 22 条的要求出版发行它的报告；(g) 依据第 23 条的要求准备一份连续性的雇用平等计划；(h) 依据第 24 条的要求指定责任，给予一个或者更多的高级管理员；(i) 依据第 25 条的要求通知其雇员；(j) 依据第 26 条的要求保存记录。如果指定雇主拒绝依据第 36 条规定给予书面的承诺或者拒绝遵守书面的承诺，那么劳动检查员可以向其颁发守法令。守法令上要注明以下事项，如雇主的名字和适用的工场，雇主没有遵守本法第 3 章的某些条款及构成未遵守的行为的细节部分，雇主未提供依据第 36 条规定要求的书面承诺，以及未遵守书面承诺的情况，雇主必须采取的措施及采取措施的期间，对于未遵守法令的雇主，依据附录 1 的规定给予最高的罚款限额以及其他规定的信息。如果指定雇主正在接受总干事依据第 43 条的审查，或者总干事依据第 45 条的规定，将指定雇主未能遵守的推荐意见移交劳动法院处理。

　　根据 1995 年《劳动关系法》第八章的规定，就业平等的争议一般包括不公正解雇，该种类型的争议必须提交合适的机构进行调解、仲裁

---

① See section 20, Employment Equity Act, No. 55 of 1998 of the Republic of South Africa.

或者司法判决。当宣称作为或不作为构成不公平歧视之后的六个月之内，争议的任何一方可以书面提交争议至调解、调停和仲裁委员会。如果争议方提交争议的时间超过法律的规定时间，那么其在向调解、调停和仲裁委员会必须出示或说明合理的理由。争议方提交争议至调解、调停和仲裁委员会时，必须满足以下条件：一是争议的各方都持有关于争议提交件的副本；二是提交争议方已经尽力尝试过解决争议。调解、调停和仲裁委员会必须努力通过调解解决争议。如果争议未能通过调解解决，那么争议的任何一方可以提交争议至劳动法院要求司法判决。无论何时依据本法提交的涉及不公平歧视的争议，相关雇主都必须想方设法证明该争议是公平的。劳动法院对涉及该法的解释和适用的任何争议享有专属管辖权。劳动法院可以就以下事项作出适当的法令：（1）将总干事依据第 37 条第 6 款或者第 39 条第 6 款向法院申请的守法令变成为法院的指令；（2）依据本法的规定，劳动法院可以宽恕任何文档的逾期归档或者争议案件的逾期提交；（3）指示调解、调停和仲裁委员会协助劳动法院展开调查，并且提交报告给予法院；（4）在本法规定的任何情况下，判定补偿和损害赔偿；（5）指令遵守本法的每项规定，包括总干事依据第 43 条第 2 款制定的要求或者依据第 44 条第 b 项提出的建议；（6）依照附录 1 的规定，对于本法特定条款的违犯给予罚款；（7）对依据本法规定的职能的履行或者意图履行进行审查，或者对法律允许的且依据本法规定的任何人员或者机构的作为或者不作为的审查；（8）对于依据第 40 条的上诉申请，法院可以确认、改变或者撤销由总干事依据第 39 条作出的部分或者全部指令；（9）处理依据本法必须或者附带需要执行其职能的任何事项。如果劳动法院判定雇员受到了不公平的歧视，那么劳动法院可以根据具体情况作出公正公平的适当指令，比如：（1）要求雇主支付该雇员的补偿费用；（2）指令雇主支付雇员的损害赔偿；（3）指令雇主采取措施防止同样的不公平歧视或者类似的情况发生在其他雇员身上；（4）指令非指定的雇主像指定雇主一样地遵守本法第三章的规定；（5）指令将雇主的名字从依据第 41 条规定的登记中消除；（6）公布和出版法院的指令。

最新的 2013 年第 47 号《就业平等法修正案》的内容主要有以下方面。（1）对 1998 年《就业基本条件法》中的某些定义进行替换或者修正。（2）进一步调整不利于雇员的不公平歧视的禁止性规定。（3）进

一步规范用于测试评估雇员的心理测量证书。《就业平等法修正案》第
4 条对《就业平等法》第 8 条的修正主要是增加了 d 项，该项规定：
"禁止对雇员的心理测试及其他类似的评估，除非该测试或者评估，依
据 1974 年第 56 号《健康职业法》第 2 条设立的南非健康职业委员会的
批准，或者其他任何机构被授权依法批准这些测试或者评估。"（4）规
定某些特定的争议提交调解、调停和仲裁委员会。比如《就业平等法修
正案》的第 5 条第 a 项对《就业平等法》第 10 条进行修正，规定：
"如果雇员指控性骚扰或者雇员的收入少于劳工部部长依据《就业基本
条件法》第 6 条第 3 款作出决定的数额时，那么雇员可以提交该争议至
调解、调停和仲裁委员会要求仲裁。"（5）进一步规范针对不公平歧视
指控的举证责任，让证据成为争议解决的重要依据。比如《就业平等法
修正案》的第 6 条替代了《就业平等法》第 11 条，该条规定："依据
第 6 条第 1 款的不公平歧视的指控，对抗指控的雇主必须证明在概率均
衡的基础上，此类歧视并没有如指控的那样发生，或者该歧视是合理
的，并非不公正，或者是其他的合理公正。如果不公平歧视的指控是随
意性的，那么指控人员必须在概率均衡的基础上证实该指控的行为是不
合理的，该指控的行为已经构成歧视，并且该歧视是不公平的。"（6）进
一步规范准备和执行平等就业计划及指定雇主向总干事提交相关报告。
（7）进一步调整指定雇主作出的遵守劳动检查员提出要求的承诺。比
如《就业平等法修正案》的第 13 条替代了《就业平等法》第 36 条，
该条第 2 款规定："如果指定雇主没有在书面承诺的时间范围内遵守书
面承诺，那么劳动法院可以依据总干事的申请使得承诺或者承诺的部分
内容成为劳动法院的法令。"（8）进一步规范法令的颁发。（9）规定对
遵守就业平等的指定雇主进行重新评估，以及对那些未能遵守总干事提
出的要求和建议的雇主进行重新评估。（10）扩大仲裁程序中委员们的
权力。（11）规定依据《就业平等法》支付的罚金必须要提交给国家收
入基金会。（12）扩大劳工部部长的权力，如颁发《良好行为规范》和
代表特定的权力。（13）增强以及规定由劳工部部长依据《就业平等
法》增加征收的特定罚金。（14）规定由劳工部部长修正适用于指定雇
主的年度营业额的门槛，以及其他相关事项。①

---

① See Employment Equity Amendment Act, No. 47 of 2013 of the Republic of South Africa.

## 二　职业健康与安全制度

（一）职业健康与安全制度的立法发展

南非关于劳动健康与安全立法的最初目的仅是应对矿场出现的危险和伤害。米尔讷勋爵（Lord Milner）于 1901 年在德兰士瓦省设置了矿工肺结核委员会，该委员会曾在报告中指出，大约有 18% 的白人矿工死于从事矿工作业所导致的肺结核。1903 年，有 5022 位黑人矿工死在矿场，他们当中有 59% 的黑人矿工死于拥挤和潮湿的工作环境以及温度突变导致的肺炎和脑膜炎，11.86% 的黑人矿工死于劣质食物导致的肠道感染，5.8% 的黑人矿工死于蔬菜缺乏导致的坏血病，4.08% 的黑人矿工死于意外事故，5.39% 的黑人矿工死于杆菌病，还有 5.39% 的黑人矿工死于肺结核。其死亡率为每 1000 名矿工中就有 112 名矿工死于上述原因导致的疾病或意外事故。[①] 由于肺结核之类的疾病是因为矿场中的灰尘或尘埃太多所导致的，所以南非于 1905 年颁布了一项法律，规定尽可能保持矿场湿润而非干燥以达到控制矿场灰尘之目的。虽然南非政府积极地采取了一些防范措施，1907 年成立的矿业法规委员会于 1910 年宣布矿工死亡率仍然很高，是威特沃特斯兰德地区成年男子死亡率的 6 倍。在这种情境下，第一部关于职业健康与安全的法规——《矿场与作业法》于 1911 年通过。[②] 此后，南非政府又颁布了 1918 年的《工厂法》和 1946 年的《工厂、机械及建筑作业法》。其中《工厂法》的主要内容有：工厂的登记注册、员工记录的保存、假日的规定、最大限度的工作时间与超时工作、规范妇女儿童的雇用、宣布特定工序为有害的、控制和管理空气流通、卫生设备和非法妨害等事宜，以及任命检查员以确保该法得到遵守。而在 20 世纪 60 年代以前，1946 年的《工厂、机械及建筑作业法》则相对地保持没有变动。[③]

1980 年，南非的 12 个特别委员会、11 个调查委员会和 4 个官方部门间委员会对职业健康与安全事项进行了调查。[④] 然而，南非政府真正地从

---

① Alan Rycroft, Aarney Jordaan, A Guide to South African Labour Law, Juta Co., Ltd., 1990, Cape Town Wetton Johannesburg, p. 246.

② Ibid..

③ Ibid..

④ Ibid..

立法上开始关注工场的职业健康与安全问题是在 70 年代中期。一个名为伊拉斯姆斯委员会的调查委员会，在 1976 年的调查报告中指出工业危险和疾病广泛存在，但是在 800 万经济拮据的民众中，有 78.9% 的民众得不到职业疾病的立法关注。报告还特别指出，工场的管理阶层对职业健康与安全问题几乎没有关注，而工人对即将从事的工作环境也没有任何发言权。虽然伊拉斯姆斯委员会在报告中指出了存在的各种职业健康与安全问题，但是直到 1983 年，关于处理职业健康与安全问题的补救性立法才得以通过。在应对上述问题时，20 世纪 80 年代的南非官方政策表明，人力资源部应当认定南非的工人在工场中保护自身安全的权利是不可剥夺的，因而人力资源部应当把保护工人免于职业危险作为部门最重要的责任之一。这样，职业安全才能被视为对工作环境导致的实质伤害、疾病或死亡危险的免除。然而，1987 年人力资源报告对上述"不可剥夺的权利"进行了限定，它认为任何事情都不是绝对安全或完全没有风险，安全是一个相对的概念，并且尽可能将风险降低到一个可以接受的水平。国家在职业安全防范中的角色作用仅是劳动最低风险标准的监督者，关键是依靠雇主和雇员在相互合作和违反规定方面的自我调节与管理。国家对最低限度干涉的原则是国家政策的基本原则。

一直以来，南非对职业健康与安全问题进行分行业或者领域立法，如将采矿业与其他工业相区别，因而产生平行立法，这些平行立法的目标和效果是一样的，分别适用于商业和工业的不同领域。这种分别立法的理由是：第一，通常都认为这是采矿业所存在问题的独特需要，所以必须分别立法；第二，南非有关健康与安全的立法使安全与预防独立于处理和赔偿之外。对于采矿业而言，安全与预防被包括在 1956 年的《矿场及作业法》之中，而处理与赔偿则适用 1973 年《矿场与作业法》中有关职业疾病的规定。在其他工业中，安全与预防适用 1983 年《机械与职业安全法》，而赔偿则适用 1941 年《工人的赔偿法》。[1] 随着时代的发展变迁，关于职业健康与安全、职业伤害与赔偿的立法总是在不断的修正和完善之中，并且在立法规定以外，诸如工会介入、集体谈判等形式也在保护职业健康与安全及相关问题的处理上日益展现出自己的独特优势，发挥着积极的作用。当前关于南非雇员的职业健康与安全的法律法规主要有 1993 年

---

[1]　Alan Rycroft, Aarney Jordaan, A Guide to South African Labour Law, Juta Co., Ltd., 1990, Cape Town Wetton Johannesburg, pp. 247-248.

《职业健康与安全法》、1996 年《矿山安全与健康法》以及 1993 年《职业病补偿法》。1993 年《职业健康与安全法》颁布后经 1993 年第 181 号法案修正，与此同时，取消了 1983 年《机械与职业安全法》、1989 年《机械与职业安全法修正案》和 1991 年《机械与职业安全法修正案》。

（二）职业健康与安全制度的主要内容

1993 年《职业健康与安全法》的制定目标是：对工作人员的健康和安全予以规定，以及对使用设备和机械的人员的健康和安全进行规定；保护非工作人员避免因工作人员的行为导致或者引发对健康和安全的危害；设立职业健康和安全咨询委员会以及规定与此相关的事项。由此可见，为保障雇员的健康和安全，该法规定设立职业健康与安全咨询委员会、健康与安全委员会，并且在咨询委员会以下设立技术委员会。咨询委员会由 20 个成员组成，包括一名担任主席的总督察长、一名在人力资源部门工作的官员、一名赔偿委员或者他的提名人、一名由人力资源部部长任命的人员，以及其他工作人员。除总督察长以外，其他咨询委员会成员的任职期限为 3 年，任职届满的人员有资格获得重新任命，他们的工作条件由人力资源部部长在获得国家经费支出部部长的同意下确定。根据第 7 条的规定，总督察长可以书面指导雇主，以及在公报上通知雇主准备关于保护其雇员的健康与安全的书面政策，包括对其组织机构的介绍及执行和审查该政策的计划。雇主应当将行政总裁签署的政策副本陈列于工场的显眼位置。当咨询委员会成立后，其应当履行的职能主要有：第一，对相关于《职业健康与安全法》的政策问题、任何相关职业健康与安全的问题向人力资源部部长建议；第二，履行由《职业健康与安全法》以及人力资源部部长授予的职能；第三，制定关于委员会召集会议、参会的法定人数和程序规则，以及有效执行委员会或技术委员会的所有事项的规则；第四，向人力资源部门建议相关事项，如协助雇主、雇员及使用者维护职业健康与安全的适当标准，建议制定和公布标准、具体要求或指导的形式，以及关于促进《职业健康与安全法》的教育和培训、信息的收集和传播的事项；第五，为了更好地履行其职能，委员会在人力资源部和国家经费支出部的同意下，可以对某些特殊行为、特殊工作、特殊服务的实施以及它们的条件和报酬订立协议等。

一般而言，健康与安全委员会是由雇主设立的。当工场有两个或者两个以上的健康与安全代表时①，雇主就要设立一个或者更多的健康与安全委员会，并且在每次的委员会会议上与委员商议有关发展、促进、维护及审查各项措施，以保障雇员的健康与安全事项。在必要时，健康与安全委员会应当经常性地开会，大概每3个月至少开一次会议，会议的时间、地点及程序由委员会决定。此外，督察员可以书面通知委员会的成员开会，并且告知会议的时间和地点，如果某特定工场的十分之一的雇员向督察员提交书面申请要求时，该督察员也可以书面通知召集委员会会议。委员会可以指定专业人员担任顾问成员，但是顾问成员在委员会上对任何事项都没有投票的资格。委员会的职责主要是：第一，向雇主建议，或者当该建议未能解决问题时，则向督察员提出可能影响工场或其中任何部门的人员的健康与安全的问题；第二，委员会应当讨论发生在工场或其中任何部门的事件及在工场中受伤、生病或死亡人员的事件，并且以书面形式向督察员报告该事件；第三，委员会应当保存每份提交雇主的建议记录和督察员的报告记录；第四，其他的职能。

在职业健康与安全的保障中，雇主的义务主要有：第一，每个雇主应当合理可行地提供和维持一个安全的，且对其雇员的健康没有危害的工作环境；第二，雇主应当尽可能地确保工作制度、工厂及机器设备是安全的及对健康没有危险；第三，雇主应当在依赖于个人防护装备之前，采取合理措施减少或减轻对雇员的安全或健康的任何危险；第四，雇主应当在货物、产品的生产、加工、使用、处理、储存或运输当中，做出合理可行的安排，确保安全及对雇员的身心没有危害；第五，雇主应当对雇员从事的工作，生产的产品和货物，工场或机器存在危险雇员的安全及健康的可能性进行排查，采取必要的防范措施，以确保雇员的健康与安全，并且提供必要的方法和手段以适用这些防范措施；第六，雇主应当尽可能地提供相关信息、指导、培训及监督，以确保雇员的健康与安全；第七，除非雇主已经对雇员的工作、生产的产品、工场及机器采取了必要的防范措施，否则不得允许雇员从事此类对安全及健康具有危险的工作，或从事生产、加工、使用、处理、储存或运输对雇员的安全及健康带来危害的任何产品；

---

① 根据《南非职业健康与安全法》第（2）款的规定，拥有超过20个雇员的雇主在任何雇用场所应当在本法生效之后或营业开始之后或自雇员数目超过20个之时于4个月之内，根据具体情况而定，书面任命在此工作场所或其中的任何部门担任特定期限的健康与安全的代表。See section 17 in No. 85 of 1993；Occupational Health and Safety Act as Amended by Occupational Health and Safety Amendment Act，No. 181 of 1993 of the Republic of South Africa。

第八，雇主应当采取一切必要的措施以确保《职业健康与安全法》的实施，雇主及雇用的每个雇员共同遵守；第九，执行为确保雇员健康与安全利益的必要措施；第十，雇主应当安排专门人员对雇员从事的工作或者运行的工厂以及机器设备具有的不安全性和危害性进行监管，确保雇主采取的防范措施得到执行；第十一，雇主应当促使所有的雇员熟知《职业健康与安全法》第37条第（1）款第（b）项关于他们授权范围的规定。

雇主除了对其雇员享有一般义务以外，与自雇人士一样，他们对雇员以外的人员也享有一般义务，如：第一，每个雇主都应当确保他所从事的工作不会对其雇员以外的人员的健康与安全带来危害；第二，每个自雇人士应当确保他所从事的工作不会对他及其他人员造成健康与安全的危险。①

对于雇员在工作中应当尽到的义务，1993年《职业健康与安全法修正案》具体规定如下：第一，雇员在工作时应当合理注意到自己的健康与安全，以及他人因其行为或疏漏而导致的健康与安全问题；第二，雇员应当配合雇主或任何其他人员，使得根据《职业健康与安全法》强加于雇主或任何其他人员的任何义务或要求得到贯彻执行；第三，为了健康与安全，雇员应当执行合法指令，以及由其雇主或者雇主授权他人制定的有关健康与安全的规则与程序；第四，如果雇员意识到任何不利于健康与安全的情况，应立即将此种情况报告给其雇主或者工场工作部门的健康与安全代表；第五，如果雇员被卷入任何可能影响其健康并导致伤害的事故之时，应立即将该事故报告给其雇主或该雇主授权的人员或健康与安全代表。除上述内容以外，《职业健康与安全法修正案》还对以下内容作了规定：制造商和在工作中使用物品及材料的其他人员的一般义务，被特定列出的工作②，相关被特定列出工作的雇主的一般义务，告知的义务，不得擅自使用、毁坏或错误使用物件的义务，行政总裁承担特定的义务，健康与安全代表，健康与安全代表的职责，健康与安全委员会，健康与安全委员会的职责，一般性禁止，特定物品销售的禁止，禁止特定的扣减，向督察员报告相关的特定事故，向总督察长报告相关的职业疾病，禁止迫害与

---

① See sections 8&9 in Occupational Health and Safety Amendment Act, No. 181 of 1993 of the Republic of South Africa.

② 人力资源部部长可以根据《南非就业健康与安全法》第11条第（2）款和第（3）款的规定，通过在公报上公告宣布公告上所指定的任何工作为被特定列出的工作。

欺骗，总督察长的指派与职责，督察员由人力资源部部长指派，督察员的职责、特殊权力，调查，正式的询问、联合询问，信息披露，对督察员决定的上诉，特定事实的证据、豁免、违法行为、法院的惩罚及特别指令等。从上述法律的规定来看，南非政府通过多次立法修正，加强了对雇用双方的责任和义务的规范性要求，尽量防范和避免工场事故的发生，加强对职业病的报告制度，细化督察员的监督和检查的职责，并且从各方面严格落实，确实做到对雇员和其他相关人员的健康和安全的保障。

### 三　失业保险制度

在经济学范畴中，一个人愿意并有能力为获取报酬而工作，但尚未找到工作的情况，即认为是失业。[1] 大概自 17 世纪初期，经济学家就已经意识到失业并不是不情愿工作或慵懒造成的结果，而是由非个人所能控制的其他社会因素所导致的。失业率是劳动人口里符合“失业条件”者的比率。实际上，确定社会的失业人员数量非常困难的。在农村，失业并不被看作一个问题，即使农村劳动力的隐性失业人员几乎没什么事可做，因此说，失业的历史就是工业化的历史。国际劳工组织发布的“2010 年全球失业趋势”报告说，2009 年全球的失业人口已接近 21200 万，创下该组织于 1991 年开始统计该项数据以来的最高纪录。[2] 由于大量的非雇用工人给国家资源带来负担，同时也对社会秩序的稳定构成危险。因此，各国都逐渐重视对失业工人的救济与保障，采取各种措施促进就业和改善就业环境以缓减就业压力，其中劳动失业保险制度是各国比较重视的一种劳动社会保障手段。

对于南非的失业情况，国际货币基金组织从 1981 年开始统计南非的失业率，具体如下表[3]：

| 年度 | 失业率 | 百分比变化 |
| --- | --- | --- |
| 1981 | 9.824 | 6.31% |
| 1982 | 10.755 | 9.48% |

---

① 参见失业，资料来源于 http：//baike. baidu. com/view/64424. htm。（访问日期：2013 年 10 月 7 日）

② 同上。

③ See South Africa Unemployment Rate, available at http：//www. indexmundi. com/south_ africa/unemployment_ rate. html.（last visit：8/6/2013）

续表

| 年度 | 失业率 | 百分比变化 |
|---|---|---|
| 1983 | 12. 543 | 16. 62 % |
| 1984 | 13. 718 | 9. 37 % |
| 1985 | 15. 452 | 12. 64 % |
| 1986 | 16. 049 | 3. 86 % |
| 1987 | 16. 592 | 3. 38 % |
| 1988 | 17. 238 | 3. 89 % |
| 1989 | 17. 829 | 3. 43 % |
| 1990 | 18. 784 | 5. 36 % |
| 1991 | 20. 162 | 7. 34 % |
| 1992 | 21. 213 | 5. 21 % |
| 1993 | 22. 163 | 4. 48 % |
| 1994 | 22. 89 | 3. 28 % |
| 1995 | 16. 71 | −27. 00 % |
| 1996 | 19. 321 | 15. 63 % |
| 1997 | 20. 952 | 8. 44 % |
| 1998 | 25. 197 | 20. 26 % |
| 1999 | 23. 346 | −7. 35 % |
| 2000 | 25. 61 | 9. 70 % |
| 2001 | 29. 395 | 14. 78 % |
| 2002 | 30. 409 | 3. 45 % |
| 2003 | 27. 961 | −8. 05 % |
| 2004 | 26. 207 | −6. 27 % |
| 2005 | 26. 727 | 1. 98 % |
| 2006 | 25. 542 | −4. 43 % |
| 2007 | 22. 228 | −12. 97 % |
| 2008 | 22. 909 | 3. 06 % |
| 2009 | 23. 936 | 4. 48 % |
| 2010 | 24. 907 | 4. 06 % |

　　由上表可见，南非在 2002 年的失业率最高，自 2002 年以后失业率呈下降趋势。据国际劳工组织提供的 2011 年年均失业率的最新数据，2012年第一季度南非的失业率为 25.2%，为非洲最大经济实体的南非是世界

50 大经济体中失业率最高的国家。① 其中，青年人（15—24 周岁）失业人数上升 12.6 万人，达到 139.3 万人，涨幅达 9.9%。在行业领域内，建筑业失业人数上升 7.1 万人，制造业上升 6.7 万人，而贸易行业失业人数最少，仅为 0.3 万人。与 2011 同期相比，失业率仍显现出 8.1% 的增长。② 此外，相关信息和数据表明，2013 年南非的经济形势更加严峻，失业率居高不下，劳资矛盾激化，罢工事件频发，该年南非失业率为 24%。其中，15—24 岁和 25—35 岁上的青年人失业率分别高达 48.9% 和 28.3%。③据当地媒体报告，2014 年南非年轻人失业率由 2008 年的 32.7% 提升至 36.1%。其中 15—34 岁的年轻人占南非劳动人口的 52%—64%，但只占就业人口的 42%—49%，近三分之二的青年失业者失业时间为一年甚至更长，并且自由省和姆普马拉加省的年轻人长期失业情况最为严重。④ 据南非每日商报网站 2 月 13 日报道，南非统计局日前公布数据显示，2017 年第四季度失业率估计为 26.7%，环比第三季度 27.7% 下降 1 个百分点，好于此前经济学家预期，2016 年同期失业率为 26.5%。然而，经济对求职者的吸收率有所下降，从第三季度的 43.3% 下降至 43.1%，也低于 2016 年同期 43.5%。⑤ 失业是南非非常严重的问题，南非政府也制订了国家开发计划，希望增加 5% 的年经济增长率，在 2020 年把失业率减少一半，不过这也是需要时间实现的，失业率过高会导致城市福利设施压力过大，也不利于城市化的发展。由于失业对社会和经济带来严重的影响，为了维持社会和经济的正常秩序与发展，就必须保护失业者和孕产妇的福利。为此，通过法律手段加强对失业人员的保障则成为当前南非需要着重考虑的问题。

（一）失业保险制度的立法发展

在南非，虽然调查委员会关于失业保险的调查可以追溯到 1921 年，

① 参见南非居全球高失业率之首，希腊 17% 位列第三，资料来源于 http://finance.qq.com/a/20120617/000787.htm。（访问日期：2013 年 10 月 7 日）
② 参见南非青年人失业率显著上升，资料来源于 http://intl.ce.cn/specials/zxgjzh/201205/09/t20120509_23307907.shtml。（访问日期：2013 年 10 月 7 日）
③ 杜琼、傅晓冬：《当前南非经济形势分析与展望》，载《中国经贸导刊》2014 年第 5 期。
④ 参见 2014 年，南非青年人失业率达到 36.1%，资料来源于 http://za.mofcom.gov.cn/article/jmxw/201406/20140600617047.shtml。（访问日期：2018 年 7 月 10 日）
⑤ 参见南非 2017 年四季度失业率环比下降 1%，资料来源于 http://za.mofcom.gov.cn/article/jmxw/201802/20180202713602.shtml。（访问日期：2018 年 7 月 10 日）

但是直至 1934 年才提出对失业保险进行立法，并于 1937 年通过南非第一部失业保险法案。为了向雇主证明有关失业保险的提案是合理的，当时的劳动和社会福利部部长 J. H. 赫弗梅尔（J. H. Hofmeyr）辩称："对失业保险作出贡献有利于工业维持所需的储备劳动力，这实际上如同支付闲置机械设备的利息一样，是合理合法的。"① 1937 年的南非《失业保险法》基本覆盖所有年收入在 78 英镑和 450 英镑之间的雇员，但不包括黑人矿工和农业工人。该法规定设立特别工业基金以及一个由雇主和雇员按月缴纳的失业福利基金，该基金总额的四分之一由国家负责。当雇用结束时，基金交纳者有权获得该法规定的福利，但是有一定的条件限制。例如，当缴纳者被认定是因为不当行为导致失业，或者没有正当理由而自动离职导致失业的，将被强制实行 6 周的监禁。② 这部失业保险法的制定虽然在立法的发展上有一定的进步意义，但是由于它对失业者保障的范围的有限性和歧视性，总体来说是一部不公平和不合理的法律。

这部 1937 年法案在 1942 年和 1946 年分别得到进一步的完善和修订，但是黑人因为受到种族歧视而没有被包括在法律修正的范围之内。当时的立法者认为，这种持续性的排斥黑人矿工和农业工人是合法的，其理由是这些领域根本不存在失业的可能性，因此，他们妨碍工业、个人和国家向基金缴纳费用，导致黑人矿工和农业工人几乎不可能从基金中获取任何福利，这实际上是非常的不公平。民族主义政府执政之后，失业保障方面发生了巨大的变化。根据调查委员会的调查报告，1946 年法案进行了大幅度的修正以便全面地排斥黑人，这些排斥的方式主要表现为通过设置限制参与，即限制年收入不超过 182 英镑的工人参与该基金的交纳与福利的获取。这个年收入水平的限制远远超过了当时黑人平均的年收入。此后，1946 年法案及其修正案被 1966 年《失业保险法》替代。其中有关种族歧视性条款直至 1979 年才被废除，然而，特定部门的雇员如家庭雇工和农业雇工，因为他们大多数都是黑人，所以仍被排斥于法案对"交纳者"的定义范围之外。另外一个比较显著的修正为 1988 年删除了一个根深蒂固的条款，即如果雇员是因为行为不当或者没有正当理由离职导致失业的须接受长达 6 周的监禁。

---

① See Alan Rycroft, Aarney Jordaan, A Guide to South African Labour Law, Juta Co., Ltd., 1990, Cape Town Wetton Johannesburg, p. 269.

② 参见南非 1937 年第 25 号法案第 2 条。

当前南非主要适用于失业保险的法律是 2001 年《失业保险法》、2003 年《失业保险法修正案》和 2002 年《失业保险缴纳法》。2001 年《失业保险法》制定的目的是：第一，建立失业保险基金；第二，规定从基金中支付特定雇员的失业救济金，以及支付关于此类雇员失业时期的疾病救济金、孕产妇的福利金和由其收养或受其抚养者的救济金；第三，设立失业保险局委员会，规定其职能以及任命失业保险委员；第四，规定其他相关的事宜。① 该法适用的对象为所有的雇主和雇员，包括家庭性和季节性雇工及其雇主，但是不包括以下四类人员：第一类，被特定雇主雇用时间为每月少于 24 小时的雇员以及他们的雇主；第二类，根据 1998 年《技能发展法》签订培训协议而获取报酬的雇员以及他们的雇主；第三类，在国家政府和省政府范围内的雇主和雇员；第四类，为履行南非共和国境内的服务合同、学徒合同或培训合同而进入南非共和国的人员。如果雇主根据上述合同的要求或者法律的要求而结束雇用关系，根据具体情况而定，或者该人员由于任何其他协议或者工作的原因而被遣送回国，或者因上述要求而离开南非共和国的人员以及他们的雇主。② 上述类型的雇员及其雇主均不适用南非《失业保险法》。为配合《失业保险法》的施行，2002 年《失业保险缴费法》制定的目的则为：第一，为了有利于失业保险基金的建立，规定缴费的强制实行与收取；第二，规定与其他相关的事宜。③ 其适用对象与 2001 年《失业保险法》的一致。

（二）失业保险制度的主要内容

2003 年南非《失业保险法》的内容包括失业保险基金、可以申请索赔的福利、失业保险的执行、失业保险委员和索赔专员、失业保险委员会，以及其他相关事项。在此仅就可以申请索赔的福利项目作一论述。该法规定，失业者可以申请索赔的福利项目主要有以下几个。第一，失业福利。任何失业期间的计算从失业之日开始。如果索赔专员对超越缴费者所不能掌控的情形导致的延迟申请表示认同，该日期也可以换作申请之前的其他日期。如有以下理由，失业者持续失业超过 14 天即可享受本法规定的失业福利：（1）缴费者的雇主结束了与缴费者的雇用劳动合同或者固定期限劳动合同的结束；（2）依据 1995 年《劳动关系法》确定的对缴费

---

① See Unemployment Insurance Act, No. 63 of 2001 of the Republic of South Africa.

② Ibid..

③ See Unemployment Insurance Contributions Act, No. 4 of 2001 of the Republic of South Africa.

者的解雇；(3) 依据 1936 年《破产法》破产后导致的失业；(4) 就家政工人而言，如果缴费者的雇主死亡导致缴费者的雇用劳动合同的终结；(5) 依据本法的要求和规定进行的失业福利申请；(6) 缴费者在依据 1998 年《技能发展法》设立的劳动中心登记成为求职者；(7) 依据本法第 16 条第 3 款的规定，缴费者有能力且能够参加工作。然而，具有下列情形的缴费者不得享受失业福利：(1) 缴费者未能在索赔专员根据本法第 17 条第 4 款第 d 项规定的时间和日期进行报告；(2) 缴费者没有任何理由拒绝参加局长依据本法或者其他法律批准同意的雇用培训和雇用职业咨询。此外，尽管存在本法第 16 条第 1 款第 d 项的规定和第 20 条第 1 款第 a 项的规定，但是如果缴费者在收到失业福利的同时患病了，仍然可以享受失业福利，只要索赔专员认同该疾病不可能会对缴费者的就业机会有影响。失业福利的申请必须以职业介绍所规定的形式申请。该申请必须在雇用合同结束的 6 个月之内提出，但是如果存在公正合理的理由，失业保险委员接受超过 6 个月期限的申请。如果失业福利的申请是遵从本法第三章的规定，那么索赔专员必须作出下列行为：(1) 同意该项申请；(2) 必须确定依据本法第 13 条第 3 款规定的福利总额，以及必须确定申请者依据本法第 13 条第 4 款享受的福利；(3) 必须授权支付失业福利；(4) 必须规定申请者向职业介绍所报告以确认缴费和已经失业且已经申请失业福利，并且有工作的能力。如果申请者未能遵从本法第三章的规定，索赔专员必须通知申请者书面表明申请存在的瑕疵以及存在瑕疵的原因。如果缴费者接受了失业福利，且没有任何公正的理由拒绝接受合适的和可获得的工作或者拒绝接受合适的培训或者职业咨询，那么索赔专员可以给予缴费者总量达 13 周的处罚，在这期间，缴费者不会获得任何失业福利。职业介绍所必须制定规范格式的失业福利申请表。第二，疾病福利。疾病期间必须从缴费者因疾病而停止工作之日起予以确定。如果有以下情形，缴费者可以依据本法第 14 条的规定享受疾病福利：(1) 缴费者因疾病而不能进行工作；(2) 缴费者满足涉及任何特定疾病的规定性要求，并且缴费者是依据本法第三章第 C 部分规定的要求和条款申请疾病福利。然而，如果存在以下情形，缴费者不得享受疾病福利：(1) 如果疾病期间少于 14 天；(2) 缴费者依据本法规定接受失业福利或者收养福利的期间，或者没有合理的理由拒绝或者未能接受医疗，或者执行医师、脊柱指压治疗师、同种疗法的医师的指示。第三，孕产福利。依据本法第

14 条的规定，怀孕的缴费者在怀孕期间或者分娩及分娩之后的期间有权享受孕产福利。当考虑依据任何其他法律或者集体协议或者雇用合同给予缴费者的孕产休假之时，如果还没有接受孕产休假，那么孕产福利不得超过缴费者将获得的报酬。晚期妊娠流产或者胎死腹中的缴费者，在流产或者死胎之后有权享受最大限度为 6 周的妇产福利。第四，收养福利。根据第 14 条的规定，考虑到收养的孩子，收养方中的其中一位缴费人员有权享受收养福利，并且仅在下列情形下享受收养福利，如该孩子是依据1983 年第 74 号《儿童保育法》进行收养，该期间为缴费人因照顾孩子而未能工作，收养的孩子不足 2 岁，并且该项申请是依据本法第三章第 E 部分的规定和要求进行申请。第五，受赡养者的福利。依据本法第三章第F 的部分规定，已故缴费者的配偶或者生活伴侣有权享受受赡养者的福利，如果该申请是依据本法的规定与要求进行的申请，在该缴费者死亡的6 个月之内申请，除非有合理正当的理由，索赔专员可以接受 6 个月之后的申请。如果已故缴费者没有健在的配偶或者生活伴侣，或者该缴费者已故 6 个月，健在的配偶或者生活伴侣没有依法申请受赡养者福利，那么已故缴费者的受抚养的孩子有权享受本法规定的受赡养者福利。如果缴费者还活着，那么这项支付给受抚养者的福利就是依据本法第三章第 B 部分支付给已故缴费者的失业福利。该项申请的时间为依据本法第 30 条第 1款第 b 项规定的期间，或者本法第 30 条第 2 款第 b 项规定的期间之后的14 天之内提出申请。关于上述福利的支付和不支付的争议处理，如果某人认为失业保险委员暂停其享受福利的决定是对其合法权利的侵害时，或者认为负责支付或者不支付该项福利的某索赔专员的决定侵害了其合法权利时，依据本法享受福利的人员可以上诉至地区上诉委员会。如果某人对地区上诉委员会的决定不满意，那么该人可以提交事项至国家上诉委员会要求决定。国家上诉委员会作出的决定是终局性的，从属于司法审查。地区上诉委员会和国家上诉委员会作出的决定都是通过投票来决定，地区上诉委员会或者国家上诉委员会根据具体情况可以仔细斟酌某项上诉，确认或者讨论改变决定，撤回或者替换由相关的地区上诉委员会或国家上诉委员会作出的决定。

## 四　劳动检查制度

### (一) 劳动检查制度的立法概况

劳动监督，又被称为劳动法监督，是指法定监督主体为保护劳动者合法权益，依法对用人单位和劳动服务主体遵守劳动法的情况，实行检查、督促、纠偏、处罚等一系列监督活动。在各项监督措施中，检查的地位和作用特别重要。因而，立法和实践中通常把劳动监督称为劳动监督检查和劳动检查。劳动监督作为一种守法监督形式，是劳动法制的重要环节。它有利于增强各种劳动法律主体的法制观念，尤其是用人单位依法用工观念；有利于维护劳动力市场秩序和劳动秩序；有利于避免或减少违法事件发生；有利于劳动立法的完善。① 然而在南非，劳动监督制度被称为劳动检查制度，其一直是劳动立法的一个重要组成部分。南非劳工部是负责劳动和雇用问题的主要机构，理所当然地也负责劳动检查问题。劳工部分为四个部门，其中一个是事务传达部，另外三个部门为检查和执行机构。事务传达部包括不同的专门机构，主要负责检查和执行事务机关负责确保遵守法规、保护弱势工人、促进工场平等和发展技能等。检查和执行机构的三个部门分别负责职业健康与安全、最低工作条件和雇用平等。每个部门在其权限范围内负责相关的劳动检查事务。为了适应社会的快速发展，检查和执行机构积极重整以获得更高水准的职业化和高效性。与此同时，失业保险基金和赔偿基金也由劳动检查员负责，确保雇主缴纳必要的费用。工场中的技术监督员以及职业健康和安全检查员则遵照矿产和能源部下属的相关特定机构执行事务。

　　当前南非涉及劳动检查的法律制度主要详见于以下法规中，如 1995 年《劳动关系法》、1997 年《就业基本条件法》、1998 年《就业平等法》、1998 年《技能发展法》、1996 年《失业保险法》、1993 年《职业健康和安全法》、1993 年《职业伤害和疾病补偿法》，以及这些法律法规的修正案。这些劳动法律法规都对劳动检查员的任命、职责和权限进行了规定，如 2002 年的《失业保险缴费法》第 15 条规定："南非税收事务专员或失业保险专员，可以要求劳动检查员协助调查根据该法第 8 条或第 9 条被要求缴费的雇主，根据具体情况而定。" 1997 年《就业基本条件法》的第 63 条至第 66 条对劳动检查员的任命、职责、进入权、询问权和检查权进行了规定。为了促进该法对劳动检查制度的实施效力，1998 年《就业平等法》第 35 条对劳动检查员的权力作了明确规定，即劳动检查员在依据 1998 年《就业平等法》行为时，有权享有 1997 年《就业基本条件法》第

---

① 王全兴：《劳动法》，法律出版社 2008 年版，第 460 页。

65 条和第 66 条规定的进入权、询问权和检查权。此外，1993 年《职业健康和安全法》的第 27 条至第 35 条也规定了劳动检查长的指定及其职责、劳动检查员的职责、调查、正式询问等。2013 年《就业平等法修正案》的制定目的之一，就是进一步调整和规范特定的雇主保证遵守劳动检查员的要求。

（二）劳动检查制度的主要内容

1. 劳动检查员的任命

南非劳工部部长有权任命公共服务部门的任何人员担任劳动检查员，或者指定谈判委员会指派代理人履行劳动检查员的职责，总部或地方的劳动检查员的挑选没有固定的标准。劳工部任命的劳动检查员要经常去工场检查雇主遵守劳动法规的情况。这些劳动检查员由劳工部根据 1997 年《就业基本条件法》第 63 条第（1）款任命，他们的职责是对上述劳工法规的监督和执行，任何人违反法规即构成刑事犯罪。劳动检查员必须依据该法的第十章执行事务，接受劳工部部长的指示和管理。同时，劳工部部长必须给予每个劳动检查员一张签发的证书，该证书可以证明该人是劳动检查员，其可以监督和执行的具体法规以及享有的具体职责。劳动检查员具有公务员的身份并享有雇用安全的保障，但是当前的南非社会一致认为劳动检查员的工作条件低劣，如薪水低廉和缺乏职业发展前景，这不仅导致劳动检查员的招聘困难，而且难以留住高素质的劳动检查员。大部分的劳动检查员都流向薪酬较好的部门或者私营部门。现有 40% 的劳动检查员具有大学学位，他们有的比较积极主动，有的则是被动反应，这主要是因为缺乏中央部门负对劳动检查员进行系统培训以及对他们进行相关培训计划的制定。目前，地方部门已开发相对应的培训计划对劳动检查员进行培训，提高他们的执行事务的有效性和承受工作压力的能力。

2. 劳动检查员的职责与权力

依法正式任命的劳动检查员有下列四项职责：第一，告知雇主和雇员依法享有的权利和义务；第二，依据 1997 年《就业基本条件法》第十章的规定进行劳动检查；第三，调查向劳动检查员提交的投诉；第四，致力于保障工作或者颁发守法令来确保雇用立法得到遵守，并且同时履行其他职责。除了上述职责以外，劳动检查员享有的基本权力包括以下几个。（1）进入权。1997 年《就业基本条件法》第 65 条规定，为了监督和执行某项雇用劳动法律，劳动检查员可以在没有搜查令或通知的情形下，在任何合理的时间进入任何工场以及雇主从事商业或者保存雇用记录的任何其他地方，但是不包括家里，或者该地方是 1981 年《人力资源培训法》规定用作培训的任何处所，或者是 1981 年《指导和安置法》第 15 条规定的任何私人办公室。如果征得处所拥有者或者占有者的同意，劳动检查员也可以进入家里或任何其他地方。事实上，南非法律对进入私人住所的规定是非常严格的，如果劳动检查员发现并确定是为了监督和执行某项雇用立法而必须进入该处所，就必须向劳动法院递交书面申请，劳动法院可以授权颁发搜查令。如果确需上述行为，则必须通知雇主和工会代表，并且告知进行劳动检查的合理正当理由。（2）询问权和检查权（或称为调查权）。1997 年《就业基本条件法》第 66 条规定：劳动检查员可以要求任何人通过口头或者书面形式，单独或者在证人面前，向其提供有关雇用劳动立法适用的信息，并且要求宣誓或者签名以确保信息的真实性；检查和询问跟雇用劳动立法相关的任何记录和文件；复制上述相关文件或者记录，或者拿走以便复制或者摘录；就已完成的工作，检查或者询问相关人员；检查或者询问第 65 条规定的在场地出现的任何物件、物质或者机器，如有必要，可以搬走等。然而，劳动检查员应当对上述资料、物质或者机器的拿走或者搬移开具收据并且在合理的时间内归还。1993 年《职业健康与安全法》第 33 条第（1）款规定，劳动检查员可以对发生或出现在某工场的任何事故进行调查，或者对相关设备或者机器的使用进行调查，或者考虑是否必要依据第 32 条对导致人员伤害、疾病或者死亡的事项进行调查。

此外，劳动检查员还享有一些特殊权力，如：（1）当雇主的行为或者要求可能对他人的健康或者安全构成威胁时，劳动检查员可予以书面禁止该行为或者要求；（2）为了使书面禁止得以生效，劳动检查员可以将禁用的工场、设备或机器设置障碍物或者栅栏隔开，任何人不得干涉或搬移此类障碍物或者栅栏；（3）不管任何时候，只要劳动检查员认为在工场工作的工作人员，或者在雇用期间的工作人员，以及正在使用设备或者机器相关联的工作人员的健康或者安全，由于雇主或者使用者的不作为而遭受威胁时，为了保障该工作人员的健康或者安全，劳动检查员可以书面指示雇主或者使用者于特定期间内采取特定的措施；（4）如果劳动检查员认为雇主或者使用者没有遵守相关条款时，劳动检查员可以书面指示雇主于特定时间内采取一定措施，并且遵守上述提及的条款；（5）劳动检查员可以根据具体情况，书面通知相关人员延长上述特定时间；（6）雇主应及时将有关禁止、指示或者通知的内容告知健康和安全代表和相关雇员，并引起他们的注意。

在一般情况下，雇主都愿意遵守劳动法规，但是他们对应注意的领域不是很确定，因此，劳工部可以要求雇主配合和协助劳动检查员的工场检查。① 大规模的劳动检查可以每个月举行一周，集中于特定的经济部门，这些经济部门是根据职务伤害的统计数据确定的。在职业健康和安全领域进行劳动检查的核心内容是倡导和教育，重于提出建议和进行健康与安全教育，包括随后进行的跟进检查。倡导和教育是在职业健康和安全领域进行劳动检查的核心内容。雇主享有报告职业事故和职业疾病的法律义务。在工场内，不管是雇主还是工人，都热切要求劳动检查员采取更加权威的方式执行劳动监督和检查制度。劳动检查的执行方式主要依赖于行政执行和民事执行，以及建立民事程序执行雇用的基本条件。劳动检查员有权向不遵守法定义务的雇主颁发守法令，未得到遵守的守法令可以转换为劳动法院的指令而被强制执行。同时，对那些不遵守法定义务的雇主实行经济惩罚。劳动检查员可以书面禁止雇主实施可能对他人的健康和安全构成威胁的行为。为了表明劳动检查程序和结果的公平、公开和公正，劳动检查员可以要求一名解释员、一名南非警察总署的成员或者其他任何助手陪同，根据 2010 年《就业基本条件修正案》或者其他任何雇用立法履行其职务。②

---

① Andre Claassen, " Inspections by the Department of Labour ", availabe at http：// www. labourguide. co. za/general/inspections-by-the-department-of-labour-404. ( last visit：9/16/ 2013 )

② See Basic Conditions of Employment Amendment Bill, 2010 of the Republic of South Africa.

# 第四章

# 南非劳动法案例评析

在针对南非劳动法的历史发展和基础理论知识的论述后，本章从南非劳动法院的官方网站下载了一些有代表性的劳动法案例，并从中选取了三个极具典型特色，又比较通俗易懂的案例进行分析和研究，发掘南非劳动法具体案件实例对于贯彻执行南非劳动法律法规的具体情况，了解南非本土习惯法、制定法和外来法在南非劳动司法判例中的交互相容和共同发展，及其对南非劳动法的重要影响。同时，这些实例分析可以为我国研究外国劳动法的理论和实务提供参考和借鉴。这三个案例分别是皮厄纳尔诉斯坦陵布什大学及齐科特教授案，丰田南非汽车有限公司诉刘易斯、格尔布勒及调解、调停和仲裁委员会案，以及开普服装协会诉南部非洲服装和纺织工人联合会、关于服装制造业的国家谈判委员会（开普接待处）案。它们主要展示了南非的不公正解雇制度、劳动仲裁制度、公众假日制度、劳动者带薪休假制度的具体运行状况。

## 第一节　南非不公正解雇案评析
### ——以皮厄纳尔诉斯坦陵布什大学及齐科特教授案为例

通过对南非皮厄纳尔诉斯坦陵布什大学及齐科特教授案①的案情简介、案例评析，论述不公正解雇的概念和类型，揭示南非劳动法在处理不公正解雇案的基本程序和司法技巧，明确劳动关系的确定是立案的前提，

---

① See "Abel Jacobus Pienaar v Stellenbosch University & Prof. U Chikte（C 354/2011）［2012］ZALCCT 5, 13 February 2012". See Labour Law Case of South Africa, available athttp：//www. caselaw. co. za/search. php? court＝0&stype＝caselaw&query＝labour+law+case&sfunc＝0.（last visit：8/20/2013）

也是案件处理程序选择的基础。指出司法判例在南非不公正解雇案件处理过程中的地位和作用，以及法官在处理劳动争议案件时的认真态度和博学敬业。最后总结该案件可以给予我国企业"一带一路"对非投资，以及我国劳动司法实践和劳动法学研究以启示和借鉴。

## 一　案情简介

在本案中，原告阿贝尔·贾克布斯·皮厄纳尔（Abel Jacobus Pienaar）受雇在第一被告斯坦陵布什大学（Stellenbosch University）的维普利格昆德护理部（Department Verpleegkunde）工作。斯坦陵布什大学认为原告是作为独立合同订约人临时受雇从事工作的，属于临时工性质，而原告认为他是斯坦陵布什大学的雇员。2011年1月19日，斯坦陵布什大学通知原告其服务被停止，不用再继续工作了。因此，原告将不公正解雇的争议提交调解、调停和仲裁委员会。在提交的申请表格中，他申明该争议属于"不公正解雇"，并且在表格的B部分中写道"附加说明仅是解雇争议而已"。他声称他接到书面的解雇通知。原告接受了他的律师M. I.冉玛罗特斯先生（Mr. M. I. Ramalotse）的帮助，他填写的上述申请表格就是在该律师的协助下完成的。这项不公正解雇的争议于2011年3月30日进行调解，但是未能得到解决。调解员JJ. 克茨侯弗先生（Mr. JJ. Kitshoff）作出调解书，指出该项争议可以提交劳工法庭。原告阿贝尔·贾克布斯·皮厄纳尔提出问题，即当调解、调停和仲裁委员会颁发调解证明书证明不公正解雇争议没有解决，并且告知被告应当提交争议至劳工法院，而且该争议属于《劳动关系法》第186条第（1）款第（a）项管辖的范围，并且应当被提交仲裁时，劳工法庭应当如何处理？调解员也没有作出判定被告是否是雇员。因此，2011年6月6日，原告的代理律师提交一份诉讼申请至劳工法庭。提交的诉讼申请的依据为"本项诉讼申请是根据1995年第66号法令《劳动关系法》第158条第（1）款及第185条的规定提交的"。原告要求法院就以下事项作出指令。一是原告与被告之间的合同是有效的。二是被告对原告的解雇是不公正的。三是要求恢复原告之前的工作条件和职位。四是要求被告支付诉讼费用。五是要求给予另外的补偿或者选择性的补偿。与此同时，劳工法庭也通知被告斯坦陵布什大学和齐科特教授"移交应当进行复审的关于判决作出的程序记录"给登记官员，并且告知原告"应当在10天之内将这些记录归档和修订动议通知书作为书面陈述①的补充或者作出一项动议通知书和书面陈述"。

　　针对原告的诉讼请求，第一被告斯坦陵布什大学提出三个特别的申诉请求：第一，第二被告齐科特教授属于不合法的共同诉讼人②；第二，原告关于不公正解雇的诉讼请求，劳工法庭没有司法管辖权；第三，原告试图通过法庭诉讼程序提出的关于本案的附带诉讼请求不成立。在这三项特别请求中，第二被告齐科特教授是诉讼的当事人之一，也是斯坦陵布什大学的雇员。原告律师认为齐科特教授参加过案件涉及的事件，因为他在原告拒绝与暂时停职的护理部主任切瑞尔·尼可德姆（Prof Cheryl Nikodem）交流之后，作出终止雇用原告的决定。然而，原告律师不能向法官提供相关的口头证据，并且提交的材料当中也没有此类证据。第一被告在答辩中声明不是齐科特教授终止了原告与大学的关系，而是大学的人力资源部经理刘易斯·斯尔伯特先生（Mr Lious Siebert）代表大学作出的行为，即2011年1月19日通知原告不用再继续提供服务。针对被告的第一条抗辩理由，原告律师在论辩中引用罗斯班克·摩尔有限责任公司诉克拉多克·海茨有限责任公司 [Rosebank Mall（Pty）Ltd. v Cradock Heights（Pty）Ltd.] 的案件以支持齐科特教授是合法共同诉讼人的观点。

　　对于被告的上述答辩，斯特尼卡姆·J.（Steenkamp J.）法官认为，原告律师援引的案例证实了惯用的原则，即只有直接受法庭指令影响的当事人才是诉讼的必要当事人。为使当事人参加特定诉讼的目的，他们必须在案件中享有直接的和相当程度的法律利益使他们成为诉讼中的必要当事人。而齐科特教授在本案件中没有此利益，因此，该先例不适用本案的情况。所以，齐科特教授不应当作为共同诉讼人参加诉讼，并且对齐科特教授的诉讼请求及诉讼费用应当被驳回。

　　关于劳工法庭的司法管辖权是否适用于该案涉及的不公正解雇问题。斯特尼卡姆·J. 法官从以下几个方面进行分析，首先，他引用了劳工法庭另一位博学的凡·尼尔克（Van Niekerk J.）法官对相似案件的处理经验。这位法官在审理南非戈尔德·菲尔兹矿业有限责任公司诉调解、调停和仲裁委员会案 [Gold Fields Mining SA（Pty）Ltd.（Kloof Gold Mine）v

---

　　① 是指（经陈述者宣誓在法庭上可作为证据采纳的）书面陈述。

　　② 又称错误联合诉讼人，指错误参加诉讼的原告或被告，但诉讼不得因此作为无效，不过法院有权命令其停止参加诉讼。

CCMA & others〕时作出两个判决，同样为了证明自己的观点正确，这位博学的法官援引劳工上诉法院的两个先例的判决，即〔Waldlaw v Supreme Mouldings（Pty）Ltd.〕和〔NUMSA v Driveline Technologies（Pty）Ltd. & another〕以支持他的观点，他认为调解、调停和仲裁委员会或者劳工法庭可以享有移交案件的临时性司法管辖权，以及这些机构曾经审理过所有的证据、裁决的管辖权。凡·尼尔克法官指出为什么调解委员不应当依据争议移交的当事人所归类的解雇理由而被允许或者要求作出司法判决的深层理由，他认为移交争议的当事人有权利以任何他或她认为合适的方式提出不公正解雇的主张，并且调解委员或雇主不应当决定当事人应当怎样主张和阐述以及哪一个管辖地应当审理该争议。在以戈尔德·菲尔兹案件的判决为参照先例，凡·尼尔克法官审理了随后的波姆巴尔德交通有限责任公司诉米提亚·诺和其他人案〔Bombardier Transportation（Pty）Ltd. v Mtiya No & others〕。在该案中，他认为，面对管辖权异议的调解结果的效力问题有第三种处理办法。他建议，涉及管辖权异议的调解、调停和仲裁委员会的程序不会产生所有的管辖权异议。立法机关在对事实作出裁决之前，调解、调停和仲裁委员会关于这些案件的事实必须得到原告方的证实，而且仲裁阶段应当对案件事实作出证明，以便于正确地裁决。对于凡·尼尔克法官的观点和判案经验，斯特尼卡姆·J. 法官表示非常赞同。他认为，斯坦陵布什大学没有同意由劳工法庭判决该争议案件，而且根据《劳动关系法》第158条第（2）款第（b）项的规定，该争议应当予以仲裁。然而，如果争议被移交劳工法庭后的任何阶段，只要该争议显示应当被仲裁时，那么法庭可以中止诉讼程序和根据《劳动关系法》第158条第（2）款第（b）项的规定移交仲裁。据此，斯特尼卡姆·J. 法官认为法庭没有判决该争议的权力。即使原告认为存在解雇费用的理由，但是案件确实存在明显的争议事实，因此，这些争议应当通过口头证据的方式进行核实。本案的原告和原告律师很可能是被调解员的错误界定方法给弄混淆了。

　　原告的意向书表明其提起诉讼的理由是不公正解雇，并且其中的救济请求依据是1995年第66号《劳动关系法》第185条。原告指出其享有不被不公正解雇的权利。原告首先将该争议提交调解、调停和仲裁委员会，并于2011年2月23日接受委员会的调解。斯特尼卡姆·J. 法官认为，雇员必须依据《劳动关系法》第191条第（5）款第（b）项所规定的情形提交不公正解雇的争议至法庭。由于原告的任何主张不属于上述条款所规定适用的争议范围，因此法庭对于原告移交的争议没有判决权。虽然调解员作出了争议没有解决的证明书，但是它仅表明原告可以提交案件至劳工法庭。证明书只是对调解事实的记录，说明已经调解争议但是争议未得到解决。调解员对争议的分类、个人的观点及暗示判决的适当管辖地对于争议的任何一方都没有约束力，并且不存在法律的或者司法的效力。关于原告提请的诉讼程序，斯特尼卡姆·J. 法官认为，不仅原告移交争议的管辖地是错误的，而且他附带的请求程序以及个人主张的表达方式也是不合适的。此外，即使原告可以这么做，那么他也应当根据《劳动关系法》规定的审查方式主张权利。尽管没有任何法律理由可以质疑司法审查原告解雇的公正性，但是原告选择了不正确的法律程序。原告可以选择合适的管辖地通过口头证据处理他的争议。至于诉讼费用的承担，法官认为，由于调解员的错误暗示，导致原告和原告律师对管辖地产生了混淆，从而将案件移交法庭，因此本着法律的公平公正，原告只需支付被告的费用，而不是惩罚性标准的费用。同时，原告律师因没有根据 2010 年《首席法官关于强化诉讼行为指令》而提起一项诉讼行为指令，该指令已自 2010 年 9 月开始在本法庭生效，生效时间为 17 个月。该《指令》的第 9.2 条规定，如果原告律师或者法律顾问没有提出必要的诉讼行为说明，那么被告可以"因此要求一项特别的诉讼费用指令"，要求原告律师承担一项特别诉讼费用。最后，斯特尼卡姆·J. 法官作出司法判决：第一，原告和第一被告之间的争议移交调解、调停和仲裁委员会以获取口头证据，证明原告是否是斯坦陵布什大学的雇员，并且必要时，决定他的解雇是否公正的；第二，取消原告提出的第二被告的共同诉讼人的请求；第三，命令原告支付被告的诉讼费；第四，命令原告的律师支付依据 2010 年《首席法官关于强化诉讼行为的指令》中要求的特别诉讼费用。

## 二　案例涉及的主要问题及评析

从本案的基本情况来看，这是一桩关于不公正解雇的争议案件，案件主要涉及两个问题：第一，原告与被告之间是否存在劳动雇用关系，原告是否属于不公正解雇；第二，劳工法庭对该案是否有管辖权。为了审理该案，斯特尼卡姆·J. 法官通过援引相关劳动法条和其他法官在处理类似案件的判决经验及先例，强有力地说明该案不归属劳工法庭审判的理由。对于第一个问题的解决，斯特尼卡姆·J. 法官认为还缺乏相关证据证明原告是被告的雇员，因此无法判定原告是否属于不公正解雇，所以要求原告提供口头证据予以证明。关于劳工法庭是否具有案件的管辖权，他认为根据《劳动关系法》第 158 条第（2）款第（b）项的规定，应仲裁该争议，原告及其律师仅是在受到调解员的错误暗示之后移交争议于劳工法庭，因此，劳工法庭应中止诉讼程序并移交该争议案件给调解、调停和仲裁委员会进行仲裁。综上所述，本劳动争议案件存在三个应当注意的劳动问题，即争议当事人对不公正解雇的理解、劳动争议处理程序的选择，以及劳动争议案件中判例的地位和作用。

（一）不公正解雇（unfair dismissal）

为了保护劳动者的权益，在解雇方面，南非劳动法要求雇主必须提供具有说明雇用服务终止的充足理由，并且雇用服务终止前适用公正的解雇程序应当作为一项普遍原则。为此，公正的解雇要求实体公正和程序公正。同时，南非 2002 年《劳动关系法修正案》第 185 条规定："每个雇员都有权利不被不公正地解雇，以及有权利不受限于不公正的劳动行为。"并且规定不公正的解雇包括自动不公正解雇（automatically unfair dismissal）和其他不公正解雇（other unfair dismissal）。自动不公正解雇是指雇主没有正当理由是不能够随便以雇员参加罢工、拒绝工作、拒绝接受雇主的强迫要求、反抗雇主的行为、跟怀孕有关事宜、各种歧视、劳动转让合同引发的事宜等理由解雇雇员。其他不公正解雇则是关于雇主没有正当理由证实雇员的行为不当或者能力存在缺陷，或者没有通过正当合理程序即解雇雇员。

根据案情，本争议应属于其他不公正解雇的情形。2002 年《劳动关系法修正案》第 192 条规定，"关于任何解雇的诉讼程序，雇员必须证实解雇事实的存在。如果解雇事实确实存在，那么雇主必须证实解雇是公正合理的"。因此，本案原告阿贝尔·贾克布斯·皮厄纳尔必须寻找有力证据证实自己与被告的劳动雇用关系，即原告是被告的雇员，并且存在解雇的事实。因为根据《劳动关系法》第 186 条第（1）款和第（2）款对其他不公正解雇的规定，如前款规定："如果雇主不能证实关于雇员行为或者能力的理由是不合理的，或者依据雇主的操作性要求解雇雇员的理由是不合理的，以及没有任何合理理由说明雇员的解雇是依据合理程序实施的。"而后款则进一步强调："任何人，不管是否考虑到解雇的理由是公正的或者解雇是否依据合理公正的程序进行的，都必须重视依据本法规定的《关于良好行为的规范》。”因此，斯坦陵布什大学是不能够随便解雇雇员的。如果原告能够证实解雇的真实存在，那么斯坦陵布什大学必须提供合理合法的解雇理由，否则被视为违反《劳动关系法》，并且应承担劳工法庭或者仲裁员对其作出的相应的法律惩罚。这些惩罚措施包括：（1）责令雇主恢复雇员的职位，恢复工作的时间为不早于解雇日的任何时候；（2）责令雇主重新雇用雇员至原来的工作岗位或者其他合适的岗位，恢复工作的时间为不早于解雇日的任何时候；（3）责令雇主给予雇员的损失赔偿。[1] 所以这是本案的关键所在。为了求证原告与被告是否存在劳动雇用关系，斯特尼卡姆·J. 法官作出指令，要求诉讼继续，但应当移交仲裁程序，并要求原告依据《劳动关系法》提供相关证据。

（二）劳动争议处理程序的选择

在本案的判决中，斯特尼卡姆·J. 法官经过对争议案件的案情核实，认为劳工法庭没有管辖权，应转交案件至调解、调停和仲裁委员会仲裁，而导致原告及原告律师对管辖地错误认识的原因在于受到调解员的错误暗示。那么关于不公正解雇劳动争议的具体处理程序的选择在南非《劳动关系法》中是如何规定的呢？《劳动关系法》第 191 条对不公正解雇的争议和不公正劳动行为的争议的处理作了具体规定。如第（1）款规定：“如果存在不公正解雇的争议和不公正劳动行为的争议，那么被解雇的雇员或宣称遭受不公正劳动行为的雇员可以书面形式提交争议至委员会，如果争议双方都属于该委员会的管理范围，或者如果任何委员会都没有管辖权时，则提交到调解、调停和仲裁委员会。”[2] 上述情形的争议应当“自解雇之日起 30 日之内或者如果是较晚的时间，则在雇主作出最终解雇决定或维持解雇通知的 30 日之内提交至相关委员会”。[3]

关于争议提交的时间并不是绝对的，只要被解雇的雇员有充足理由，即使提交的时间限制已届满，仍可以提交争议至登记的委员会或者调解、调停和仲裁委员会。被解雇的雇员一旦接到终止劳动雇用合同的通知即可提交争议案件至登记的委员会或者调解、调停和仲裁委员会。

---

① See section 193 (1) in Labour Relations Amendment Act No. 12 of 2002 of the Republic of South Africa.

② See section 191 (1) (a) in Labour Relations Amendment Act No. 12 of 2002 of the Republic of South Africa.

③ See section 191 (1) (b) (i) in Labour Relations Amendment Act No. 12 of 2002 of the Republic of South Africa.

委员会或者调解、调停和仲裁委员会必须对争议先行调解。如果委员会或调解、调停和仲裁委员会证实该争议经过调解后没有解决，或者如果委员会或调解、调停和仲裁委员会自接到移交的争议案件起 30 天届满，并且该争议仍然没有解决时，那么委员会或调解、调停和仲裁委员会必须在雇员的要求下仲裁该争议。如果雇员宣称解雇的理由为自动不公正解雇、因雇主的操作性要求导致的解雇、雇员因违反《劳动关系法》第四章的规定参与罢工，以及因为雇员拒绝参加签订封闭式协议的工会党或被拒绝其成员资格或被开除出该工会党导致的解雇，那么雇员可以提交争议至劳工法庭要求司法判决。① 其他争议情形且未得到解决的争议都应进行仲裁。

　　在本案中，原告显然不知道被解雇的真正原因，而被告则认为原告不是其雇员，其工作属于临时性的工作，双方不具有劳动雇用关系。2002年《劳动关系法修正案》第 191 条第（5）款第（ⅲ）项规定："雇员不知道解雇原因的解雇争议经过调解后没有得到解决的，应提交委员会或调解、调停和仲裁委员会仲裁。"所以调解员 JJ. 克茨侯弗先生（Mr. JJ. Kitshoff）提示原告及原告律师可以将未决争议提交劳工法庭是不正确的。所以，劳动争议在选择正确的处理程序是非常重要的，必须根据其争议类别选择适当的管辖地，便于劳动争议的及时、快速和公正解决。

　　（三）司法判例在审判案件中的地位和作用

　　司法判例在南非法院的适用是非常广泛且对判决起着很重要的影响作用。所谓判例法，是指某一判决中所包含的对以后的审判具有说服力或约束力的某种法律原则或者规则，并不是对某个案件的整个判决。② 在西方法学著作中，判例法通常被称为"法官创造的法"，其基础是"遵循先例"原则。③ "遵循先例"原则是拉丁语"遵循先例不应扰乱已定法律问题"的简称，其基本含义即"以相似的方法处理相似的案件，并遵循既定的法律规则与实践"④。具体说来，是指某一判决中所包含的法律原则或者规则不仅适用于该案，而且作为具有约束力的先例适用于以后与之相

---

① See section 191（5）（b）in Labour Relations Amendment Act No. 12 of 2002 of the Republic of South Africa.

② 由嵘：《外国法制史》，北京大学出版社 1992 年版，第 284 页。

③ 同上。

④ 何勤华主编：《外国法制史》，法律出版社 2001 年版，第 190 页。

同或相近的案件①，简言之，即先例具有约束力。② 判例法不仅是南非其他法律的重要渊源，而且是劳动法的渊源之一。它包括普通法与衡平法。③ 它在历史上由来已久，最早源于 17—18 世纪荷兰法院在判决案件时把过去的判决看作辅助材料的做法。④ 不过，当时荷兰法院仅把先例看作具有说服力的法律渊源。直到 1828 年开普最高法院建立并采用英国的"遵循先例"原则，判例法在南非才真正形成。⑤ 如在 1827 年至 1834 年期间，南非的司法制度方面采取了英国法院的陪审制度、英国的刑事诉讼法和证据法。在审理案件时，每当发现罗马—荷兰法不够明确、不合适或陈旧过时，南非的法院则倾向于求助英国的判例法。由于英国殖民当局的鼓励与推动，大批专职的南非法官与律师在伦敦接受正规系统的训练，这就使得南非在直接照抄英国的成文法之外，更接受了英国法中遵循司法先例的传统与原则。⑥

目前，在南非具有约束力的判例法数量巨大，种类多样，内容丰富，包括自 1652 年以来各个历史时期南非法院业已作出且与 1996 年南非宪法不相抵触、迄今仍具有法律效力的判决中所包含的法律原则或者规则。根据"遵循先例"原则，从适用判例的形式看，南非各级各类法院判例的适用包括两种情形，即遵循纵向先例和遵循自身先例。其中，遵循纵向先例意味着上级法院的判例对隶属其管辖的下级法院都具有约束力，即高等法院服从最高上诉法院的判例，地方法院和所有其他同级法院服从其所属高等法院及最高上诉法院的判例；遵循自身先例意味着最高上诉法院、高等法院、地方法院及所有其他法院都应遵循其自身先前所作的判例。需要注意的是，无论是遵循纵向先例还是遵循自身先例，其前提是先例必须正确。如果先例存在着误用或误解法律的情况或者明显有错误时，则不具有约束力。同样，如果先例互相矛盾，那么无论其效力大小以及时间先后，法官在做判决时应当遵循他认为其中正确的那个先例。如果相互矛盾的先

---

① 宣炳昭：《香港刑法导论》，中国法制出版社 1997 年版，第 32 页。
② 何勤华、洪永红主编：《非洲法律发达史》，法律出版社 2006 年版，第 444 页。
③ 普通法有广狭义之分。广义的普通法是指与大陆法系或民法法系相对的英美法系，与判例法同意，是指与制定法、习惯法相对的法院创制的判例法，包括普通法院之判例法与衡平法院之判例法。狭义的普通法是指与衡平法相对的普通法院创制的判例法。此处普通法系指狭义普通法。参见何勤华、洪永红主编《非洲法律发达史》，法律出版社 2006 年版，第 444 页。
④ 何勤华、洪永红主编：《非洲法律发达史》，法律出版社 2006 年版，第 445 页。
⑤ 同上。
⑥ 同上书，第 430 页。

例都不正确，那么法官可以不受先例的约束，另行依法作出他认为正确的判决。①

在审理本案的时候，秉着遵循自身先例的原则，斯特尼卡姆·J. 法官大量引用劳工法庭其他法官，如凡·尼尔克法官的判例和司法经验以及自己的判例及审理案件的经验，以作为提出对案件审理的个人观点的有力支撑与依据。而凡·尼尔克法官在审理案件时也多处援引劳工上诉法院的判例以证实自己的观点的正确性和合理合法性，体现了法官判案时遵循纵向先例的原则。从斯特尼卡姆·J. 法官的言辞之中，也可以看出，斯特尼卡姆·J. 法官对凡·尼尔克法官的博学极为赞赏，由此可以说明其援引他的判例的正确性、权威性及对本案的约束力和参照作用。而本案的原告律师也引用了一个先例的判决来证实第二被告齐科特教授应属于共同诉讼人的观点，但是被斯特尼卡姆·J. 法官否定了，因为他认为先例的援引不正确，第二被告并不是本案诉讼程序的必要的当事人，而且法院的指令对其没有什么影响。透过本案，可以看到南非法院法官在判案时遵循纵向先例和遵循自身先例的基本原则的真实运作，同时也看到南非法官在判案时一般都会秉着对当事人负责的认真态度。

## 第二节　南非劳动仲裁案评析
### ——以丰田南非汽车有限公司诉刘易斯、格尔布勒及调解、调停和仲裁委员会案为例

南非劳动仲裁是南非劳动争议处理的重要方式。采取以案说法的方式，以丰田南非汽车有限公司诉刘易斯、格尔布勒及调解、调停和仲裁委员会案②为研究视角，通过案情简介、问题研究，以及案例分析，论述南非劳动仲裁制度的基本内容，如南非劳动仲裁的概念、一般程序、特征。最后结合我国劳动仲裁的现状，指出我国劳动仲裁制度中存在的不足，提出完善的建议，如应当始终注重劳动仲裁权威性、严肃性、司法性、简

---

① 杨凯：《南非刑法的渊源与罪刑法定原则》，载《河南公安高等专科学校学报》2002 年第 4 期。

② See South African Labour court, "Toyota South Africa Motors Ltd. v David Keith Lewis, Hilda Grobler N. O., Commission for Conciliation, Mediation and Arbitration, (D 994/09), [2012] ZALCCT 3, (27 January 2012)", available at http：//www. saflii. org/za/cases/ZALCCT/2012/3. html. (last visit：8/16/2013)

便、快速，以及经济性的根本特性。

## 一　案情简介

本案原告是丰田南非汽车有限责任公司（Toyota South Africamotors LTD.），第一被告为该公司的雇员大卫·凯思·刘易斯（David Keith Lewis），第二被告为仲裁员 N. O. 希尔达·格尔布勒（Hilda Grobler N. O.），第三被告为调解、调停和仲裁委员会（Commission for Conciliation Mediation and Arbitration）。原告诉请审核第二被告作出的关于第一被告的解雇为非公正解雇的裁决，并且要求取消该裁决以及作出第一被告的解雇为符合法定解雇程序的裁决。第二被告的仲裁裁决是依据 2008 年 7 月 9 日和 10 日、2008 年 12 月 8 日和 9 日、2009 年 4 月 6 日和 7 日，以及 2009 年 10 月 26 日和 11 月 26 日的仲裁程序作出的，最终裁决是 2009 年 4 月 21 日作出的。仲裁员裁决第一被告的解雇是不公正的，指令对解雇事项进行协商，并于 2009 年 11 月 26 日提出给予适当的救济。2009 年 11 月 26 日，当事人双方讨论了由第二被告裁决的给予原告的救济为"指令被告支付原告总额为 186，942 兰特的补偿"。劳动法院在受理该案后，通过审查发现仲裁员的仲裁裁决是合法准确的，因而驳回原告丰田南非汽车有限责任公司的申诉，维持原来的裁决。①

本案中，第一被告大卫·凯思·刘易斯在 1996 年 2 月期间受雇于原告，并于 2007 年 9 月 18 日被原告解雇，其间他担任原告的器具模具部门金融经理的职位。原告在对第一被告进行纪律调查后就对他实施了解雇。原告控诉刘易斯存在下列不当行为。一是具有不诚实的行为，意图欺骗公司，给公司造成经济损失。这些不诚实的行为是指刘易斯违背公司的政策和程序与 DN. 库瑞尔斯（DN. Couriers）签订合同和协议，并因此给公司造成了经济损失。这些经济损害包括发放不属于合同范围的且不受限使用燃油的加油卡给 DN. 库瑞尔斯，以及在销售两辆车给 DN. 库瑞尔斯的程序上存在缺陷。二是不当使用公司的大莱信用卡（Diners and Credit Cards）。原告指称刘易斯将该信用卡用于布兰顿·凡·德银行（Brandon

---

① See South African Labour court, "Toyota South Africa Motors Ltd. v David Keith Lewis, Hilda Grobler N. O., Commission for Conciliation, Mediation and Arbitration, （D 994/09），［2012］ZALCCT 3,（27 January 2012）", available at http://www.saflii.org/za/cases/ZALCCT/2012/3.html.（last visit：8/16/2013） van der Bank）的学习支付，而没有依据学习援助计划（Study Assistance Program）的政策规定。此外，被告在英国度假之时使用该信用卡租赁汽车、用于个人项目导致无息贷款，以及采购 TDM 货物未遵守采购流程。三是损公肥私。原告指控刘易斯为了私人利益于 2005 年 4 月 15 日与阿瓦隆旅行（Avalon Travel）交易，并借机"出卖"自己的航程以掩盖 N. 辛格的飞机票价，然后通过支票申请（支票号码为 119493）从公司报销以获得退款。在对上述三种不当行为进行纪律调查后，原告认为第一被告确实具有"公司指控的不诚实的罪行"，于是解雇了他。第一被告提起申诉但是不成功，因此将争议提交第三被告，即调解、调停和仲裁委员会。该争议在调解、调停和仲裁委员会调解后未得到解决，随后移交第二被告仲裁员 N. O. 希尔达·格尔布勒仲裁。仲裁之后，争议双方一致认同第二被告仲裁员 N. O. 希尔达·格尔布勒的意见。第二被告认为，该仲裁包括两个阶段。第一阶段是确定刘易斯的解雇是否公正，如果该解雇是不公正的，那么就进入第二阶段，即决定给予第一被告适当的救济。从仲裁记录和裁决书上可以看到，仲裁的焦点问题不是简单地裁决第一被告是否属于不当行为之罪，而是裁决他是否确实存在原告所控诉的涉嫌违反公司政策和程序的不诚实之罪。在仲裁中，第一被告辩称：（1）案件记录中的事件都是公司的常见情形，因此，他不存在不诚实或者意图欺骗公司的行为，如果据此种常见情形就认定他的行为是违法的，他不予认可；（2）他被指控的这些违法行为在他的同事中非常普遍，然而他的那些同事并没有被处以纪律处罚；（3）不管是何种情况，原告都要能够证实他确实存在未遵守公司政策和程序的不诚实表现，而且据原告的行为规则的规定，给予的适当处罚应该是一种书面的警告而不是解雇。

在仲裁程序中，争议双方不仅要提出自己的观点，同时要提供重要的证据来证明自己的观点是正确的。因此，原告提供了三个证人，第一被告为了证明自己的清白，出示了四个证人。根据案件记录，仲裁员格尔布勒在裁决中把争议的焦点分为三个方面，即"DN. 库瑞尔斯合同""大莱信用卡"和"旅行航程"。关于"DN. 库瑞尔斯合同"的方面，第二被告发现原告未能证实第一被告存在被指控的不诚实的行为。在法院的宣誓书中，原告主张审查仲裁员格尔布勒作出的结论，因为仲裁员应当通过证据的审核发现是第一被告的行为使原告处于风险中。然而，在对证据进行分析和了解后，仲裁员认为，没有任何证据可以证明第一被告的不诚实和意图欺骗原告，并且原告未能履行义务以证实它所控第一被告之罪。事实上，原告所指的不当行为是指刘易斯为了拜访一名顾客而利用信用卡租赁一辆机动车，而他不得不租赁机动车是因为交通中断，不能按时赶到顾客处所，因而租车，并且及时予以归还。原告的证人认为第一被告租车去顾客那里的其他目的已被他的经理核实，而且当去顾客那里的行程不能实现时，他不仅归还了车辆而且自己支付了汽油和附带费用。此外，他还因为已批准的商务旅程而租赁车辆，当行程没有实现时，原告支付了租赁的费用，而他本人支付了汽油及其他费用。当原告询问租赁汽车之事时，也并不认为他的解释是不可接受的或者他租赁汽车的行为是不诚实的或者意图掩饰欺骗公司。仲裁员格尔布勒在核查"旅行者里程销售"时，对原告提供的证据进行分析，指出原告的证人华德（Ward）并不能够回答那些具有实质重要性的问题。通过询问第一被告，了解到并不存在特别阻止销售旅行者里程给原告的规则，只是违反了项目计划的意图。因此，格尔布勒根据证据作出结论，原告的政策和程序未遵循法律，当雇员因为表面充足的理由而背离这些政策和程序时，而背离通常是公司默许或者容忍的，而且原告的证人华德（Ward）也承认第一被告之罪不过是没有遵循公司的政策和程序而已。所以第一被告的解雇是不公正的。

仲裁开始时，第一被告曾要求一份指令，即指令原告支付雇员的一项改善性福利。但是原告解雇第一被告不久后就把养老基金转换为准备基金。与此同时，第一被告的职位也被取消，虽然原告也意欲恢复该职位，但原告在提交的陈述中辩称在当前情况下不适合恢复，而且第一被告曾经工作的部门已经倒闭。仲裁后，第一被告对裁决补偿（总额相当于6个月的薪酬）比较满意，但是原告认为裁决赔偿是不公正的，因而向法院提起诉讼申请。根据南非劳动法的规定，原告的复审申请受到特别救济的限制，即仲裁裁决取消后，如果发现第一被告的解雇是不公正的，而且裁决方式是用宣告第一被告的解雇是合乎程序和实体公正的指令来代替的，那么，法院是不会接受复审申请的。从案情来看，原告有关裁决赔偿的态度在宣誓书中体现，原告宣称："仅根据此证据的裁决赔偿是不合法的、不公正的。"除此宣称外，原告并没有再提出关于赔偿的裁决，特别是没有提出赔偿的总额。由此可见，原告提起的诉讼仅涉及对第二被告作出的有关第一被告的解雇是不公正的裁决的复审。在法院的辩论中，原告主张第二被告的仲裁任务应该是依据证据裁决第一被告的解雇理由是否公正，而不是针对解雇的合理性进行核查。原告认为，虽然雇主在案件的记录中经常会对雇员的不当行为的归类存在欠缺，但是只要雇员知道自己的不当行为是否会导致解雇就可以了，而不应当对置于委员面前依据事实的解雇是否存在合理理由而进行调查。原告坚称第二被告在裁决的时候并没有考虑到上述问题。法院认为，原告没有认识到仲裁开始时，问题的简要性就特别的明确，即仲裁仅需要确定的问题是第一被告是否存在不诚实之行为，是否违反原告的政策和程序。原告在陈述中明确地指出第一被告具有意图欺骗原告的不诚实行为，那么原告就必须要承担证实第一被告具有被控之行为的义务。然而，第二被告依据双方提供的证据，公正、合理、合法地得出结论，认为原告没有履行证实的义务。原告对第二被告的裁决不服，因而向法院提出诉讼。在法院宣誓书上，原告仍坚持第二被告依据证据的裁决是错误的。D. H. 古斯（D. H. Gush）法官根据《劳动关系法》对案件进行复审，但在复审前，首先对仲裁裁决是否可以复审进行测验。D. H. 古斯法官指出，在该法院也有一个关于复审测验的案例，即爱德科尼有限责任公司诉皮勒梅尔·NO 及其他人案（Edcon Ltd. v Pillemer NO and Others）。在该案中，法官认为："依据宪法法院明文规定的复审标准，裁决是否是一个由合理裁决者在仔细斟酌证据作出的，这应该是基本常识。"D. H. 古斯法官将该测验运用于第二被告的仲裁裁决之中，该测验表明这项裁决确实是仲裁员格尔布勒对所有的证据经过仔细考量后作出的。因此，D. H. 古斯法官认为原告坚持第二被告的裁决是不合理合法的观点是不成立的。最后法官判决：驳回原告的诉讼申请。

## 二　案例涉及的主要问题及评析

在本案中，原告在解雇第一被告之前对第一被告进行了纪律调查，调查之后原告指控第一被告具有被解雇的不当行为，即试图掩饰欺骗公司的不诚实行为。而雇员对雇主的诚实义务是劳动雇用合同中一项重要的义务。根据劳动雇用合同对雇主与雇员之间关系的规定，雇员对雇主负有提供服务、具备相应的能力、诚信及服从的义务，而雇主则承担雇用、提供职位、报酬、安全工作条件、规定休假条款、承担雇员错误行为的责任等的义务。① 如果违背劳动合同规定的义务则劳资双方应承担相应的法律责

---

① See Alan Rycroft, Aarney Jordaan, A Guide to South African Labour Law, Juta Co., Ltd., 1990, Cape Town Wetton Johannesburg, p. Vii.

任。而本案中第二被告在分析原告提供的证据后发现第一被告并不存在原告所说的不当行为即不诚实的行为，从而仲裁裁定原告对第一被告予以赔偿。上述案件中值得探讨的问题比较多，但在此文中，主要探讨一下南非劳动仲裁制度的基本内容及其是如何运行的？以下将对该制度的具体内容展开论述。

（一）南非劳动仲裁的界定

仲即居中，裁即决断。仲裁也称公断。其本意是指第三者依据争议当事人的请求，对争议的事实作出判断，作出对争议当事人双方具有约束力的裁决，是诉讼外解决争议的一种活动和方法。劳动争议仲裁制度是指劳动争议仲裁机构依法以第三者主体身份，和争议当事人按照仲裁程序参加活动的规则，是劳动法调整劳动争议双方当事人之间关系、当事人与仲裁机关之间关系的一种程序性劳动法律规范，是劳动争议处理法律制度的重要组成部分。[①] 然而，各国关于劳动争议处理的仲裁制度都大同小异，各有特色。在南非，劳动仲裁是指仲裁主体指派仲裁员或者由当事人协商一致选择仲裁员依据劳动法和当事人提供的证据对争议进行裁决，该裁决具有终局性、权威性和法律保障性的特点。仲裁主体可以是调解、调停和仲裁委员会及经授权的理事会和私人争议处理机构或者劳动法院，前者属于非司法处理机构，后者属于司法处理机构。根据南非 2002 年《劳动关系法修正案》的规定，劳动争议处理的程序一般是先行调解，而后仲裁，再次是司法判决或者根据具体情况在法院进行仲裁。本案中，原告以第一被告具有不当行为而解雇第一被告，它解释该不当行为为对公司不诚实，并且具有试图掩饰欺骗公司的意图。第一被告认为自己的解雇是不公正的，从而将争议提交调解、调停和仲裁委员会解决。第二被告是担任仲裁此案的委员，他在对当事人双方的证据和事实进行全面分析和了解后，认为原告证据不足以证明第一被告具有不当行为，并在经过 5 次时间段对争议案件进行仲裁后，最后裁决认为该解雇为不公正解雇，要求原告支付第一被告的损失赔偿。原告对第二被告做出的赔偿裁决不服，从而将该仲裁委员和调解、调停和仲裁委员会分别作为第二被告和第三被告上诉至劳工法庭。劳工法庭在对委员会的裁决进行仔细斟酌和审查后，认为第二被告

---

① 熊颐玲、李继广、李湘泉主编：《劳动争议处理基本原理与实用》，华中师范大学出版社 1991 年版，第 28 页。

对该争议的仲裁是合理合法的，最后作出对仲裁裁决确认和强制执行的决定，驳回原告的诉请。

（二）南非劳动仲裁的程序

在本案中，原告丰田南非汽车有限责任公司与第一被告之间因解雇导致劳动争议，第一被告认为他的解雇属于不公正解雇，因而将该争议提交调解、调停和仲裁委员会处理。该争议在委员会调解后并没有得到解决，因而进入仲裁程序。南非2002年《劳动关系法修正案》第9条对争议解决的程序作了规定，其中第（3）款规定"理事会以及调解、调停和仲裁委员会必须努力通过调解解决争议"。① 第（4）款规定"如果争议仍然没有得到解决，争议的任何一方可以将争议提交劳动法院进行司法判决"。② 对于提交调解、调停和仲裁委员会之后，没有通过调解解决的劳动争议，2002年《劳动关系法》第133条第（2）款规定，如果争议在调解之后没有得到解决，那么委员会应该在下列两种情况下仲裁该争议：第一种情况是《劳动关系法》要求仲裁该争议，并且争议的任何一方也要求通过仲裁解决该争议；第二种情况是争议的所有当事人对于劳动法院有司法管辖权，但仍然坚持书面申请委员会进行仲裁的争议。③ 受理提请仲裁的劳动争议后，委员会必须任命调解员对争议案件自移交之日起30天内进行调解，但是争议当事人可以约定延长30天的期限。调解之后，调解员应当出示一份调解证明证明该争议是否得到解决，如果调解证明书证明该争议没有得到解决，那么委员会必须任命仲裁员仲裁该争议。《劳动关系法》规定提交仲裁的争议在调解书颁发后的90天内可以申请仲裁，如果提交仲裁的争议方的理由充足，委员会可以原谅当事人对时间限制的不注意并且允许在90天届满之后对争议进行仲裁。被任命的仲裁员也可以同时是对争议进行调解的委员，但是如果争议方反对继续任命该委员时，委员会则必须任命另一位委员仲裁争议。

关于仲裁员的选任。2002年《劳动关系法修正案》第136条第（5）款规定，争议当事人可以要求委员会根据第（1）款或者第（4）款的规

---

① See section 9 (3) in Labour Relations Amendment Act No. 12 of 2002 of the Republic of South Africa.

② Ibid..

③ See section 133 (2) in Labour Relations Amendment Act No. 12 of 2002 of the Republic of South Africa.

定任命仲裁员，考虑他们的优先权。然而这些优先权都有严格的规定，首先必须是书面形式申请，其次是列出不超过五位仲裁委员的名单，再次是声明要求仲裁争议已获得所有当事人的一致同意，最后是根据第（1）款第（a）项作出调解书之日起48小时内提交委员会。在上述情况中，任何当事人都可以向委员会的主任申请任命高级仲裁员仲裁该争议，但是委员会主任必须从四个方面考量以确定是否任命高级仲裁员解决该争议。它们分别是：争议涉及法律问题的性质、争议的复杂性、涉及争议的仲裁裁决之间是否存在冲突，以及公共利益。委员会主任必须通知当事人是否允许高级仲裁员仲裁该争议，并且其决定是最终的和有效力的。在仲裁结束之前，任何人都不可以向法院申请复审委员会主任的决定。在劳动争议仲裁程序中，仲裁员应当斟酌权衡以便公正和有效地裁决争议，但是必须以最低法律成本获得争议解决的显著成效。仲裁程序的表现形式为：争议当事人提供证据、召唤目击证人、质问任何其他方的目击证人，并且向仲裁员陈述总结性的辩论。在仲裁程序进行中，如果所有的人都同意，那么仲裁员可以中止仲裁程序，并且尽可能通过调解解决争议。

在任何仲裁程序中，争议当事人可以亲自出席或者由开业律师（legal practitioner）、当事人的领导或者雇员代表出席，或者由当事人登记的工会或者登记的雇主组织的任何成员、公务人员或高级官员代表出席仲裁程序。如果一方当事人不能亲自出席或者没有代表出席仲裁程序，即使该当事人已经将争议提交委员会，仲裁员也可以拒绝受理该案件，或者即使该当事人没有提交争议给委员会，仲裁员仍然可以在该当事人缺席的情形下继续仲裁程序，或者可以将仲裁程序推延至一个较晚的时间进行。仲裁结果应在14天之内做出。首先，仲裁员必须颁发签署有简洁理由的仲裁裁决书；其次，委员会必须给予争议当事人或者当事人代表一份裁决书的副本，并且提交裁决书原件给劳动法院的司法常务官。仲裁员按照法律的要求，以及委员会根据2002年《劳动关系法修正案》第115条第（2A）款第（j）项的规定，公平公正地作出费用支付的指令，同时应考虑到委员会发布的相关指导原则或者国家经济发展委员会根据《劳动关系法》第203条发布的《良好行为规范》（Code of Good Practice）的规定。对于因行为或者能力原因而解雇的争议案件，根据第194条第（1）款，如果仲裁员发现解雇存在程序不公正，那么仲裁员可以要求雇主支付仲裁费。

当争议通过调解没有得到解决，如果当事人双方没有选择提交争议给劳动法院而是书面一致同意提交委员会仲裁，那么委员会必须仲裁该争议。委员会应根据当事人的协议或者一方当事人的申请对争议作出和解协议书，也即仲裁裁决书。该协议是一份书面的争议解决协议，协议的一方原本既可以将争议①提交委员会仲裁，也可以提交劳动法院判决。仲裁裁决具有终局性和约束当事人的效力，除了它是一项咨询性质的仲裁裁决以外，一般都视为劳动法院的指令而被强制执行。仲裁协议的任何一方在任何时候都可以向劳动法院申请更改或者取消该协议，劳动法院在充足的理由下可以更改或者撤销仲裁协议。在劳动法院，如果当事人双方同意仲裁该劳动争议案件，那么法院也可以扮演仲裁员的角色进行仲裁，作出类似仲裁员的裁决的指令。② 此外，2002 年《劳动关系法修正案》第 145 条对劳动争议仲裁案件的复审作了规定。其中第（1）款规定，宣称仲裁程序存在缺陷的任何一方争议当事人可以向法院申请指令取消仲裁裁决，这种缺陷主要是仲裁员承认在履责时具有不当行为，如在仲裁程序的进行中，严重地违反常规或者超越仲裁员的权限，或者裁决是以非法的方式获得，如受贿腐败。如有上述情形，劳动法院可以停止该裁决的执行，如果裁决被取消，那么劳动法院可以以其他适当的方式解决该争议，或者作出适当的指令。在本案中，原告要求劳动法院审查第二被告作出的给予第一被告赔偿的裁决，并要求取消调解、调停和仲裁委员会作出的裁决以及作出一项确认第一被告的解雇是合乎程序和实体公正的裁决。本案法官 D. H. 古斯在复审该仲裁裁决时，认为仲裁员 N. O. 希尔达·格尔布勒在仲裁案件时充分合理合法地分析了原告和第一被告提供的关于争议的证据，得出的结论是正确的，从而驳回原告的诉讼请求。

（三）南非劳动仲裁的特征

从上述分析可以概括南非劳动仲裁的四个特征。

（1）公正性。仲裁，从其本身的含义来说，是由第三人居中裁判，因此，公正是仲裁的基本特性。南非劳动争议仲裁的公正性表现在：首先，劳动争议仲裁机构都具有较强的独立性，不受任何国家、政党、工

---

① 这些争议不包括根据第 74 条第（4）款或者第 75 条第（7）款可以提交仲裁的争议。See section 142A（1）&（2）in Labour Relations Amendment Act No. 12 of 2002 of the Republic of South Africa。

② See section 141（5）in Labour Relations Amendment Act No. 12 of 2002 of the Republic of South Africa.

会、雇主、雇主组织、工会联盟或者雇主组织联盟的干涉，如调解、调停和仲裁委员会；其次，仲裁机构任命有资格、有能力、能够代表种族和性别的人员担任仲裁员；再次，当事人可以自主选择委员担任仲裁员，也可以向委员会的主人申请高级委员担任仲裁员；最后，2002 年《劳动关系法》第 138 条第（1）款规定委员在仲裁时要注意争议解决的公正性等，均体现了劳动争议仲裁具有公正的特点。

（2）及时性。劳动争议与其他争议相比，由于它与劳动者的基本生活密切相关，社会影响较大，因此要求对劳动争议的处理必须及时。而劳动争议仲裁适应了劳动争议的处理要求。根据《劳动关系法》的规定，一般情况下，争议人可以在收到调解书之日后 90 天内要求调解、调停和仲裁委员会仲裁解决该争议，特殊情况可以适当延长。委员会在仲裁结果作出后的 14 天内，委员必须颁发仲裁裁决。关于基础服务的争议，委员应在提交调解书之日起 30 天内或者争议方同意的较长的时间内完成仲裁程序并作出裁决。而劳动法院判决争议案件的时间则往往比较长，一般都为 12 个月以上，不超过 18 个月。此外，2002 年《劳动关系法》第 138 条第（1）款规定应及时仲裁争议。这样，就使得调解、调停和仲裁委员会作出仲裁的期限大大缩短，使劳动争议能在较短的时间内解决，及时维护劳动社会关系的稳定。

（3）程序的简便性。劳动争议本身的特点，决定了处理过程必须迅速及时，以尽快恢复和协调劳动关系。因此，劳动争议的处理就不能像一般的民事、经济争议那样，只通过诉讼程序解决，否则，严格、复杂且周期很长的诉讼程序，会使大量的劳动争议因在短期内得不到解决，造成案件积压，导致矛盾激化，从而影响企业的生产和社会的稳定。劳动争议仲裁程序无论从争议的申请、受理，还是审理和作出裁决都比较简单，而且仲裁实行一裁终局制，当事人如不服仲裁裁决，可在法定时间内向劳动法院申请复审裁决。

（4）具有法律效力。劳动争议仲裁是一项法律制度，其处理结果是法定的劳动争议仲裁机构根据法律规定的程序依法作出的，因此，劳动争议仲裁委员会的仲裁调解书和仲裁裁决书对双方当事人，都具有法律约束力，一旦生效，当事人必须执行。如果当事人在法定期限内，既不起诉又不执行仲裁裁决，另一方当事人可以申请人民法院强制执行。这是劳动争议仲裁严肃性和权威性的法律保证。劳动争议仲裁的法律束力还体现在其他单位和个人非经法定程序不得变更处理决定，这其中也包括劳动争议仲裁机构本身，如2002年《劳动关系法修正案》第143条规定，由委员作出的仲裁裁决是最终的和具有约束力的，可视为劳动法院的法令而被强制执行，除非它是一项咨询性裁决。

本案中原告提供了三个证人并且在宣誓书上据理力争对第一被告的解雇是公正的，而第一被告也提供了四个证人证明自己是属于不公正的解雇。虽然都提供了证据，但是第二被告在询问原告的证人时，发现原告所说的"事实"并不是真正的事实，最后仲裁裁决第一被告为不公正解雇，并要求原告承担第一被告的损失，而劳工法庭通过对裁决的复审，维持原来的裁决，进一步确认了仲裁员裁决的法律效力。综上可见，南非劳动仲裁的立法依据、机构设立、职责、权限、效力等问题可详见于南非2002年《劳动关系法修正案》，其受案范围比较广泛，甚至包括可以直接提交劳动法院处理的劳动争议，只要双方当事人书面同意，也可以提交调解、调停和仲裁委员会仲裁。南非的劳动仲裁追求一裁终局，由劳动法院保障裁决的执行，严格把握裁决的复审，力求仲裁案件得到公正合法、快速简便和经济的处理，保障当事人的合法权益，其目的更倾向于对雇员劳动权益的保护。

在南非，劳动调解制度是进入劳动仲裁或者诉讼程序的必经路径。然而，我国的劳动仲裁制度是劳动争议处理进入诉讼前的必经程序，是处理劳动争议的一种主要方式。两国都设立了专门的劳动仲裁机构，如南非的调解、调停和仲裁委员会，我国的劳动争议仲裁委员会及其分支机构，这些劳动仲裁机构都可以对争议进行调解或者仲裁。南非的调解、调停和仲裁委员会是依法设立的独立的法定机构，不受任何政党、工会、雇主或雇主组织、工会联盟或雇主组织联盟的干涉。[①] 在我国，劳动仲裁机构是一个半官方组织，兼具行政性和准司法性的特征，即劳动行政部门的代表在仲裁机构组成中居首席地位，仲裁机构的办事机构设在劳动行政部门，仲裁行为中含有行政仲裁的某些因素。其准司法性则表现为机构的设立、职责、权限、组织活动原则和方式具有与司法机关特别是审判机关共同或类似的特点。[②] 由此可见，我国劳动仲裁机构的行政化很有可能导致劳动

---

① 熊颐玲、李继广、李湘泉主编：《劳动争议处理基本原理与实用》，华中师范大学出版社1991年版，第28页。

② 王全兴：《劳动法》，法律出版社2008年版，第442页。

仲裁在实践运行中缺乏一定的独立性。除此以外，我国的劳动仲裁还具有以下一些问题，如劳动争议三方的协调不够，劳动争议仲裁受案范围狭窄，仲裁员水平总体较差，仲裁庭在先予执行中的自由裁量权过大，一裁终局制度不够细化、固定的先裁后审模式、仲裁的价值取向、仲裁时效等。

为了有效解决我国劳动仲裁目前存在的这些问题，可以从以下三个方面予以完善：首先，在实践中，注重劳动争议三方的协调运行，逐渐地实现劳动仲裁机构的去行政化，彻底保障它们的独立性和司法性，使得仲裁机构可以不偏不倚地处理劳动争议案件；其次，完善劳动仲裁立法，加强对仲裁员的选任，培养具有一定专业资质和良好道德素养的仲裁员，同时给予当事人更多的选择仲裁员的自由和权限；再次，合法增设处理劳动争议的机构，对劳动争议案件进行分流处理，避免案件的积压和拖延，让当事人有更多的选择争议处理方式的权限，实行一裁终局，注重仲裁裁决的严肃性、权威性和公正合法性。

## 第三节　南非劳动带薪休假案评析
### ——以开普服装协会诉南部非洲服装和纺织工人联合会、关于服装制造业的国家谈判委员会（开普接待处）案为例

劳动者享受带薪休假的劳动法律制度在各国都比较普遍，它不仅是对劳动者身心健康保障的一种积极措施，同时劳动者的带薪休息也是为了让劳动者更好地从事劳动工作。对于劳动者在星期日工作和国家规定的节假日工作，劳动法规定雇主应当给予雇员一定的经济利益补偿。雇员依法享受合理的带薪病假、年休假、孕产假、家庭责任假等体现了国家对劳动者基本权利的保护。本案以开普服装协会诉南部非洲服装和纺织工人联合会、关于服装制造业的国家谈判委员会（开普接待处）案[①]为例，对雇员在南非的公众假期和休假期间享受福利待遇的相关规定进行论述。

---

① See Cape Clothing Association vs. Southern African Clothing and Textile Workers Union National Bargaining Council for the Clothing Manufacturing Industry ( Cape Chamber), in the labour court of South Africa, held at Cape Town, available at https：//www.caselaw.co.za. ( last visit：3/6/2018)

## 一　案情简介

此案的庭审之地为南非开普敦劳动法院，庭审时间为 2011 年 12 月 18 日。颁布指令之日为 2011 年 12 月 19 日，审判理由公布时间为 2012 年 1 月 13 日。案中的原告为开普服装协会，被告有两个，第一被告为南部非洲服装和纺织工人联合会，另一个被告为关于服装制造业的国家谈判委员会（开普接待处）。2011 年 12 月 19 日，法官安德·凡·尼克尔克（André van Niekerk）发布了两项指令。第一项指令，颁发一项暂时性裁决要求第一被告于 2012 年 1 月 25 日给出理由，即终极指令为什么不能依据以下款项作出。（1）宣布原告和第一被告之间的争议与原告和第一被告签署的"2011/2012 年实质性协议"的第 5 条的解释、适用或者修正有关，该争议为 1995 年第 66 号《劳动关系法》第 24 条所关注。该条主要规定了集体协议争议的处理。（2）指令禁止和阻止第一被告号召它的成员从事与此争议有关的罢工行为。（3）指令第一被告通知它的成员，与此次争议有关的罢工不受保护，并且他们应当停止该罢工行动。（4）指令第一被告支付这些诉讼程序的费用。第二项指令，上述第 2 项和第 3 项的内容可以作为本诉讼申请最终裁决结果出来之前的暂时性指令。

法官安德·凡·尼克尔克（André van Niekerk）通过论述案件的基本情况来解释颁布上述两项指令的理由。案件争议的本质是双方所关注的行业年度关闭休假期的工资总额。《国家统一主协议》规定授予每个雇员在每年的 12 月 15 日和第二年的 1 月 14 日之间享受至少连续三周加上一个工作日的年度休假。事实上，雇员享受 22 天假期。"2011/2012 年实质性协议"的第 5 条针对的是假期薪酬问题和怎么计算包括有公众假日的年度休假问题。该条的内容为："《西开普公众假日》第 5 条第 1 款规定西开普集体协议的修正反映了夸祖鲁-纳塔尔市政协定关于行业歇业期间公众假日薪酬支付的规定。"这种均等分配应当与"2011/2012 年度假期"规定的效力密切相关。第 2 款规定"为了执行上述条款的规定，西开普的雇员应当根据'2011/2012 年度假期'的规定享受额外增加两天的假期薪酬"。工人联合会主张它的西开普成员当前的雇用期限和条件为可以要求在行业年度歇业期间获得相当于 20 天或者 21 天的工资报酬。这种要求提出的依据是《国家统一主协议》规定的每个工人可获得 18 天或者 19 天的工资报酬，以及加上"2011/2012 实质性协议"第 5 条第 2 款规定享受额外增加两天的假期薪酬。（然而，不管这种要求是 20 天或者 21 天，取决于和解日，即 12 月 16 日，是否在任何特定雇主的年度歇业期限内。）

在此案中，原告反对第一被告对于"2011/2012 实质性协议"第 5 条的解释，它认为该协议第 5 条致力于确保夸祖鲁-纳塔尔市政协议中的均等分配，并且该工人联合会对第 5 条的解释将会要求西开普的雇主支付额外增加两天的工资报酬，超过了夸祖鲁-纳塔尔的雇主所支付的工资报酬。这表明了夸祖鲁-纳塔尔的雇主支付雇员 15 天再加上 3 天或者 4 天的工资（如果歇业当天是 12 月 15 日）。2011 年 11 月 29 日，原告提起了关于"2011/2012 实质性协议"第 5 条的解释和适用的争议的诉讼申请。该争议被提交至快速仲裁处理。仲裁开始后不久，该仲裁员的职权范围受到争议，因而仲裁程序中止。2011 年 12 月 14 日，该工人联合会提交争议至谈判委员会，指出原告单方面改变了其成员的雇用期限和条件，支付的工资报酬少于"2011/2012 假日期间的 20 天或者 21 天"规定的报酬数额，提出要求依据 1995 年《劳动关系法》第 64 条第 4 款的规定恢复应获得的报酬数额。该条款是关于如果雇主单方面修改雇员条件和期限，那么雇员或者工会可以向谈判委员会或者调停、调解和仲裁委员会提交争议及处理规定。该工人联合会随后发布一个意图罢工的通知，该罢工依据为 1995 年《劳动关系法》第 64 条第 1 款的规定，此次罢工的意图是反对那些没有或者拒绝执行支付 20 天或者 21 天工资报酬的雇主。

由上可见，该工人联合会认为适用于其西开普成员目前的雇用期限和条件为要求雇主在歇业期间支付他们总额相当于 20 天或者 21 天的工资报酬，并且原告的成员已经单方面修改了这个条款，且声称他们雇主只需要支付 18 天或者 19 天的工资报酬。它认为该争议提起的依据是 1995 年《劳动关系法》第 64 条第 4 款的规定，法律上没有任何理由规定它不能依据 1995 年《劳动关系法》第 64 条第 4 款提出争议，而且依据 1995 年《劳动关系法》第 64 条第 3 款第 e 项规定的在 48 小时的诉请内如果雇主没有修正单方面的改变即可以举行罢工。原告代表乌斯尤伊兹先生（Mr Oosthuizen）认为适当的解释是，原告和被告之间的争议是一个涉及集体协议第 5 条的解释和适用，依据《劳动关系法》第 24 条，该争议应当提交仲裁。既然《劳动关系法》第 65 条第 1 款第 c 项对罢工权进行了实质性限制，要求提交该争议至仲裁或者司法判决，那么由该工人联合会召集的罢工是不受法律保护的。

　　法官安德·凡·尼克尔克（André van Niekerk）为了证明自己观点的正确性，例举了两个判例来进行说明，指出劳动上诉法院已经解释了法院的职责在于弄清楚争议的真正问题所在，只有在此职责的要求下，法院才必须要找到争议的实质，而不是它所表现的形式，更不是争议的任何一方自行确定争议的特性。他认为，当前双方争议的问题主要是集体协议的适用和解释，最主要的是对协议第 5 条内容的争议。对第 5 条解释的范围存在很明显的问题。该工人联合会宣称是那些没有支付额外两天工资的雇主违反了集体协议，而且该案例的适当补救方式是适用《劳动关系法》第 24 条。法院可以权威性地提议调停、调解和仲裁委员会对任何集体协议的错误性解释有必要的管辖权，并且指令违反协议方遵守协议。当法官看到工人联合会主张其成员的雇用期限和条件为允许雇员带薪休假时，他认为他必须对协议第 5 条解释的争议进行确定，但是他明确知道他没有裁决争议的权限，因为根据该项争议的性质，应该首先提交仲裁，他不可能篡越仲裁员的职责裁决支持工人联合会。同时法院也没有权限裁定《劳动关系法》要求仲裁的争议案件。因此，他认为原告败诉。但是他也认为不管在何种情况下，他都不认为《劳动关系法》第 64 条第 4 款规定了在当前情况下，工人联合会可以享有罢工的权利。该条只是规定了对现状的保持，等待依法进行调解程序后给予的结果。如果要执行《劳动关系法》第 64 条规定的补救措施，那么不仅要同时具备现存雇用条件和期限以及雇主对该雇用条件和期限的改变事实，而且不管在何种情况下雇员都没有同意雇主的对雇用条件和期限的改变。这些雇主单方面改变的情况有：雇主单方面改变工作时间，或者轮班制，或者在影响雇员报酬增加却又达不到工会要求级别的谈判程序中，单方面执行由雇主制定的工资报价。

　　一般来说，雇主单方违反行为有一些明显的表现，但在本案中没有具体体现。现实状况取决于工人联合会对《国家统一主协议》和"2011/2012 实质性协议"的解释。该解释成为争议双方争夺的阵地。当一个工会宣称集体协议的那些雇用条件是为 X 规定的，而雇主宣称是为 Y 规定的之时，一般都不可能达到单方改变雇用条件。另外，对这种现状的救济就是一种观点的明确表示，那就是在当前的情况下不会适用。杜图依托等在《劳动关系法：第 5 辑综合指南》（Du Toit et al. *in Labour Relations Law: A Comprehensive Guide* 5th ed.）评论中指出："根据《劳动关系法》的规定，第 64 条第 4 款并不适用于提交仲裁或判决的涉及雇用条件和期限改变的争议。因为这些争议都被包括在受法律保护的（罢工等）劳工行为以外。"另外一个原因是，假设工人联合会的诉讼意见得到纠正，那么就意味着这个部门的雇主必须支付工人联合会争取的年度假期工资比率，但是仅仅是《劳动关系法》第64条第4款提到的期间，也就是调解程序的期间。很可能当该期间届满后，该工会成员不得不归还他们向雇主要求的额外假期工资，这与第64条第4款的目的是不相一致的。正如法官所说，这最终会直接导致雇主延迟行使经济权力的权利，即通过单方执行雇用条件改变的形式。因此，即使本争议案件被归类为关于单方改变雇用条件的争议案件，但是依据第64条对目前现状的救济是不可行的。该工会没有权利依据第64条发布罢工公告，因为该罢工的举行没有执行第64条规定的时间期限。与此同时，法官对原告感到很满意，因为原告已经为临时性救济的适用创设了初步的权利，因而法官发布了上述临时性裁决。

## 二　案例涉及的主要问题及评析

本案涉及的问题主要有：一是南非有关公众假期和休假期间的工资待遇问题；二是集体协议中所包含罢工权的适用范围；三是本案争议适用的程序问题。这些问题关联到的南非劳动法律法规主要有《劳动关系法》《雇用基本条件法》《公众假日法》。

从案情简介可知，法官安德·凡·尼克尔克在案卷的开头发布了一个临时性的裁决，对于这个临时性裁决的公布，法官认为该案的争议选择程序是不正确的，应该首先提交调停、调解和仲裁委员会仲裁，而依据南非《雇用基本条件法》的规定，当争议涉及雇用条件的解释和适用时，争议双方如果属于已登记的同一谈判委员会，则提交争议至该谈判委员会，如果任何谈判委员会都不享有管辖权，则提交争议至调停、调解和仲裁委员会解决。不管是谈判委员会还是调停、调解和仲裁委员会，都应当事先尝试通过调解解决争议。提交争议的一方当事人应当提交一份让谈判委员会或者调停、调解和仲裁委员会满意的提请调解的推荐副本，同时该副本也要给予参加调解的其他争议方。如果争议未得到解决，争议的任何一方可以提交争议至劳动法院要求司法判决。① 根据《劳动关系法》第135条和

---

① See section 8 in Basic Conditions of Employment Act, 1997 of Republic of South Africa.

第 136 条的规定，当争议提交委员会后，委员会必须任命委员在接受争议方提交的副本之日起 30 天内通过调解解决争议，然而争议双方也可以同意延长 30 天的期限。当争议关系到双方的利益，且争议双方均从事重要的服务，那么委员会应当在接受争议申请书之日起 7 天内进行调解。不管调解是否成功，委员均应出具调解证明书。如果《劳动关系法》要求仲裁该争议，那么委员会必须委任委员仲裁该争议，其前提是调解书说明该争议未得到解决，并且在调解书发布之日起 90 天内，任何一方要求仲裁解决该争议。在本案中，争议双方首先将争议提交委员会，后因仲裁员的权限问题而中止对争议的仲裁。法官安德·凡·尼克尔克指出"假设工人联合会的诉请是合理的，那么就意味着行业的雇主不得不支付工人联合会主张的年度休假工资比率，但这个期间仅仅是指《劳动关系法》第 64 条第 4 款规定的期间，也就是调解程序的期间"。该法第 64 条第 1 款第 a 项规定："如果争议被提交谈判委员会或者调停、调解和仲裁委员会进行调解，并且调解书上说明争议未得到解决，或者在 30 天内或者双方同意的 30 天的延期已过，那么任何一个雇员都有权利罢工，同时雇主可以求助于闭厂。"但是罢工和闭厂的进行也是有法律限制的。从案件的解决程序来看，法官认为该争议应当事先提交调解和仲裁解决，所以他裁决原告败诉。

法官安德·凡·尼克尔克指出争议提交的程序存在问题，认为第一被告不应当采取罢工行动，他们的罢工行为是不受法律保护的，并且例举杜图依托等在《劳动关系法：第 5 辑综合指南》中的评论予以说明："根据《劳动关系法》的规定，第 64 条第 4 款并不适用于提交仲裁或判决的涉及雇用条件和期限改变的争议。因为这些争议都被包括在受法律保护的（罢工等）劳工行为以外。"

关于南非的罢工权，1996 年《南非共和国宪法》第 23 条规定："每一个人都享有公平劳工关系的权利。每一个劳动者皆有组织即加入工会的权利；参与工会的各种活动及安排的权利；并且罢工的权利。"[①] 为了贯彻执行南非宪法保障的权利，1995 年《南非劳动关系法》第四章对罢工权的实施进行具体的规定，该章的第 65 条的规定对罢工权进行了限制，第 65 条第 1 款规定："有下列情形之人不得参与罢工或者任何意图罢工或

---

① 孙谦、韩大元主编：《非洲十国宪法》，中国检察出版社 2013 年版，第 217 页。

者推动罢工的行动：（a）如尽管存在争议问题，但是该人受到集体协议的约束；（b）受集体协议约束的一方争议人被要求将争议提交仲裁；（c）依据本法，争议问题的一方当事人有权提交仲裁或者劳动法院；（d）如果该争议人从事基本服务工作或者维护服务工作。"第 65 条第 2 款规定："（a）尽管存在第 65 条第 1 款第 c 项，如果该争议事件是关于《劳动关系法》第 12 条至第 15 条的任何事项，争议人可以参加罢工，或者参与任何筹划罢工或者推动罢工的行动。（b）尽管存在本条的（a）项，如果已登记的工会依据第 64 条第 1 款的规定已经发布已提议罢工的通知，该工会不得依据第 21 条的规定自发布通知之日起 12 个月内行使权利提交争议至仲裁。"《劳动关系法》第 12 条至第 15 条分别是关于工会进入工场、扣减工会的会费或者征税、工会代表，以及参加工会活动的休假。第 65 条第 3 款规定："受限于集体协议，任何人不得参加罢工，或者参与任何筹划罢工或者推动罢工的行动，具体情形如下：（a）如果该人受到调整该争议问题的仲裁裁决书或者集体协议的约束；或者依据第 44 条规定由劳工部部长所作出的决定适用于该争议的调整；或者（b）根据《工资法》作出的任何决定，并且该决定适用于调整该争议，在该决定适用的第一年内不得有罢工行为。"①

从《劳动关系法》的上述规定来看，集体协议和相关法律对罢工的保护和限制都有具体的法律规定。正如科波若·J. 瑟拉拉（Koboro J. Selala）在 2014 年《社会科学国际期刊》的特别专题中指出："南非共和国《宪法》第 23 条规定每一个工人都有罢工的权利。该法进一步规定工会、雇主组织和雇主都有权利参与集体谈判，国家立法可以制定法律规范集体谈判程序。1995 年《劳动关系法》是特别制定以贯彻实施这些宪法权利，通过对行使罢工权程序的规定使罢工权得以有效施行，并且在集体谈判的环境中保护罢工行为。"② 在本案中，工人联合会因雇主未满足他们要求的年度休假期间的工资待遇而发动罢工，法官认为该争议案件的性质未达到合法举行罢工的条件，工人联合会推动罢工的行为是不受法律保护的，因而裁定要求工人联合会阻止跟争议有关的罢工行动，同时应将争

---

① See section 12, section13, section 14, section 15, and section 65, in the Labour Relations Amendment Act, No. 12 of 2002 of the Republic of South Africa.

② Koboro J. Selala, The Right to Strike and the Future of Collective Bargaining in South Africa: An Exploratory Analysis. International Journal of Social Sciences, Vol. 3/No. 5/special issue/2014, pp. 115-126.

议提交仲裁处理。

综观全案，争议发生的导火线事关南非的年度休假及休假期间的福利待遇问题，以下将介绍一下南非的休假制度及相关规定。1994 年第 36 号《南非公众假日法》的立法目的为："规定公众假日的新历；规定公众假日是带薪的假日；以及规定与假日相关的附带事项。"① 该法的附表 1 列举了南非公众假日的范围包括："1 月 1 日的元旦节；3 月 21 日的人权日；耶稣受难日，复活节星期日之前的星期五；家庭日，复活节星期日之后的星期一；4 月 27 日的自由节；5 月 1 日的劳动节；6 月 16 日的青年节；8 月 9 日的国际妇女节；9 月 24 日的南非传统节；12 月 16 日的和解日；12 月 25 日的圣诞节；12 月 26 日的友善日。"② 对于公众假日为星期日时的具体休假时间段的计算，第 2 条规定："（1）附表 1 提到的日期均为公众假日，并且无论任何公众假日是星期日，随后的星期一亦应当是公众假日。（2）尽管存在本条第 1 款的规定，任何公众假日都可以调换为任何其他的日期，该日期为集体协议所确定或者雇主和雇员协商一致同意的。"那么在公众假日期间的雇员是否可以享受带薪休假的问题，第 5 条规定"（1）根据本条第 2 款的规定，每个雇员都应该有权享受：（a）至少本法规定的这些公众假日；（b）每一个公众假日的工资待遇，该工资待遇至少应该跟 1983 年第 3 号《雇用基本条件法》第 11 条所规定的工资待遇相一致。（2）根据 1956 年《劳动关系法》第 1 条第 1 款以及雇用协议和合同的规定任何工资调整措施，雇员有权享受本法规定的多于本法规定数量的公众节假日。这样的工资调整措施以及雇用协议和合同在它所涉及的公众假日的数目范围内不应当受到本法规定的影响。（3）尽管存在针对 1993 年第 147 号《农业劳动法》第 3 条的限制性条款，附表 2 中针对 1983 年《雇用基本条件》的修订应当适用于农业活动，以及参与其中的雇主和雇员"。③ 从南非的《公众假日法》可知，南非对公众假期的时间计算及雇员享受公众假期的带薪休假时有明文规定的，并且对于由此引发的争议的处理也是有具体的操作程序的。

对于南非的年度休假、是否带薪及争议解决的规定，也可详见于

---

① See No. 36 of 1994：Public Holidays Act, 1994 of the Republic of South Africa. .

② See Schedule 1, No. 36 of 1994：Public Holidays Act, 1994 of the Republic of South Africa.

③ See section 2, No. 36 of 1994：Public Holidays Act, 1994 of the Republic of South Africa.

1997 年《雇用基本条件法》的规定，具体如下。第 18 条规定，除非协议约定，任何雇主不得要求雇员在公众假日工作。如果公众假日落在工作日，那么雇员必须获得日常的工资待遇。是否在公众假日工作由协议确定且应当给付双倍的报酬。工作假日也可以依照协议约定调换到其他的日期。年假周期是指某雇员自雇用开始或者该雇员先前的休假周期结束即接受同一个雇主雇用 12 个月。每一个年假周期，雇主必须给予每个雇员至少 21 天带全薪的连续休假，或者根据协议，受雇工作或者有权享受报酬的雇员，平均每 17 天享受 1 天的带全薪年度休假，或者根据协议享受 1 小时的带全薪年度休假。在每个年度休假周期里，雇员可以根据第 20 条第 2 款享受累积的连续休假。年度休假周期结束后不得迟于 6 个月，雇主必须给予雇员年度休假。如果公众假日刚好落在雇员年度休假的某一天，而雇员已经按照日常在该天工作了，那么雇主必须给予该雇员额外一天的带薪休假。雇主不可以要求或者许可雇员在年度休假期间的任何时候为雇主工作。年度休假必须依据雇主和雇员之间的协议进行或者如果没有协议，则依据第 10 条有雇主每一次确定年度休假。对于年度休假的带薪问题，第 21 条规定，雇主必须支付雇员的假期工资至少相当于该雇员均等于年度休假期间工资与工作期间工资的报酬，在年度休假期间开始之前即按照雇员报酬比率进行计算，以及按照第 35 条规定的报酬和工资计算的方式进行计算。雇主必须在休假期间开始之前支付雇员的休假工资，或者依据协议，在雇员日常给予工资之日支付。①

综上可见，南非年度休假是否带薪、带薪的计算方法，以及休假的时间长短，不仅是由《公众假日法》和《雇用基本条件法》确定，亦由雇用双方的集体协议决定，对上述问题产生争议者，可依据《劳动关系法》《雇用基本条件法》和《公众假日法》等相关立法向谈判委员会、调停、调解和仲裁委员会，以及法院申请解决。因此，法官安德·凡·尼克尔克对于本案例中涉及的三个问题的临时性裁决的理由也就清晰明了了。

---

① See section 18, section 20 and section 21, the Basic Conditions of Employment Act 75 of 1997 of the Republic of South Africa.

# 第五章

# 南非与中国的劳动法律制度比较

从前面所介绍的南非劳动法律制度中可以看到，南非劳动法律制度的确立也是一个渐进的过程，且也正处于一个转型和不断完善的过程中。在进入 21 世纪之前，南非的劳动法律制度以保障劳动者的基本权利、平等就业、就业基本条件，以及完善劳动救济制度为中心而展开的。随着经济市场化和全球化的发展，劳动领域出现新的现象和问题，如劳动权的新内涵、劳动经纪、跨国劳动关系、用工形式多样化等问题亟待关注和立法保护。进入 21 世纪后，南非立法程序开始逐步建立和完善。南非劳动法律制度的建立，有其特有的历史背景、传统习惯及社会制度上的差异，因此与我国劳动法律制度相比，有着鲜明的差别。以下将从工会制度、集体协商与谈判制度、解雇制度和劳动争议解决制度四个方面进行比较，通过比较，从而发现其中值得我们借鉴的方面。

## 第一节　工会制度比较

### 一　工会立法史之比较

劳动者结社自由的权利是最基本的劳动权利。在工场，结社自由权利存在的意义并不仅限于自身权利的行使，而在于通过该权利的行使使得其他劳动权利得以实现。通过行使自由结社权，工人们可以自主选择组织和加入工人自己的组织以实现共同的集体利益。同时，由劳动者组织形成的集体力量才能对抗力量强大的雇主或雇主组织，均衡劳动关系双方的力量，实现与雇主对等谈判的可能，这也是工会组织成立的基本意图。工会组织最初是非法组织，随着工会组织在雇员和雇主之间发挥的重要作用得到普遍认可之后，工会组织的地位得到法律的认可，并获得了相应的立法上的保护。虽然现在工会组织在全世界各国的发展呈现"逐渐消失"的现象，即平民劳动力被工会化的比例呈下降趋势。但是工会作为劳动力市场中唯一代表工作者利益的机构，在许多发达国家工作条件的改善方面发挥着主要的作用。所以，工会制度的完善仍是当前众多国家劳动立法保护的重要对象。

　　不管是南非还是中国，都曾制定过有关工会的劳动立法，南非和中国都享有法律上约束管理工会的权力，并对组织和参加工会的权利与义务等进行了规定。如我国的孙中山先生于1924年11月以大元帅的名义颁布了《工会条例》，承认工人有集会、结社、言论、罢工的自由。[1] 该条例为中华人民共和国成立以后工会立法的基础，主要规定了工会的职责是抵抗资本主义的阶级压迫、对工人经济利益的剥削、尽可能地保护工人阶级的基本权益等。因此，工会的成立和条例的制定也同时具有了反抗帝国主义和封建主义的历史时代特点。1926年1月，在广州召开了国民党第二次全国代表大会，会上通过的《工人运动决议案》中又提出要实行八小时工作制，制定最低工资标准，保护女工、童工，改良工厂卫生，厉行工人教育，等等，并设立由工人代表参加的检查机关，以检查上述规定的执行情况。同年10月，国民党中央、各省区联席会议通过了《关于本党最近政纲决议案》，其中规定了《关于工人十条》。1927年6月19日至28日，在汉口举行了第四次全国劳动大会，大会提出必须立即规定解决劳资纠纷的程序：工会和资本家谈判、调解或提请裁判。1929年11月7日至11日的全国第五次全国劳动大会上通过《中华全国工人斗争纲领》。纲领提出，工人有组织工会、言论、出版的绝对自由，为夺取工人阶级的权利，削弱敌人，壮大自己，推翻国民党反动统治进行斗争。1930年至1933年期间制定了工会法规。如1930年，江西省行委制定了《赤色工会组织法》，共11部分47条。同年6月，全国苏维埃区域代表大会通过并公布了《劳动保护法》，该法第6章规定了工会的性质、权利和责任。1931年2月1日，中华苏维埃共和国中央执行委员会颁布了《中华苏维埃劳动法》。这个法对集体合同、劳动保护、社会保险和工会都作了规定。1933年的《中华苏维埃共和国劳动法》规定，职工会及其在企业、机关、商

---

① 陈文源：《我国工会立法的历史发展》，载《中国政法大学学报》1992年第4期。

店中的组织均有下列各种权利。抗日战争时期，各地区都制定一些工会法规，如战时工会法、《陕甘宁边区劳动保护条例》（草案）、《晋冀鲁豫边区劳工暂行保护条例》都有关于工会的规定。解放战争时期，原有各根据地大致沿用抗日战争时期的法规。1947年12月25日，毛泽东同志做了《目前形势和我们的任务》的报告，其中明确指出："保障工会的权利。"1948年7月在哈尔滨举行了第六次全国劳动大会，通过了《关于中国职工运动当前任务的决议》，在决议中提出了有关工会立法的建议。

　　1950年6月，中央人民政府公布了《中华人民共和国工会法》，这是中华人民共和国成立初期颁布的重要劳动法令之一。该法令规定了工会的性质、权利、任务和工会与人民政府的关系以及工会与国营、私营企业的关系。[①] 中华人民共和国工会制度自此伊始，但因为我国一直以来都秉着建立中国特色社会主义制度和法治特色，逐渐由计划经济体制向市场经济体制转型过程中，我国的劳动法和工会制度必然表现出不同于以往的新时代特征。由于中华人民共和国成立初期实施的计划经济下的劳动关系的实际层面为行政劳动关系，劳动者从属于政府部门的劳动管理，而企业也从属于政府，都没有独立的人格。1992年4月3日第七届全国人民代表大会第五次会议通过了《中华人民共和国工会法》。[②] 新工会法对新时代工会的性质、任务和工会的根本活动准则，工会的组织原则、权利义务、基层工会组织，以及关于工会和人民政府的关系等作了进一步的详细规定。2001年10月27日第九届全国人民代表大会常务委员会第二十四次会议提出《关于修改〈中华人民共和国工会法〉的决定》对1992年工会法进行第一次修正，然后根据2009年8月27日第十一届全国人民代表大会常务委员会第十次会议《关于修改部分法律的决定》第二次修正工会法。[③] 这些修正是为了应对日新月异的社会中出现的新劳动关系问题。此外，我国《宪法》和《劳动法》也对工会制度进行规定。

　　从我国工会立法的历史发展过程来看，我国工会立法与南非工会立法一样，都经历过反抗帝国主义的侵略，都有着体现民众追求民主、和平、自由和人权的思想理念和要求。然而，两国的具体国情不一样，所以工会

---

　　① 陈文源：《我国工会立法的历史发展》，载《中国政法大学学报》1992年第4期。

　　② 同上。

　　③ 参见《中华人民共和国工会法》，资料来源于 https://baike.baidu.com/item/中华人民共和国工会法/396858? fr=aladdin。（访问日期：2018年9月3日）

立法必然会结合本国特点而制定和实施。

与此相比，南非并没有专项的工会法，从其工会立法史来看，1924年的《工业调解法》是南非第一次综合性劳动立法，该法不仅使南非的工会及其运动最终获得了合法的地位，而且其成员也受到法律的保护，但是该法不允许黑人组织参加工会组织，只有白人和"有色人"才有资格组织和参加工会，并且所有的工会都应当进行强制性的登记。该法被随后的1937年《工业调解法》取代。1924年《工业调解法》于1956年被废除，同时颁布了1956年《工业调解法》，它是一部种族主义非常明显的劳动立法，其目的是进一步推进种族隔离政策，为此，它牢固确立了工人的种族区分，禁止登记同时具有白人成员和"有色"成员的新工会，并为"特定种族的人"保留工作。直至1979年，《工业调解法修正案》才正式赋予了南非黑人工人组织工会的权利，工人运动因此迅速发展起来。该法此后又进行了多次修正，最后发展为现在的《劳动关系法》，其具体情况如前文所述。

总而言之，当前南非对工会制度的规定主要是《南非宪法》和《劳动关系法》。上述两国工会立法简史的比较表明：第一，两国工会组织和制度的建立及发展完善的历史过程是两国劳动人民反封建、反殖民主义、反帝国主义、反种族歧视和压迫的血泪奋斗史，它表现出两国人民为了国家、民族和自身的权益而坚强不屈，勇于奋斗、积极探索的精神和毅力；第二，相关工会法律制度的制定、颁布和不断修正，不仅进一步扩大和保障劳动人民的基本劳动权利，如自由组织和参加工会的权利、自由结社的权利、集体谈判的权利等，而且使得与劳动人民的生活与发展密切相关的工资、福利待遇、工作条件、工作时间、休息休假等问题得到合理有效的解决和立法保护。

## 二　工会体制比较

南非有着深厚的殖民统治和种族主义斗争的政治历史背景，是实行多元化工会体制国家之一，即南非存在多个登记注册的工会或者工会联盟。最初的工会组织是由19世纪80年代的工业革命时期从欧洲引进大量的技术型白人工人建立的，但该组织不包括黑人工人在内，因而当时的工会被认为是南非种族分裂主义的体现。南非工会从创立之初到现在，其在南非社会发展的历程中一直以来都发挥着重要的作用，特别是在1948年至

1991 年南非经济和政治发展受阻的动荡期间，其是南非从一个种族主义政府向一个具有包容性的民主政府转型过程中的主要推动力。现在，南非的工会组织系统仍然是南非政治经济社会发展的重要力量之一，其 310 万的成员代表了 25%的正式工力量。① 在多元化工会体制下，南非现有四个主要的工会组织：一是南非工会代表大会（COSACU），它是南非三大主要工会中心最大的一个，拥有 180 万的成员，而且是与非洲国民大会（ANC）和南非共产党（SACP）三方联盟的重要组织成员；二是 1997 年南非劳动工会联盟（FEDUSA），它是和几个较小的工会一起建立的，其拥有 56 万成员，它的成立标志着南非三个主要的工会组织得以最终建立，它们分别是南非劳动工会联盟、南非工会代表大会和工会全国委员会；三是工会全国委员会（NACTU），它拥有包括强大的矿工工会在内的 40 万成员；四是 2003 年成立的第四个全国工会中心，即南非工人工会联盟（CONSAWU）。前三个工会组织附属于国际工会联盟，第四个工会组织隶属于国际工会联盟。

上述资料表明，南非多元化工会组织系统的力量日渐强大，工会的权利也在不断扩大。究其原因主要是工会组织的地位和作用得到整个社会和劳动者的普遍认可，并且获得相关劳动立法和其他法律的充分保障。如2009 年第 16 次修正的《南非宪法》第 23 条规定：“每个人都有享有公平劳动实践的权利，每个劳动者都享有组织及加入工会的权利、参与工会的各种活动及安排的权利，以及罢工的权利。”此外，2002 年修正的《劳动关系法》第 4 条规定，每个雇员有权参与工会或工会联盟的组建以及加入工会，并遵守其章程。工会或工会联盟的每个成员有权依照工会章程参与工会的合法活动并有资格被选为工会代表及其他工会管理人员。

在我国，工会组织系统实行一元化工会体制，中华全国总工会是唯一合法的工会组织，劳动者不得在此工会组织系统之外组建和参加工会，其他产业工会、地方工会和基层工会都要接受它的领导。我国工会组织的萌芽为 1914 年上海海员成立的“炎益社”和 1916 年上海商务印书社组织成立的“集成同志社”，而 1920 年 11 月 21 日成立的上海机器工会被视为现代意义的工会。1921 年 8 月 11 日，中国共产党在上海建立了领导工人运动的总机关——中国劳动组合书记部，先后于 1922 年 5 月、1925 年 5 月，

---

① See Trade Union in South Africa, http://en.wikipedia.org/wiki/Trade_unions_in_South_Africa.（last visit：8/12/2013）

在广州组织召开了第一次和第二次全国劳动大会，并正式建立了中华全国总工会。① 改革开放以来，我国工会不断发展壮大，工会基层组织数量和会员数量快速增长，中华总工会已成为目前世界上最大的工会。我国的《宪法》《劳动法》《工会法》和《中国工会章程》对我国工人享有组织和参加工会的权利进行了保障。

　　由上可见，由于两国国情不同，特别是政治体制、政治理念、传统文化和法制观念的不同，加上两国工会实践运动的不同，两国的工会体制有较大的区别，南非实行多元化工会体制，而中国实行一元化工会体制。一元化工会体制与多元化工会体制都表现出各自的优势与不足。在一元化工会体制下，现有工会的代表性毋庸置疑，具有垄断性的代表权，只能由其与雇主进行集体谈判，订立集体合同。这对于维持工会的组织力，以及协调和凝聚劳动者一方的谈判力量很有好处。但是，其弊端在于，首先，如果该工会怠于行使集体谈判权，那么劳动者将无法组建或委托新的工会进行集体谈判，那么劳动者的集体谈判权便会成为一纸空文。因此，一元化工会体制下的工会虽有垄断性代表权，但其能否真正代表劳动者行使集体谈判权还值得思考和探究。其次，一元化工会体制下，工会组织系统单一，劳动者不得自己选择组建某个组织或者加入其他的组织类型，只能选择加入或不加入某个工会组织，这对于结社自由权的全面实现是一个较大的阻碍。而在多元化工会体制下，劳动者可以自由组织和选择加入不同的工会组织，如果某工会组织或联盟不代表劳动者利益与雇主进行集体谈判，劳动者肯定不会选择该工会。所以，工会一旦被选定或被承认为劳动者的代表，其必然代表劳动者与雇主进行集体谈判，因此，相比较一元化工会体制而言，多元化工会体制下劳动者的集体谈判和自由结社可以得到较好的保障，但是多元化工会体制的强势作用也会不可避免地对企业的生存与发展带来一定的影响。

## 三　工会基本权利比较

　　工会制度之所以存在，是因为工会必须具备一定的组织性、代表性和独立性。这三种特性又被称为工会的基本权利之表征。工会的组织性表现为，劳动者具有自由结社或自由组建组织机构的权利，一般是指劳动者为

---

① 刘文：《日韩工会发展比较及启示》，载《东北亚论坛》2012 年第 2 期。

实现维持和改善劳动条件值基本目的，而结成暂时或永久的团体并使其运作的权利，具体则指劳动者成立工会并参加工会活动的权利。① 工会是劳动者自愿且有组织地团结起来为实现结社自由权和集体谈判权，维护劳动者权益的组织机构。工会制度是否健全和发挥着实际的效用，体现了该国对上述两项权利的重视程度以及劳动者权益是否真正地获得保障，而绝不是一种虚无的形式。无论是逻辑推理还是历史经验都表明，工会的代表性主要是解决工会在集体谈判中的关系和地位问题，即解决工会是否有资格进行集体谈判。工会必须受劳动者委托，完全依托劳动者的支持。没有劳动者的支持，工会也就没有存在的必要。然而，工会的代表性依赖于工会的独立性的存在。工会的独立性是指工会可以依法有权独立地与雇主或雇主组织进行集体谈判，主要用于解决工会与资本方、企业管理方以及与政府之间的关系问题，即解决工会能否有效进行集体谈判的问题。如果工会不能独立于雇主和政府，则工会为劳动者谋权益的基本职责就难以有效实现。因此，作为代表劳动者权益的工会，为了维护劳动者的合法权益而与雇主进行交涉时，应当永远置身于政府、资本方和企业管理方以外，才能更好地代表劳动者。

　　然而，不管是南非还是我国，工会的权利也时常遭受侵犯，比较明显的案例如 2006 年国际自由工会联盟在对南非"工会权利遭受侵犯的常规调查"中指出："今年报道了严重的权利侵犯，包括在一次工资争议中有两名工人遭到雇主杀害，以及一名正在罢工的农场工人遭到保安的杀害。表示抗议的罢工和示威游行遭受残酷的镇压，比如在打击卡车司机的时候使用橡皮子弹，从而导致伤害。"② 同样的，我国也有诸如此类的案例，如张海超开胸验肺事件③、企业工会独立财产权不受侵犯的案件④等。那么，透过这些案例，值得思考的是两国的工会应当依法行使哪些权利或义

---

　　① 刘焱白：《劳动关系稳定之法律调整研究》，博士学位论文，湖南大学，2007 年。

　　② See Trade Union in South Africa, available at http：//en. wikipedia. org/wiki/Trade_ unions_ in_ South_ Africa.（last visit: 8/12/2013）

　　③ 2004 年 8 月河南新密市人张海超被多家医院诊断出患有"尘肺"，但由于这些医院不是法定职业病诊断机构，所以诊断"无用"。而由于原单位拒开证明，他无法拿到法定诊断机构的诊断结果，最终只能以"开胸验肺"的方式进行验肺，为自己证明。这个事件被称为"开胸验肺事件"。资料来源于 http：//baike. baidu. com/view/2644749. htm。（访问日期：2013 年 8 月 20 日）

　　④ 张安顺编：《新编劳动法及相关法律法规解读与案例剖析》，中国言实出版社 2016 年版，第 54 页。

务来维护和保障职工和工会自身的权益，从而构建和谐稳定的劳动社会关系，具体可详见两国的相关法律规定。

2009 年第 16 次修正的《南非共和国宪法》第 23 条对工会和雇主组织的权利作了规定："每个工会和每个雇主组织都享有下列权利：（1）决定其自身管理、活动安排的权利；（2）组织的权利；（3）组织及加入联合会的权利。"每一工会、雇主组织及雇主有进行集体谈判的权利。国家可制定法律规制集体谈判。如果该法律有可能限制本章中的权利，其必须符合本法第 36 条第（1）款的规定。国家立法可以承认集体协议中所含工会保护的安排。依照该宪法对工会的规定，南非《劳动关系法》为工会和雇主制定了具体的工作框架，创设了国家经济发展和劳动委员会、私人争议处理机构，调停、调解和仲裁委员会和劳动法院这几种机构以期实现减少劳资关系的冲突，消除工场中的不公平歧视和种族隔离时期遗留的种族歧视影响。该法对工会的规定主要是第二章结社自由和一般保护、第三章集体谈判、第四章工场论坛、第五章工会和雇主组织。其中只有第二章第 8 条对工会和雇主组织享有的权利作了规定，并没有对工会的义务进行规定。具体如下：第一，依据第六章的规定制定自己的章程和规则及选举出自己的干事、官员和代表；第二，安排和组织自身管理以及合法的活动；第三，参加工会联盟或雇主组织联盟的组建；第四，加入工会联盟或雇主组织联盟并遵守其章程，以及参加其合法的活动；第五，与任何国际工人组织或国际雇主组织或国际劳工组织合作并参与它们的事务，向这些组织作出自己的贡献并接受它们提供的财政援助。在这一条里面，同时对雇主组织的权利进行了规定，可见南非对工会的权利和雇主组织的权利是同等重视的，这也是从应然层面上均衡了劳资双方的力量和关系。根据上述规定，可以概括出南非工会可以依法享有结社自由权、集体谈判权和独立权。

1992 年 4 月，我国颁布了专门的《中华人民共和国工会法》，共有 7 章 57 条，2009 年 8 月予以第二次修正。根据我国实行社会主义制度并处于社会主义初级阶段的基本国情，我国《工会法》第一章总则的第二条对工会的定义进行特别规定："工会是职工自愿结合的工人阶级的群众组织。"表明了我国工会组织的基本性质。第三条则规定了我国境内的劳动者依法享有参加和组织工会的权利。然而在这种一元工会体制下，选择参加和组织工会的可能性是零。然后，该法在第三章第 16 条至第 34 条中规

定了工会的权利和义务。其中第 22 条规定："企业、事业单位违反劳动
法律、法规规定，有下列侵犯职工劳动权益情形，工会应当代表职工与企
业、事业单位交涉，要求企业、事业单位采取措施予以改正；企业、事业
单位应当予以研究处理，并向工会作出答复；企业、事业单位拒不改正
的，工会可以请求当地人民政府依法作出处理：（1）克扣职工工资的；
（2）不提供劳动安全卫生条件的；（3）随意延长劳动时间的；（4）侵犯
女职工和未成年职工特殊权益的；（5）其他严重侵犯职工劳动权益的。"
第 25 条规定："工会有权对企业、事业单位侵犯职工合法权益的问题进
行调查，有关单位应当予以协助。"

　　概括而言，我国工会享有的权利主要有：代表权、建议权、平等协商
权、调查权和组织权。义务主要是：指导和帮助职工的义务；协助企业、
事业单位、机关做好有关职工福利待遇、劳动安全卫生及社会保险工作的
义务以及协调隶属政府机关的劳动行政部门、同级工会和企业方面代表的
相互关系，为构建劳动关系三方协商机制履行自己的职责和义务。由上可
见，我国特殊的国情和体制，导致我国工会权利享有的范围相比南非而言
还非常有限，自由结社权受到限制、独立性不强等现实状况，是我国劳动
者的利益经常受到侵害、权利难以得到真正保障的根本原因。

## 四　简评

　　虽然说一元式模式和多元式模式各有利弊，但是相对南非而言，目
前我国一元制工会体制体现出来的弊端与缺陷却越来越明显。第一，允
许雇员组织参加工会的自由结社权受到一定的限制。我国《工会法》
第 3 条规定，在中国境内的企业、事业单位、机关中以工资收入为主要
生活来源的体力劳动者和脑力劳动者，不分民族、种族、性别、职业、
宗教信仰、教育程度，都有依法参加和组织工会的权利。任何组织和个
人不得阻挠和限制。这也就是说譬如农民工，以及城市的灵活就业工都
不包括在允许组织加入工会的对象之中，正因为他们不受到工会的保
护，所以经常可以见到农民工或者灵活就业工的讨薪和维权的情景，而
且目前，大部分农民工讨薪案件发生在建筑行业。第二，工会的代表性
不够强。虽然目前我国《工会法》第 10 条规定了工会的组建要求，即
可以根据企业员工的数目多少组建不同规模的工会，并且工会以代表和
维护职工的合法权益作为工会的基本职责。并且我国《工会法》第 6 条

也规定："工会通过平等协商和集体合同制度，协调劳动关系，维护企业职工劳动权益。工会依照法律规定通过职工代表大会或者其他形式，组织职工参与本单位的民主决策、民主管理和民主监督。工会必须密切联系职工，听取和反映职工的意见和要求，关心职工的生活，帮助职工解决困难，全心全意为职工服务。"但是该规定并未能明确体现工会代表职工利益的立场，即工会可以在有关劳动者的权益问题上代表劳动者与企业谈判、代表劳动者诉讼等。所以频频出现诸如富士康科技集团员工的跳楼事件，以及雅虎和酷六网大量裁员事件，等等，这值得对工会的代表性的着眼点何在进行深思与探讨。第三，工会缺乏独立性。虽然我国《工会法》第9条规定："工会各级组织按照民主集中制原则建立。各级工会委员会由会员大会或者会员代表大会民主选举产生。企业主要负责人的近亲属不得作为本企业基层工会委员会成员的人选。"但是，在现实生活中，工会的主席或者主要负责人是由企业主要负责人的近亲属担任，这样导致工会成为监督职工工作的监督员。此外，工会之间是上下级关系，是领导与被领导的关系，这容易导致相互踢皮球的现象以及基层工会的权威性不强。由此可见，我国工会的独立性是很弱的，这种现实情况导致劳动者的维权可能性更小。

关于上述我国存在的工会制度问题，可以根据我国的国情，参考和借鉴南非工会的相关法律规定。第一，人人享有广泛的自由结社权。南非《劳动关系法》第二章"自由结社及一般保护"和第三章第一节"组织权"。它认为雇主与雇员的关系和地位都是平等的，双方都有自由结社权，即组织和参加雇主组织或者工会的权利，遵守组织的章程和参加组织的合法行动。工会或雇主组织也可以组建和加入工会联盟或雇主组织联盟，形成力量强大的组织机构。在全球化发展的时期，南非的工会或雇主组织还可以与一些国际组织合作并参加它们的事务和活动，如国际工人组织、国际雇主组织或国际劳工组织。第二，明文规定了工会的独立性。因为工会是劳动者的代表，它必须具有很强的独立性，可见，代表性和独立性之间联系密切。《劳动关系法》第95条规定，工会应当依法登记、有自己的名字、章程、在南非共和国境内有地址，并且是独立的，其独立的标志在于不受雇主或雇主组织的直接或间接的控制，并且不受来自雇主或雇主组织的任何形式的干扰。要求工会和雇主组织实行登记制，没有登记的工会或雇主组织不具有合法地位，不受到法律的保护。第三，在关于集体谈判的法条中首先确定了工会的代表性地位。在南非，集体谈判权首先是组织权，即"代表性工会"① 和选举出来的工会代表可以为了雇员的利益与雇主或雇主组织进行谈判，或者代表雇员参加诉讼。如南非《劳动关系法》第 11 条和第 14 条规定了代表性的工会和工会代表的定义、工会代表的选举和权利。如代表性的工会依据其成员为受雇工场的雇员人数的多少来确定工会代表的数目。被选出的工会代表可以履行下列职责，如帮助或代表雇员出席控诉程序或纪律程序、监督雇主遵守劳动关系法、规范雇用期限和条件的法律，以及对雇主具有约束力的集体合同；向雇主、代表性工会以及任何负责的部门或机关报告任何指控违反相关工场的劳动关系法、规范雇用期限和条件的法律，以及对雇主具有约束力的集体合同的情况。第四，明文规定涉及雇员和工会的自由结社权以及其他工会权利的争议处理，如《劳动关系法》第 9 条规定，争议双方可以书面形式提交争议至有管辖权的已登记的委员会，如果该委员会没有管辖权，则提交调解、调停和仲裁委员会，委员会或调解、调停和仲裁委员会必须通过调解解决争议，如果争议未被解决，则争议方可以提交该争议至劳动法院进行司法判决。对于涉及代表性工会和工会代表的定义、工会代表的选举和权利等的争议，可以书面形式提交调解、调停和仲裁委员会，委员会必须通过调解解决争议，如果争议未被解决的，争议方可以要求尽快提供仲裁解决。

南非上述四个方面有关工会的规定，可以为我国加强工会的组织建设，充实工会的职能，强化工会的组织性、代表性和独立性，以及建立相应的法律救济机制提供参考和借鉴。目前，随着我国现代企业制度的逐步建立，企业和劳动者双方自主调节、政府依法调控的劳动关系调整机制正在逐步建立和完善。工会作为劳动者一方的代表和维护者，已为法律所明确规定。因此，必须从根本上改变目前工会维权力度脆弱的状况，不仅要进一步推进工会的自身改革与发展，增强工会的维权能力，而且要着力改善工会的外部环境。建立相应的法律保障和救济机制，使工会真正发挥它的劳动关系"稳压器"与"调节阀"的作用，最大限度地维护职工的合法权益。

---

① "代表性工会"是指一个已登记的工会，或者两个或更多的已登记的工会联合行动，其拥有的会员大部分是工场中某雇主雇用的雇员。

## 第二节　集体协商谈判制度比较

### 一　集体谈判协商的异同

集体谈判的含义非常丰富，一般而言，集体谈判是指劳方集体性地通过工会或雇员代表，与资方就雇用条件进行谈判，谈判的结果具有法律约束力。其目的是希望劳资双方能够在一个平等协商的氛围下订立劳动雇用条件协议，以保障双方应有的权益。国际劳工组织《促进集体谈判公约》第2条将集体谈判定义为"集体谈判时使用以一名雇主、一些雇主或一个或是几个雇主组织为一方，一个或数个工人组织为另一方，双方就以下目的所进行的所有谈判：（1）确定工作条件和就业条件；（2）调整雇主与工人之间的关系；（3）调整雇主组织与工人组织之间的关系"。这一定义描述了集体谈判的主题和内容。[1] 简而言之，集体谈判权就是一些国家及地区赋予劳工的一种权利。其中，工资和福利，是集体谈判的主要问题之一。早期的集体谈判主要涉及劳动条件、劳动报酬和劳资关系等问题的处理，目前集体谈判的内容有所扩大，许多与企业发展和企业管理有关的内容也通过劳资磋商的方式解决，例如，企业内的人事改革、录用标准、人员流动、劳动合同的签订与解除等。

集体谈判制度是南非劳动法律制度中的一项重要法律制度。在南非，集体谈判是指通过联合规范雇用期限和条件的方式来调和利益冲突，以及满足管理和劳动期望的一种自愿过程。[2] 该定义包含的信息为：集体谈判的过程为双方自愿、相互协商的过程，谈判的目的为调和双方的利益冲突和解决劳动及劳动管理中双方所期待解决的问题，谈判的方式为双方通过协商达成有关雇用期限和条件的协议。为了规范集体谈判制度，南非《劳动关系法》第三章专章规定了集体谈判，包括六个部分。第一部分包括第11条至第22条，主要是关于组织的权利。如第11条规定："在本节内，除非另有说明，'代表工会'是指某代表工会，或两个或更多的已登

---

① 参见集体谈判，资料来源于 http：//baike. baidu. com/view/4470010. htm。（访问日期：2013年9月12日）

② Alan Rycroft, Aarney Jordaan, A Guide to South African Labour Law, Juta Co., Ltd., 1990, Cape Town Wetton Johannesburg, p. 88.

记的工会联合地行为，以便有效地代表由某雇主在某工作场所雇用的雇员。"第 12 条第（2）款规定："允许代表工会于工作时间以外在雇主的处所与雇员举行会议。"第 14 条规定了工会代表的选举及工会代表的权利，如工会代表可以在工场雇员的要求下协助或代表该雇员参加申诉和纪律程序，监督和报告雇主遵守相关劳动法规和对其有约束力的集体协议的情况。第二部分是关于集体协议的法律效力、相关集体协议的争议、工会代理制企业的集体协议，以及封闭式协议。第三部分是关于谈判委员会的建立、谈判委员会的权力和职责、谈判委员会的登记、谈判委员会的章程、谈判委员会的指定代理人的任命和权力，以及在谈判委员会中订立的集体协议的约束力等。其他部分则是关于公共事业中的谈判委员会、法定委员会，以及关于委员会的一般条款。

当集体谈判制度已成为南非培育民主，平衡、制约劳资双方的力量冲突转化的有效渠道时，我国法律对集体谈判制度的规定，大部分还是粗线条的、原则性的，可操作性不强。这表现在以下方面。首先，立法上用词不明确，并没有对权利进行确认。我国的《劳动法》和《工会法》的具体用词方面都没有涉及集体谈判，《劳动法》第 33 条用了集体协商，而《工会法》第 20 条则用了平等协商。概而言之，集体谈判在我国的称呼应为集体协商或平等协商。国际劳工组织集体谈判专家温德姆勒教授对"谈判"和"协商"的关系做过深入研究。他认为，协商与谈判的不同之处在于，它不是一个决策的过程，而是一个咨询的过程，它强调在劳工关系中的合作而不是对手关系。谈判的结果取决于双方是否达成一致，而在协商中，决策的最终力量总是在管理者手中。[①] 可以说，集体协商和集体谈判还是有着一定区别的，我国用协商代替谈判是不能体现集体谈判制度的优势与特性的。其次，目前我国集体谈判内容的规定存在"三多三少"现象，即原则性条款多，具体规定少；抄法律条文的多，结合企业实际的少；虚的多，实的少。[②] 集体谈判内容涉及职工的真正福利待遇的内容甚少，导致资强劳弱的局面无法改善，劳动者的权益得不到根本保障。另外，由于我国实行一元化的工会体制，一些上级工会为了迅速推进集体合同制度，追求签订集体合同的数量，往往拿着事先拟好的合同范本去说服企业与工会签约，导致浮夸风和形式主义，集体谈判合同往往无法落到实

---

① 刘焱白：《劳动关系稳定之法律调整研究》，博士学位论文，湖南大学，2007 年。
② 同上。

处。再次，对集体谈判中诸多重要的程序，我国却没有相应地规定。这些重要的程序包括：用人单位拒不进行谈判的程序安排、谈判陷入僵局或谈判破裂的程序性安排、罢工或闭厂和处理罢工或闭厂的程序性安排、以及恢复谈判等方面的程序性规则。没有这些程序性规定，集体谈判难以顺利开展。①

## 二　简评

由上可见，集体谈判制度一直是南非历史上用于协调劳动关系的基本手段和重要机制，是工会进行维权的方式之一，也是判断企业经营管理水平和对职工权益维护力度的重要标准。在当前的市场经济体制下，其仍然发挥着重要的作用。集体谈判的最终成果——集体协议，不仅体现了企业与雇员之间的相互合作关系，而且确定了企业的基本发展目标和职工的基本权益及其保障条件。同时，集体协议也是对法律的补充和具体化，因而有人把它称为"企业的小宪法"，受到社会的普遍重视。随着经济全球化的发展和产业结构调整的深化，集体谈判对于调节劳动关系和维护劳动者权益的作用将会越来越凸显，其作用意义是双重的。一方面，雇员通过集体行为，可以有效抑制雇主一些不合理的、侵犯劳动者权益的行为发生，为劳动者争得平等的地位、必要的劳动条件和基本的生活保障等一些合法权益。另一方面，雇主可以通过集体谈判的方式加强劳资双方的沟通与合作，促进劳动关系的稳定，推动企业目标的实现和企业效益的提高。另外，南非还设立了专门的谈判机构，如谈判委员会、法定委员会和其他相关的委员会。这些委员会可以依法签订集体合同，进行集体谈判活动，解决其管辖范围内的争议。

从南非《劳动关系法》对集体谈判的规定来看，南非的集体谈判制度相对来说是比较成熟的。但是，集体谈判制度并不是解决劳资冲突的唯一有效方式，因为劳资之间的对立与冲突是不可能根除的。集体谈判的双方都以强制力量和破坏方式作为后盾。谈判的失败只会导致严重的社会后果，如罢工或闭厂等。因此，为了尽量避免这种可能出现两败俱伤的情况，双方在集体谈判或者集体协商之时都应当尽量采取相互让步和妥协的解决途径。我国劳动法律中并没有明确规定集体谈判制度，而只是提及集

① 刘焱白：《劳动关系稳定之法律调整研究》，博士学位论文，湖南大学，2007年。

体协商制度。如我国《工会法》的第 20 条规定："企业违反集体合同，侵犯职工劳动权益的，工会可以依法要求企业承担责任；因履行集体合同发生争议，经协商解决不成的，工会可以向劳动争议仲裁机构提请仲裁，仲裁机构不予受理或者对仲裁裁决不服的，可以向人民法院提起诉讼。"

由此可见，我国的集体协商制度也仅仅是停留在表面而已，并无具体的集体协商机构、程序和方式方法。因此，为了使集体协商制度更有成效，我国可以参考和借鉴南非集体谈判制度的程序、方式方法，增强协商的功效和协商结果的权威性，取其优势补其不足之处，从而使我国工会在维护劳动者权益和工会自身利益的立场上更加发而有力，从而也将有助于促进我国工会地位的提高和更好地发挥集体协商制度在协调我国劳动社会关系中的重要作用。

## 第三节　劳动解雇制度比较

### 一　关于解雇的合法性比较

基于社会法的基本理念，为保障劳动者的职业稳定，各国均对雇主的解雇权加以限制。这种限制主要表现为在劳动合同法中规定了用人单位可以单方解除劳动合同的条件、程序，以及违法解除劳动合同应当承担的法律责任。[①] 因此，以下将从三个方面对南非与我国就解雇制度的理由、程序等方面予以比较和分析。

（一）解雇的正当理由

南非 2002 年《劳动关系法》第 8 章和附录 8《良好行为规范》这两部分内容对解雇制度进行了详细的规定。该法第 185 条规定："任何雇员有权利不遭受不公正的解雇，以及有权利不受限于不公正的劳动行为。"一般而言，以合同期限为标准，定期与不定期合同分别规定了不同的解除条件。大多数国家规定，对于不定期劳动合同，解雇条件并不严格，只要提出解雇申明，遵守一定的预告期限即可；而对于定期劳动合同，则只有在满足一定条件下才可以解除。[②] 如南非《就业基本条件法》第 5 章对解

---

① 刘焱白：《劳动关系稳定之法律调整研究》，博士学位论文，湖南大学，2007 年。
② 同上。

雇的预告期作了明确规定，雇用劳动的时间不同，由雇用合同任何一方提议的合同终止或提前，通知的时间限制也是不一样的。但是不管是何种形式的解雇都必须有正当的理由，否则该解雇属于不公正的解雇。因此，南非《劳动关系法》附录8的第2条规定了解雇的正当理由为："（1）如果某项解雇不是基于正当的理由及依据公正的程序，即使它遵守了雇用合同或立法管理工作中规定的任何通知，该解雇为不公正解雇。不管解雇是否是因为某正当理由都将由案件的事实决定，并且解雇的适当性将作为处罚。不管程序是否公正，将由下列规定的指导进行确定。（2）本法认可下列三种终止雇用的理由是合法有效的，它们是：雇员的行为，雇员的能力，以及雇主业务的操作性要求。（3）本法规定，如果解雇的理由接近于侵害雇员和工会的基本权利，或者该理由为第187条规定中的某一项时，这里的理由包括参加合法罢工、意图怀孕或实际怀孕，以及歧视行为，那么该解雇为自动的不公正解雇。"此外，附录的第3条、第7条、第8条和第10条都分别对因不当行为解雇的定义、对因不当行为解雇的指导原则、缺乏能力（即工作表现不佳）、因工作表现不佳而解雇的指导原则、无行为能力（即身体不健康或受伤）作了详细规定。

我国2013年《劳动合同法》第39条规定："劳动者有下列情形之一的，用人单位可以解除劳动合同：（一）在试用期间被证明不符合录用条件的；（二）严重违反用人单位的规章制度的；（三）严重失职，营私舞弊，给用人单位造成重大损害的；（四）劳动者同时与其他用人单位建立劳动关系，对完成本单位的工作任务造成严重影响，或者经用人单位提出，拒不改正的；（五）因本法第二十六条第一款第一项规定的情形致使劳动合同无效的；（六）被依法追究刑事责任的。"第40条规定："有下列情形之一的，用人单位提前三十日以书面形式通知劳动者本人或者额外支付劳动者一个月工资后，可以解除劳动合同：（一）劳动者患病或者非因工负伤，在规定的医疗期满后不能从事原工作，也不能从事由用人单位另行安排的工作的；（二）劳动者不能胜任工作，经过培训或者调整工作岗位，仍不能胜任工作的；（三）劳动合同订立时所依据的客观情况发生重大变化，致使劳动合同无法履行，经用人单位与劳动者协商，未能就变更劳动合同内容达成协议的。"① 除了上述可以法定解雇的情形以外，第

---

① 2013年《中华人民共和国劳动合同法》第39条、第40条，资料来源于 https：// baike. baidu. com/item/中华人民共和国劳动合同法/911。（访问日期：2018年9月10日）

41 条规定了经济性裁员，如"有下列情形之一，需要裁减人员二十人以上或者裁减不足二十人但占企业职工总数百分之十以上的，用人单位提前三十日向工会或者全体职工说明情况，听取工会或者职工的意见后，裁减人员方案经向劳动行政部门报告，可以裁减人员：（一）依照企业破产法规定进行重整的；（二）生产经营发生严重困难的；（三）企业转产、重大技术革新或者经营方式调整，经变更劳动合同后，仍需裁减人员的；（四）其他因劳动合同订立时所依据的客观经济情况发生重大变化，致使劳动合同无法履行的"。①

从上述两国关于解雇的正当理由来看，都规定了用人单位解除与雇员的劳动关系的法定理由和解雇预告期，我国《劳动法》第三章第 26 条规定用人单位依法解雇劳动合同的应当提前 30 天通知雇员，且《劳动法》和《劳动合同法》都规定如果雇员有以下情形则不得解雇，如《劳动合同法》第 42 条规定劳动者有下列情形之一的，用人单位不得依照本法第 40 条、第 41 条的规定解除劳动合同："（一）从事接触职业病危害作业的劳动者未进行离岗前职业健康检查，或者疑似职业病病人在诊断或者医学观察期间的；（二）在本单位患职业病或者因工负伤并被确认丧失或者部分丧失劳动能力的；（三）患病或者非因工负伤，在规定的医疗期内的；（四）女职工在孕期、产期、哺乳期的；（五）在本单位连续工作满十五年，且距法定退休年龄不足五年的；（六）法律、行政法规规定的其他情形。"② 但是总体来说，南非对于雇主解除与雇员的劳动关系的正当理由的规定比我国的相关规定更加详细，而且更能体现出对雇员权益的保护，一般而言，南非的雇主稍有不注意就很容易陷入不公正解雇雇员的争议中。南非关于解雇的专章规定使得雇主在雇用雇员时不得不慎重考虑且必须要提供充分的证据说明其解雇为合法正当的，这对于雇主不得擅自解雇雇员，维护稳定的劳动雇用关系比较有利。

相比而言，我国新修订的 2013 年《劳动合同法》也加强了用人单位对于劳动者的经济补偿，如第 46 条规定："有下列情形之一的，用人单位应当向劳动者支付经济补偿：（一）劳动者依照本法第三十八条规定解

---

① 2013 年《中华人民共和国劳动合同法》第 41 条，资料来源于 https：//baike. baidu. com/item/中华人民共和国劳动合同法/911。（访问日期：2018 年 9 月 10 日）

② 2013 年《中华人民共和国劳动合同法》第 42 条，资料来源于 https：//baike. baidu. com/item/中华人民共和国劳动合同法/911。（访问日期：2018 年 9 月 10 日）

除劳动合同的；（二）用人单位依照本法第三十六条规定向劳动者提出解除劳动合同并与劳动者协商一致解除劳动合同的；（三）用人单位依照本法第四十条规定解除劳动合同的；（四）用人单位依照本法第四十一条第一款规定解除劳动合同的；（五）除用人单位维持或者提高劳动合同约定条件续订劳动合同，劳动者不同意续订的情形外，依照本法第四十四条第一项规定终止固定期限劳动合同的；（六）依照本法第四十四条第四项、第五项规定终止劳动合同的；（七）法律、行政法规规定的其他情形。"上述这些新修订的条款充分说明了我国在加强对劳动者权益的保护方面比以往更加严格和审慎。

### （二）解雇的公正程序

如上所述，南非要求在解雇之前，除了要求有正当的理由之外，还必须采用合法公正的解雇程序。《劳动关系法修正案》附录8第4条对此作出规定："（1）通常情况下，雇主应当进行调查以确定是否存在解雇的理由。该调查可以不必是正式的调查。雇主应当以被指控的雇员能够理解的语言和形式对其进行告知。雇员应当被允许有机会对该指控进行情况说明。雇员应当有合理的时间准备对指控的回应，以及向工会代表和同事获得援助。在调查之后，雇主应当交流所作出的决定，最好是提供给雇员一份书面的决定通知。（2）如果没有事先告知工会或与之商议，不得对工会代表或担任工会办事员或官员的雇员进行纪律处分。（3）如果雇员被解雇，雇主应当给予解雇的理由，并且提醒其享有权利提交该案件至具有管辖权的委员会或调停、调解和仲裁委员会，或根据集体协议建立的任何争议解决程序。（4）在特殊情况下，如果雇主不能被合理地期待遵守上述指导原则，那么雇主可以摒弃解雇前的程序。"

在上述解雇的公正程序之前还可以有解雇前的仲裁和纪律程序，如下。（1）仲裁程序。雇主可以在征得雇员的同意下，以规定的形式要求委员会、委派的机构或者调停、调解和仲裁委员会就有关该雇员的行为或能力的指控进行仲裁，在此要求下，上述机构在收到雇主按照规定支付的费用及雇员关于询问的书面同意书之时必须任命仲裁员仲裁。（2）纪律程序。每个雇主应当制定纪律条例，以便对其雇员的行为标准进行要求。根据雇主业务的规模和性质，纪律条例的形式和内容应有明显区别。一般来说，大规模的业务对纪律的要求更正规。雇主的纪律条例在纪律适用时必须具有确定性和一致性。这要求该行为的标准是清楚的，并且以雇员能够理解的方式提供给雇员，这些条例或标准非常清楚，以至于没有必要对它们进行传达和解释。法院已经认可矫正性纪律或渐进性纪律的观点。这种观点使得纪律的目的是让雇员知道和理解对他们所要求的标准。努力通过累进的纪律措施，如劝告和警告等来矫正雇员的行为。（3）没有必要每次当条例被违反或不符合标准时都启用正式程序。非正式的建议和纠正对于轻微违反工作纪律的雇员来说是最佳的和最有效的方式。重复性的不当行为将被给予警告，并根据严重的程度性进行等级划分。比较严重的违反行为或重复性不当行为可以处以最终警告，或者其他可以免于解雇的其他处理行为。解雇应当是作为严重的不当行为或者重复性违反行为的情形下适用。由此可见，南非在对雇员适用解雇时是比较慎重的。

我国的解雇程序主要包括以下方面。一是批评教育、纪律处分或辞退。我国劳动法规定，用人单位对于因违纪（违章）违法应予辞退的职工，必须正对其违纪（违章）违法行为进行批评教育或纪律处分，经此仍然无效，才可辞退。二是征求工会、劳资协商机构或职工方的意见或同意。我国规定，用人单位单方解除劳动合同时，应当事先将理由通知工会，工会认为用人单位违反法律、法规和有关合同，要求重新研究处理时，用人单位应当研究工会的意见，并将处理结果书面通知工会；如果裁员，应当提前30日向本单位工会或全体职工说明情况并提供有关生产经营状况的资料，还应当将裁员方案征求工会或全体职工意见并对方案进行修改和完善。三是报经主管机关审核或批准。我国规定，裁员应当事先向劳动行政部门报告裁员方案及工会或全体职工意见，并听取劳动行政部门的意见。四是解雇通知。在我国，预告辞退和预告辞职的预告期间，统一规定为30日。五是备案。我国规定，劳动合同解除后，用人单位应报请当地劳动行政部门备案。①

（三）违法解雇的救济方式

南非《劳动关系法》第193条规定了对不公正解雇和不公正劳动行为的补救方式。主要内容如下。（1）如果劳动法院或依据本法任命的仲裁员发现该解雇为不公正的，那么法院或仲裁可以有下列行为：一是指令雇主不得早于解雇日的任何时候使雇员的职位得到恢复；二是指令雇主不得早于解雇日的任何时候重新雇用雇员，使其从事被解雇前的工作或者其

① 刘焱白：《劳动关系稳定之法律调整研究》，博士学位论文，湖南大学，2007年。

他适合该雇员的工作；三是指令雇主支付补偿金给雇员。（2）劳动法院或仲裁员必须要求雇主恢复雇员的职位或者重新雇用该雇员，除非有下列情形：一是雇员不希望被复职或者被重新雇用；二是解雇的周边情况致使这种持续性的雇用关系无法让人忍受；三是对于雇主来说，恢复雇员的职位或重新雇用都是不可行的；四是解雇是不公正的，原因仅在于雇主没有遵循公正的程序。（3）如果解雇是当然地不公正，或者如果发现基于雇主的操作性要求的解雇是不公正的，那么劳动法院可以增加颁布其他适宜该情形的指令。（4）依据本法任命的仲裁员可以对提交其的任何不公正劳动行为的争议进行裁决，裁决的结果包括恢复原职、重新雇用或者补偿。

　　关于补偿的具体要求，第194条对解雇补偿裁决的内容作了明确说明。（1）对于雇主因未能证实由于雇员的行为或能力导致解雇，或者因雇主的操作性要求导致解雇的正当理由，而对雇员作出解雇补偿金的裁决，该补偿必须在所有的情形下都为公正和合理的，但是不得超过于解雇之日计算的雇员薪酬的比率，即相当于12个月的酬薪。（2）对于不公正的解雇的补偿裁决为不得超过于解雇之日计算的雇员薪酬的比率，其相当于24个月的酬薪。（3）因不当劳动行为的解雇补偿金不得超过相当于12个月的酬薪。补偿金是对雇员根据任何法律、集体协议或雇用合同获得的任何其他金额的额外增加的。

　　除了对解雇雇员进行补偿之外，南非劳动法律还规定了解雇金，如第196条规定如下。（1）雇主必须支付雇员因雇主的操作要求而导致的解雇，其数额相当于为雇主持续性工作每一年的至少一周的酬劳，除非该雇主不受本款的限制。（2）劳工部部长在与全国经济发展和劳动委员会（NEDLAC）以及公共事业合作谈判委员会协商之后，可以通过政府公告使得解雇金的数额有所不同。（3）如果雇员不合理地拒绝接受该雇主提供的与另一雇主或任何其他雇主的雇用选择，那么其不能够享受本条第（1）款规定的解雇金。（4）雇员依据本条享受的解雇金的支付不影响其依法有权获得任何其他支付的数额。

　　我国《劳动法》第28条特别规定了解除劳动合同的法律后果，用人单位应依法一次性给劳动者经济上的补助费用。劳动法及劳动部的《违反和解除劳动合同的经济补偿办法》都没有对经济补偿的种类明文规定。从劳动部颁布的文件看，经济补偿的外延应该包括两个方面：一是狭义的经济补偿，也叫生活补助费，是指用人单位根据劳动者在本单位的工作年限，在解除劳动合同后发给一定的生活费用；二是医疗补助费，即订立劳动合同的劳动者因患病或非因工负伤，在医疗期满后不能从事原工作的，用人单位在解除劳动合同后给予一定的医疗救治费用。根据《违反和解除劳动合同的经济补偿办法》的规定，只要符合《劳动法》上用人单位支付经济补偿条件的，用人单位应当按照劳动者在本单位工作的年限，工作时间每满一年的，发给相当于一个月工资的经济补偿金。① 另外，法律救济方式还包括：向社会保险经办机构交纳有关费用、出具劳动关系终止证明书、提供职业健康监护档案、为被裁减人员提供一定的就业保障、返还劳动者寄存财产以及继续提供住房等。②

## 二　简评

南非对于雇主解雇雇员的规定是比较周详的，意即雇主不得擅自解雇雇员，毕竟随意解雇雇员会导致失业率升高，直接影响社会的稳定，加重国家对失业人员的经济负担。新南非时期，百废待兴，南非工人，特别是技术含量不高的黑人工人更是需要政府关注和扶持的群体，为了调和二元制经济矛盾和消除种族隔离时期遗留下来的不良影响，南非在对待解雇的问题上特别重视，主要表现在对解雇的理由正当性和解雇程序的公正性在《劳动关系法》中作了明确的法律规定。其对于促进南非的就业，减少失业率、维护社会的稳定和经济的发展起着很重要的作用。

我国与南非同属于发展中国家，并且我国正处于社会主义初级阶段，经济发展与社会稳定同样是我国应当关注的两大事项。劳动者是我国经济建设和社会发展的主力军和力量来源，他们自身的生存和发展的现实状态与我国各方面的长远发展紧密相连。因此，我国应当以立法的形式保证解雇理由的正当性和程序的合法性，限制部分用人单位随意解雇雇员，争取在劳动力市场实现公平、公正、合理、合法，切实保护处于弱势地位的雇员的权益。与此同时，雇主因不得随意解雇雇员，他们就会更加慎重地对待雇员，改善劳动基本条件、提高劳动者的福利待遇等方面，调和与劳动者的关系，而和谐的劳动关系对于雇主和劳动者，以及整个社会来说都是有利的。

---

① 刘焱白：《劳动关系稳定之法律调整研究》，博士学位论文，湖南大学，2007 年。
② 同上。

　　南非解雇制度对我国提供的借鉴主要有两点。一是为我国对南非投资的企业提供参考和借鉴。虽然我国对南非投资企业的高级技术人才主要来源于本国，但是企业的生产工人则基本为南非工人，如果我国企业不了解南非劳动法律关于解雇制度的规定，随意解雇雇员，则非常有可能陷入不公正解雇的劳动争议中，因此，了解南非的解雇制度对于我国企业来说不无裨益。二是南非解雇制度和理念体现的公平与公正的立法精神可以为我国借鉴。南非劳动法深受英国法的影响，因而不难理解其解雇制度所包含的公平与公正的精神，如要求解雇理由具有正当性及解雇程序具有公正性，否则该解雇为不公正的解雇。

　　当前，我国的《劳动法》《劳动合同法》和《工会法》中都规定了用人单位不可以与劳动者解除劳动合同关系的情形，但总体来说，这些劳动立法中的有些条款赋予了用人单位更多的解雇劳动者的权利和自由，如《劳动法》的第 25 条至第 28 条，《劳动合同法》的第 39 条至第 41 条，这些条款都体现了用人单位对劳动者的"宽出"精神，对用人单位对于解雇雇员的证据提供方面并没有严格的规定。我国是法治国家，公平与正义是我国立法追求的精神所在，南非的解雇制度可以为我国的相关立法提供参考或借鉴。

# 第四节　　劳动争议处理制度的比较

## 一　劳动争议处理的立法史比较

　　从立法来看，各国都有关于劳动争议处理的相关立法，劳动争议产生的前提是由于劳动关系不和谐，难以维续，而解决劳动争议，恢复和谐的劳动关系不仅有利于社会的稳定，更有利于经济的发展，为此，各国都对劳动争议的解决予以立法。从南非劳动历史的发展来看，1652 年荷兰东印度公司在南部非洲建立了第一个欧洲的据点。来此定居的欧洲人带来了一些本国的奴隶。1685 年，为了解决他们面临的劳动力短缺的问题，荷兰东印度公司从新几内亚海岸和安哥拉运载一船奴隶为私人所有。后来的大部分的奴隶来自马达加斯加、印度尼西亚、南印度和锡兰。1834 年，南部非洲的奴隶制度被废除，1856 年，开普的白人农场主积极要求制定法律以解决他们劳动力短缺的问题。因此，当时的立法以非歧视的方式规定了主人和仆人各自权利和义务，在此期间，作为仆人的劳动者居于从属的社会地位并没有完全支配自己劳动权利的自由，真正的劳动关系无从产生，更无涉及代表劳动者与雇主或雇主组织谈判以维护劳动者权益的工会的问题。

　　南非的工会主义来源于南非工业革命时期，由于钻石、黄金的发现以及随后发展的矿产业需要大量的技术型劳动力，而当时的南非并无足够的技术型劳动力，因而，大部分的来自英国的欧洲移民被雇用从事技术型工作。这些工人从欧洲，特别是从英国带来了英国的工会主义。虽然关于第一次工人运动的形成并不是绝对的确定。但是关于南非第一个工会的建立时间和地点是有争议的。如南非学者芬尼莫尔（Finnemore）和范德莫维（Van der Merwein）认为，南非第一个有相关记录的工会是建立于1881年的木匠和工匠工会。这个工会代表主要从澳大利亚和欧洲招聘而来的技术型白人工人。而范加斯维尔德（Van Jaarsveld）和范艾克（Van Eck）则认为南非的第一个工会建立于1892年约翰内斯堡。随后，工会的建立成为一种发展趋势，但是依据传统和习惯，由在19世纪下半叶主要来自英国的国外技术型矿工和工匠依据其独特的工会主义建立的工会仍然排斥黑人工人，黑人工人的劳动权益得不到关注与保障。

　　1909年，德兰士瓦省的立法机构制定了《劳资争议预防法》。总的来说，这是南非第一部用于规范和调整劳动关系的立法。根据该法，如果雇主必须给予一个月的时间通知雇员关于其打算对适用于企业的雇用期限和条件进行调整。如果雇员反对雇主的调整计划，那么某调解和调查委员会应当被任命以调查该事项，并且在一个月内提交调查报告。除非争议双方另有约定，委员会的调查结果不具有约束力，而仅仅具有提供咨询的作用。任何劳工行动（如罢工、怠工等）不被允许，除非调解和调查委员会对争议进行报告，并且直至关于单边行动的中止时间届满。该法不适用于雇用不足10名雇员的雇主和公职人员。而此后颁布的1910年《宪法》、1911年的《矿场和工作法》和《土著人劳动管理法》，以及1923年的《土著人市区法》都对黑人劳动的权利和自由进行了限制，其宗旨在于保护白人工人的权益。为此，黑人劳工的罢工和示威游行活动频发，其比较严重的一次劳工动乱为德兰叛乱，这次叛乱导致大量的工人死亡和严重受伤。它使得当时的政府意识到需要急切关注劳资关系。因而，这次叛乱之后，直接导致的结果是亟须为工作条件的有序谈判建立一个调解机制的机构，同时它也加速了劳动立法的改变，即 1924 年《劳资调解法》的颁布实施。

《劳资调解法》是南非第一部综合性的劳动立法。它不仅认可了南非工会运动的合法性，而且保护工会与其成员对其雇主的对抗，并且允许他们以组织的形式发挥作用。该法仍保持适用 1909 年《劳资争议预防法》的基本原则，并且支持以受限的劳工行动为基础的自愿的集体谈判程序。它制定了集体谈判的法律框架和争议解决机制，以及规范罢工和闭厂。此外，它要求工会和雇主组织进行强制性的登记。虽然说，该法相对之前的法律是一大进步，但是该法因明确表示黑人雇员不属于其对雇员的解释范围，并且他们不得从该法的规定中获得任何利益，只有白人和"有色"工人可以组织和加入已登记的工会。可见，这仍是一部具有种族歧视的劳动立法。该法后来在 1930 被修正，该修正案授权劳工部部长在劳资委员会或调解委员会的建议下，明确说明"不包括在雇员解释范围之内"的人员的最低工资和最大限度的工作时间。1924 年的《劳资调解法》被 1937 年第 36 号《劳资调解法》替代。但是该法的制定并没有改变当时的双重劳资关系体系。到了 1946 年末，由于长期以来的黑人劳动的权益问题没有得到实质性的改善，终于又爆发了一次大型的黑人劳工罢工，很多人因此而受到伤害，政府对于罢工的反应是修正劳资调解法以限制黑人工人的罢工。

在 1948 年至 1993 年的种族隔离期间，黑人工会运动更是受到了阻碍。1950 年，在博塔委员会的建议下，当时的政府通过了《镇压共产主义法》压制黑人工人的组织权和运动。该委员会建议黑人工会能够与法定机构协商，但是仅在国家同意由国家官员主持建立的调解委员会。由于害怕黑人工会会成为当时政局改变的平台，当时的政府将黑人工人排除在机构性的集体谈判组织以外，导致有关黑人工人的劳动争议问题得不到有效的解决，这样，他们只得制定了 1953 年《土著人劳动争议解决法》。该法规定雇用 20 人及以上人数的黑人工人的工业企业的内部委员会的选举，它们的权力是极小的，莫过于当争议产生于工厂时，有权受到请示。

1956 年，1924 年《劳资调解法》被废除并通过了新法，即 1956 年《劳资调解法》。该法的实施进一步推进了南非的种族隔离政策。它全面禁止了结社自由和代表工人利益的工会权利。班图人工人不属于该法对雇员解释的范围，即使如此，大量的黑人工人仍大规模地组织和成立工会，由于不允许登记，他们并不具有合法的地位，得不到法律的保护。因此，即使他们能够与个人公司进行协商谈判和签订集体协议，但是 1956 年《劳资调解法》的规定是得不到执行和具有法律效力的。20 世纪 60 年代，由于南非国内的种族隔离政策的进一步严峻以及联合国大会对南非实施种族隔离政策的强烈谴责，南非退出国际社会并进入了更加孤立的状态。

1973 年，黑人工人开始为工资待遇的提高而举行罢工。整个南非的工业陷入停顿状态。罢工之后，黑人工人开始组织和建立工会，并称其为"独立的工会"，因为一直以来，黑人工会都被视为与现存的白人工会相分离的工会组织。在同年年末，1973 年《班图人劳动管理法》被通过。该法致力于规定黑人雇员的工作条件、防止和解决黑人雇员与其雇主之间的争议，以及设立劳动委员会的程序。但是该法并不包括所有的黑人工人在内，那些从事农业、金矿和煤矿，以及政府服务工作的黑人工人不属于该法调整的范围。1977 年，南非政府任命维尔汉委员会对南非的劳动关系和工会主义进行全面调查，并于 1979 年发布研究报告。报告指出，应当从根本改变劳资关系体系，赋予所有的雇员无论其性别、种族或信仰的自由结社权，以及赋予工会登记的权利无论其组成是依据肤色、种族或性别，并且呼吁建立劳资法院和取消职位保留，等等。维尔汉委员会的大部分建议都获得采纳，随之，1956 年《劳资调解法》分别在 1979 年和 1980 年进行修正，而 1981 年的修正案则改名为 1956 年第 28 号《劳动关系法》。该法并于 1982 年、1983 年、1984 年、1988 年、1991 年进行修正。其中 1988 年修正案提出建立劳动上诉法院。

20 世纪 90 年代，南非社会的一个显著特征为新劳动力的分配与组合。在此期间，南非面临着前所未有的社会经济和政治问题。这些问题中的大部分流向劳动关系领域，导致消费者抵制和罢工数量急剧增长。为了解决这些新出现的劳动问题和解决种族隔离时期遗留的历史问题，废除南非所有涉及种族歧视的劳动立法，南非政府及时制定和颁布了新的《劳动关系法》，即 1995 年《劳动关系法》[①]，该法对南非劳动争议处理的程

---

① 该法的第七章"争议解决"（包括第 1 节"调停、调解和仲裁委员会"；第 2 节"对委员会和私人机构的委派及其补贴"；第 3 节"由调停、调解和仲裁委员会负责的争议解决"；第 4 节"劳动法院"；第 5 节"劳动上诉法院"；第 6 节"适用于依据本法设立的法院的一般条款"）、附录 3"调停、调解和仲裁委员会"、附录 4"争议解决——流程图"，以及附录 7"过渡性措施"（第 3 节"关于现存工会、雇主组织、工业委员会和调解委员会的条款"；第 5 节"争议和法院"）。

序、机构及其管辖范围进行了详细的规定。

现行南非关于劳动争议的立法有：2002 年《劳动关系法修正案》、2010 年的《劳动关系法修正草案》①、1993 年第 181 号《职业健康与安全法修正案》、2010 年《就业平等法修正草案》、2001 年《失业保险法》、1997 年《就业基本条件法》、1998 年《技能发展法》、1998 年《就业平等法》、2010 年《就业服务法草案》等。这些法律的实施对于缓解劳动纠纷，构建和谐的劳动社会关系起到了一定的作用。

我国关于劳动争议处理制度的法制建设也同样历经沧桑。在中华人民共和国成立初期即已存在简易的劳动争议处理制度。在国民党统治时期，为了协调劳资之间日益尖锐的矛盾，削弱日益高涨的工人运动，国民党政府于 1928 年 6 月 9 日颁布了《劳动争议处理法》，后于 1930 年修正。②该法规定了劳动争议处理的机构及其组成，以及强制仲裁的程序。与此同时，中国共产党也非常重视劳动争议处理工作，早在第二次国内革命战争时期，就在革命根据地建立了劳动争议处理机关，制定解决劳动争议的办法。③ 1931 年 11 月，在江西瑞金召开的中华苏维埃工农兵第一次全国代表大会上通过《中华苏维埃共和国劳动法》，这部法律第一次将劳动争议处理确定为一项法律制度，规定了劳动争议处理的机构和受理劳动争议的范围。1933 年 10 月 15 日，中华苏维埃共和国中央执行委员会发布了新的《苏维埃共和国劳动合同法》，对劳动争议的处理作了更详细的规定。其中的一些制度为中华人民共和国建立劳动争议处理制度奠定了基础。④

共和国初期，中华全国总工会于 1949 年 11 月制定了《关于劳资关系暂行处理办法》和《劳资争议处理程序》，劳动部于 1950 年制定了《市劳动争议仲裁委员会组织工作规则》和《关于劳动争议解决程序的办法》，根据这些法规，我国初步建立了一套包括协商、调解、仲裁和审判的劳动争议处理制度。⑤ 随着资本主义工商业社会主义改造的完成，国家进一步强调计划经济体制，劳动关系越来越单一，劳动争议逐年减少，加之当时对社会主义法制缺乏正确的认识，劳动争议仲裁和审判制度于1955 年 7 月以后中断，原有法规自行停止施行。此后的劳动争议工作由

---

① 该法提出修改劳动法院的管辖权限。
② 兰仁迅：《劳动争议解决机制研究》，知识产权出版社 2012 年版，第 72 页。
③ 同上书，第 72 页。
④ 同上书，第 72—73 页。
⑤ 同上书，第 74 页。

信访部门承担。直到 1987 年 7 月国务院发布《国营企业劳动争议处理暂行规定》，中断 30 年的劳动争议处理制度才得以恢复。在党和国家把建立社会主义市场经济体制明确规定为经济体制改革的目标模式以后，劳动争议制度及其立法进展迅速并趋向完善。①

目前，我国关于劳动争议处理的现行立法，主要包括《劳动法》中的劳动争议处理专章规定，2007 年制定的《劳动争议调解仲裁法》，1993年制定的《劳动争议仲裁委员会组织规则》《劳动争议仲裁委员会办案规则》和《企业劳动争议调解委员会组织及工作规则》，以及 2001 年的《最高人民法院关于审理劳动争议案件适用法律若干问题的解释》、2006年的《最高人民法院关于审理劳动争议案件适用法律若干问题的解释（二）》。②

任何劳动者都有权利通过劳动争议处理机制，获得公平、公正地处理和消除劳动纠纷的机会，并通过该项机制最终获得生存和发展、劳动自由、平等对待等多项劳动权利，这是两国劳动争议处理机制不断发展和完善的目标与追求。上述两国关于劳动争议处理制度的立法史显示，任何一项劳动争议处理制度的创立、发展和完善不是一项一蹴而就的工程，它是两国人民不懈努力、勇于抗争的结果。两国都有同样的反抗帝国主义、殖民主义和种族歧视的艰辛历程，特别是南非历经长达 80 年的种族隔离制度。该时期虽然存在劳动争议处理制度，但是由于带有明显种族歧视色彩，导致黑人工人的劳动争议得不到有效的解决，黑人的劳动诉求无法得到重视，只是承担劳动义务而不能享有劳动权利。幸运的是，通过黑人工人及其工会组织的努力争取以及国际社会对南非种族隔离制度的强烈谴责，南非最终得以拨云见日，彻底结束了种族隔离制度，建立了新南非，废除了所有的种族歧视法律，制定和颁布了新的劳动关系法，并通过该法建立了一项消除一切歧视，实现平等对待和确保程序公平公正的劳动争议处理制度，确实保障所有南非劳动者的合法权益。我国也在中华人民共和国成立以后，根据社会经济和政治发展的现实状况如初创阶段、中断阶段和发展完善阶段，以及我国劳动关系的特点，制定和颁布了一系列新的劳动法律法规，同时建立了相应的劳动争议处理机制，这不仅有利于我国及时处理劳动争议和协调劳动关系，而且有利于我国构建具有中国特色的劳

---

① 兰仁迅：《劳动争议解决机制研究》，知识产权出版社 2012 年版，第 75 页。
② 王全兴：《劳动法》，法律出版社 2008 年版，第 426 页。

动社会经济关系。

## 二　劳动争议处理的范围比较

劳动争议根据不同的分类标准，可以做出不同的分类。不同的劳动争议类型可以适用不同的处理原则和方法。这是对劳动争议进行分类的法律意义所在。从南非与我国的立法和实践来看，可以主要分为下列类型。

第一，以争议主体作为分类标准，两国都存在三种争议类型，即个别争议、集体争议和团体争议。个别争议也被称为个人争议，是指单个职工与用人单位之间发生的劳动争议。争议的当事人是个别劳动者与个别雇主，而非劳动者团体或雇主组织。[①] 如我国《劳动法》第 77 条规定："用人单位与劳动者发生劳动争议，当事人可以依法申请调解、仲裁、提起诉讼，也可以协商解决。"集体争议，又称多人争议或群体性争议，是指多个（或称部分）职工当事人基于共同理由与用人单位发生的劳动争议。[②]其标的是部分职工的共同利益，如我国《劳动争议仲裁调解法》第 7 条规定："发生劳动争议的劳动者一方在十人以上，并有共同请求的，可以推举代表参加调解、仲裁或者诉讼活动。"团体争议，亦被称为集体合同争议，是工会与用人单位或其团体之间因集体合同而发生的争议。[③] 如我国《劳动合同法》第 56 条规定："用人单位违反集体合同，侵犯职工劳动权益的，工会可以依法要求用人单位承担责任；因履行集体合同发生争议，经协商解决不成的，工会可以依法申请仲裁、提起诉讼。"对于上述三种争议类型，南非《劳动关系法》第 134 条作了明确的规定："（1）争议的一方为：（i）一个或多个工会；（ii）一个或多个雇员；或者（iii）一个或多个工会和一个或多个雇员；并且（2）争议的另一方为：（i）一个或多个雇主组织；（ii）一个或多个雇主；或者（iii）一个或多个雇主组织和一个或多个雇主。"该规定将南非劳动争议的类型表述得一览无遗。

第二，以劳动权利的履行或缔结作为分类标准，可以分为权利争议和利益争议，南非与我国都有这两种争议类型。权利争议，又被称为实现既定权利的争议，还可被称为履约争议，是指因实现劳动法、集体合同和劳

---

① 兰仁迅：《劳动争议解决机制研究》，知识产权出版社 2012 年版，第 31—32 页。

② 王全兴：《劳动法》，法律出版社 2008 年版，第 422 页。

③ 劳动争议的类型依据争议主体划分的标准及争议类型的区别可详见王全兴《劳动法》，法律出版社 2008 年版，第 421—422 页。

动合同所规定的权利和义务所发生的争议。① 该争议的解决可按照双方约
定的方式和程序予以解决。如我国《劳动法》第 84 条规定："因履行集
体合同发生争议，当事人协商解决不成的，可以向劳动争议仲裁委员会申
请仲裁；对仲裁裁决不服的，可以自收到仲裁裁决书之日起十五日内向人
民法院提起诉讼。"南非《劳动关系法》第 24 条对因集体合同发生的争
议规定如下："每份集体协议，不包括依据第 25 条签订的工会代理制企
业集体协议或者依据第 26 条签订的封闭型企业集体协议或者第 142A 条
或第 158 条第（1）款第（c）项涉及的和解，都必须规定解决任何相关
集体协议的解释和适用的争议的程序。该程序必须事先要求争议方尽量通
过调解解决争议，如果该争议仍然未被解决，则通过仲裁解决。"利益争
议，又被称为确定权利的争议，还可被称为缔约争议，是指因主张有待确
定的权利和义务所发生的争议。利益争议一般不是通过调解、仲裁、诉讼
程序解决，而是在政府干预下由双方协商解决。② 如我国《劳动法》第
84 条同时规定："因签订集体合同发生争议，当事人协商解决不成的，当
地人民政府劳动行政部门可以组织有关各方协调处理。因履行集体合同发
生争议，当事人协商解决不成的，可以向劳动争议仲裁委员会申请仲裁；
对仲裁裁决不服的，可以自收到仲裁裁决书之日起十五日内向人民法院提
起诉讼。"③ 南非劳动法也对对上述争议进行了规定，如 1924 年《劳资争
议调解法》规定了利益争议的解决，而普通法院则负责权利争议的处理。
现行《劳动关系法》第 134 条规定，涉及相互利益争议案件的任何一方
可以以书面形式提交该争议至调解、调停和仲裁委员会。

## 三　劳动争议处理程序比较

　　两国在处理劳动争议时均适用合法、公正、及时处理原则和注重调解
原则。合法，即依照相关劳动法律法规的规定处理劳动争议。公正，即在
程序的适用过程中对争议当事人在事实调查、适用法律和最后的裁决或判
决中，不偏不倚，不徇私枉法和平等对待。确实保障争议当事人在争议解
决程序中的权利。及时，即当争议发生后，要求相关部门积极处理争议，

---

① 王全兴：《劳动法》，法律出版社 2008 年版，第 422 页。
② 同上。
③ 《中华人民共和国劳动法》第 84 条，资料来源于 http://www.jingbian.gov.cn/ztfw/zzrd/job/16120.htm。（2018 年 9 月 11 日）

尽量避免争议的积压和纠纷导致的严重后果。如我国《劳动争议调解仲裁法》第 1 条规定："为了公正及时解决劳动争议，保护当事人合法权益，促进劳动关系和谐稳定，制定本法。"① 第 3 条规定："解决劳动争议，应当根据事实，遵循合法、公正、及时、着重调解的原则，依法保护当事人的合法权益。"② 南非劳动争议处理制度虽然没有明确指出应遵循的原则，但是它对调解、调停和仲裁委员会的独立性、劳动法院和劳动上诉法院的社会地位，即劳动法院相当于高等法院，而劳动上诉法院相当于最高上诉法院的规定，有利于保证争议处理机构的公正性和权威性，从而有利于保证劳动争议处理程序的公正性，此外，《劳动关系法》还对争议案件提交调解、仲裁和诉讼解决的时间进行了限制，使得争议案件能够及时得到处理。如该法的第 135 条 "通过调解解决争议"、第 136 条 "任命委员通过仲裁解决争议"。

在劳动争议处理的程序上，两国都注重选择调解和仲裁作为基本的解决方式。这是因为调解和仲裁具有简便、快捷和低廉的特点，加之通过调解和仲裁方式解决的案件能够得到及时和有保障地执行，从而被双方当事人广泛选择。对国家而言，当事人选择调解和仲裁方式，能够迅速、有效地解决劳资争议，有利于促进劳资双方的和解和合作，规范劳动力市场，稳定社会秩序。如我国《劳动争议仲裁调解法》第 4 条规定："发生劳动争议，劳动者可以与用人单位协商，也可以请工会或者第三方共同与用人单位协商，达成和解协议。"第 5 条则进一步规定："发生劳动争议，当事人不愿协商、协商不成或者达成和解协议后不履行的，可以向调解组织申请调解；不愿调解、调解不成或者达成调解协议后不履行的，可以向劳动争议仲裁委员会申请仲裁；对仲裁裁决不服的，除本法另有规定的外，可以向人民法院提起诉讼。"由此可见，我国劳动争议处理程序通常是"一调一裁两审制"，即在整个处理程序中，当事人可以自愿选择协商和调解作为争议解决方式。劳动仲裁程序是劳动争议处理的关键性环节，同时也是劳动司法诉讼的必经程序。依我国"先裁后审"的规则，劳动者必须事先仲裁争议，对仲裁不服的才能向人民法院提起诉讼，进入"二

---

① 《中华人民共和国劳动争议调解仲裁法》第 1 条，https：//baike. baidu. com/item/中华人民共和国劳动争议调解仲裁法/10232514? fr=aladdin。（访问日期：2018 年 9 月 11 日）

② 《中华人民共和国劳动争议调解仲裁法》第 3 条，https：//baike. baidu. com/item/中华人民共和国劳动争议调解仲裁法/10232514? fr=aladdin。（访问日期：2018 年 9 月 11 日）

审终审"的普通诉讼程序。但是上述争议解决程序仅涉及个别劳动争议，而事关集体合同订立之争议则另有规定，如《劳动法》第 84 条规定："因签订集体合同发生争议，当事人协商解决不成的，当地人民政府劳动行政部门可以组织有关各方协调处理。因履行集体合同发生争议，当事人协商解决不成的，可以向劳动争议仲裁委员会申请仲裁；对仲裁裁决不服的，可以自收到仲裁裁决书之日起十五日内向人民法院提起诉讼。"① 从该规定来看，集体合同的签订和履行引发的争议适用协商解决，其中签订集体合同的争议涉及利益争议，而集体合同履行之争议则是权利争议，二者性质不同。我国规定适用行政协调程序处理利益争议，并不允许其进入"一裁两审"的程序。

我国关于劳动争议处理的机构主要有以下几个。(1) 劳动争议调解组织。如企业劳动争议调解委员会，依法设立的基层人民调解组织，在乡镇、街道设立的具有劳动争议调解职能的组织，劳动仲裁机构，以及法院。② 这些机构都是依据法律明文规定进行设立以通过调解的方式来解决争议。此外还有一些行政性调解组织，其由政府职能部门成立、由政府职能部门来担任调节者。在实践中，信访机构也担负着劳动争议调解职能。(2) 各级劳动仲裁委员会。仲裁是处理劳动争议的基本程序，也是劳动争议诉讼的前置程序。在有些争议案件的处理中，也可以实行一裁终局。它包括了仲裁庭和劳动仲裁员。(3) 普通法院，即国家建立的统一审理包括劳动争议案件在内的各种案件的司法审判机构。在我国，劳动诉讼是解决劳动争议的最后阶段，其与仲裁的关系可概括为：仲裁是诉讼前的必经处理方式，诉讼是仲裁后的重新处理方式。如我国《劳动法》第 83 条规定："劳动争议当事人对仲裁裁决不服的，可以自收到仲裁裁决书之日起十五日内向人民法院提起诉讼。一方当事人在法定期限内不起诉又不履行仲裁裁决的，另一方当事人可以申请人民法院强制执行。"从实践来看，我国在审理和解决劳动争议案件时，实体上适用劳动法，程序上适用民事诉讼法。但是民事诉讼法是私法程序法，劳动法是社会法，二者存在程序法和实体法的冲突，为此，我国就劳动诉讼制定特别规则，如《最高人民法院关于审理劳动争议案件适用法律若干问题的解释》（法释

---

① 《中华人民共和国劳动法》第 84 条，载 http://www.jingbian.gov.cn/ztfw/zzrd/job/16120.htm。（2018 年 9 月 11 日）

② 兰仁迅：《劳动争议解决机制研究》，知识产权出版社 2012 年版，第 141 页。

［2001］14号）对劳动诉讼的范围和程序进行了明确的解释。

南非《劳动关系法》规定，权利争议主要通过劳动法院的判决或通过调解、调停和仲裁委员会、私人争议解决机构或者谈判委员会的仲裁解决争议。在所有的案例中，争议在进行仲裁或司法判决之前，必须进行调解。调解是仲裁或司法判决的必经程序，仲裁或司法判决时争议解决的最后阶段。调解程序需要使用中立的或争议方可以接受的第三方协助达成相互可以接受、具有可行性和约束力的解决方案。如果权利争议经过调解解决，则争议可以提交仲裁或者司法判决。权利争议分别提交仲裁和司法判决的原因是因为考虑到某些争议案件具有公共政策的性质，如（开支紧缩），所以，可能影响公共政策的案件都移交劳动法院的管辖领域。利益争议也必须经过调解程序予以解决，如果在调解阶段中未能解决，一般情况下，该争议会倾向于导致罢工或者闭厂的劳工行动，但是这种情况不常出现。如果利益争议涉及一项基本服务活动，则该争议应提交仲裁，如果仲裁不服的，可以提交司法判决。

两国关于劳动争议处理制度的区别主要是以下几点。（1）两国的争议处理程序不一样。我国以仲裁作为一般争议案件的必经程序，而南非则以调解作为一般争议案件的必经处理程序。（2）争议处理的结果不一样。我国劳动争议处理的结果有两种，即仲裁裁决或司法判决。南非劳动争议处理结果有三种，即劳工行动、仲裁裁决和司法判决。（3）劳动诉讼机构的设置不一样。我国实行单一的司法模式，即同样在普通法院进行劳动诉讼。如我国《最高人民法院关于审理劳动争议案件适用法律若干问题的解释》（法释［2001］14号）第8条规定："劳动争议案件由用人单位所在地或者劳动合同履行地的基层人民法院管辖。劳动合同履行地不明确的，由用人单位所在地的基层人民法院管辖。"南非则设立了专门的劳动法院（法庭），即国家设立的专门负责审理劳动争议案件的司法审判机构。如《劳动关系法》第151—166条规定了劳动法院的建立、社会地位、组成、法官的任命、劳动法院法官任命的终身制、报酬、期限和条件、劳动法院的司法管辖权和权力等。第167—184条规定了劳动上诉法院的建立、社会地位、组成、劳动上诉法院法官的任命等。2010年的《劳动关系法修正草案》对劳动法院的管辖范围进行了修正，对争议的分流处理作了进一步的规定，从而可以减少纠纷的积压，及时快速地处理纠纷，恢复正常、和谐的劳动关系。

## 四　简评

南非劳动争议法律制度体现了传统与现代的结合，即一方面注重调解，这是非洲传统文化中的精髓，非洲人追求和谐的社会关系。他们认为，解决争端重在和解，首先要能集团的一致和恢复集团成员间的协调与谅解。对个人而言，社会道德主张宽容和谦让，胜诉者常常放弃判决的执行。法国比较法学家达维德说：非洲人"他们所关心的只是与时间毫无关系的集团（部落、等级、村庄、家族等），而不是像西方那样关心个人、夫妇、家庭这样一些不持久的因素"。① 可见，尊重传统、注重集团本位，强调社会和谐是非洲人的精神所在。在《劳动关系法》中，凡涉及争议解决的条款，大多规定必须进行调解，调解不成的，可以申请仲裁或司法判决，调解是争议解决的必经程序。它具有程序简便、费用低廉、能够及时消除争议的特点，常常被作为争议处理的首选方式。在我国，协商或调解也是我国争议解决的重要手段，但它仅是可供选择适用的争议解决方式，而仲裁是必经程序，普通法院的司法判决时最终程序。

近些年来，我国劳动争议案件日益增多，由于争议案件可以不经调解直接进入仲裁程序而导致仲裁结构不堪重荷，对仲裁裁决不服的，移交司法机关，而我国使单一模式的司法体制，导致争议案件难以得到快速有效的解决，长期如此的局面必定会对劳动社会关系的和谐造成负面影响。因此，我国也可以参考一下南非调解制度在劳动争议案件解决中所发挥的重要功能，加强我国调解制度的建设。另外，南非如同其他现代发达国家一样，建立了专门的劳动法院，其劳动法院的组建和运作模式亦可为我国劳动诉讼制度的建设提供借鉴。王全兴教授说，我国目前的司法机构不足以支撑单一的司法模式，法院是劳动争议案件的最后审理者，其劳动司法职能由民事审判庭承担，因而表现出种种弊端。为了解决这些存在的问题，王全兴教授建议我国要么建立单一的仲裁机构，借鉴澳大利亚的强制仲裁制，要么实行单一的司法机构模式，借鉴德国、芬兰、瑞典等国家的劳动法庭或劳动法院。无论何种选择，都必须对我国现有的劳动争议处理机构进行改革。因为组建劳动法院或劳动法庭专门受理劳动争议案件，具有以下优势。（1）减少劳动争议处理的环节。（2）司法机关和行政部门分离，

---

① 夏新华：《非洲法律文化专论》，中国社会科学出版社 2008 年版，第 28—29 页。

有助于实现劳动司法的独立。(3) 劳动争议的司法最终解决，有助于强化劳动法的效力。(4) 增强劳动争议案件处理的权威性，便于案件结果的尽快执行以及审理过程中的先予执行。(5) 符合人们在选择法律救济途径时对司法偏好大于对仲裁偏好的国情。[①] 同时，王全兴教授也指出在我国目前的情况下，这种单一的司法模式的建立存在相当大的困难，即使如此，这种单一的劳动司法模式将是我国劳动和司法改革的最终目标。南非与我国同属发展中国家，两国都有反帝、反殖民主义、反压迫的历史经历，南非能够成功组建并实行单一的司法机构模式的经验是可以为我国提供参考和借鉴的。

---

[①]   王全兴：《劳动法》，法律出版社 2008 年版，第 434 页。

# 结　语

　　本书以"南非劳动法研究：历史、制度及个案评析"作为选题，初期的目的仅是介绍南非的劳动法律制度和理念，了解和掌握南非劳动法律制度的运行模式和值得我国参考和借鉴的方面，如今我国正在大力践行"一带一路"对非洲投资战略，该选题的研究具有更加重要的时代背景、价值和意义。非洲是"一带一路"建设的重要区域，也是中国向西推进"一带一路"建设的重要方向和落脚点。然而，"一带一路"对非投资的过程中，会遇到诸如政治、经济、法律、文化、宗教等风险，作为非洲法的研究者，有必要研究非洲法律的风险，防范和避免我国在对非洲投资过程中遭遇重大的经济损失。我国在南非投资设厂和雇用员工，势必会涉及南非的劳动雇用法律制度，而我国目前，学界对南非劳动法律制度的研究还比较粗浅，能够从宏观和微观相结合的方式来研究南非劳动法尚属空白领域。因此，本选题以我国的"一带一路"对非投资目标以及南非本国的政治、经济和法律发展的历史作为研究背景，同时以南非独具特色的混合法律制度的形成作为研究视角，对南非劳动法律制度的历史、制度和案例展开研究。

　　通过研究发现，南非劳动法律制度经历了萌芽、形成和发展的漫长历史过程，南非劳动法的历史是一部劳动者被奴役的历史，也是一部劳动者从奴隶翻身做主人的历史。在新南非以前，南非遭遇了殖民主义、帝国主义和种族压迫主义的扭曲，历届政府仅仅是维护白人统治阶级的工具，黑人劳工和其他肤色劳工的身心健康、福利待遇、基本权利和社会地位长期得不到当局的重视和立法关注。新南非以后，南非终于摆脱了300多年受奴役的殖民主义生活，终于结束了从1948—1994年间长达46年的暗无天日的种族隔离统治，重新回到国际组织和人民的怀抱，劳动法律与国际劳工立法相接轨，国内政治经济领域也进入了新的发展空间，一跃成为当前非洲经济最发达的国家，而且是我国对非贸易投资的重要国家之一。然而，南非长期以来的种族隔离政策，传统的政治经济体制模式以及雇员自身的专业技能的低下等因素，深深地影响着南非的就业率和行业的发展。为了积极消除上诉原因导致的失业，促进国内经济的复苏和发展，建立和谐稳定的劳动社会关系，新南非结合本国实情，依据新《宪法》和国际劳工法律法规，适时制定、修正和废除了涉及规范和调整个人劳动行为、集体劳动行为、个人和集体劳动关系的法律和法规，如 1993 年《职业健康与安全法》、1995 年《劳动关系法》、1996 年《失业保险法》、1997 年《就业基本条件法》、1997 年《工伤和职业疾病赔偿法修正案》、1998 年《就业平等法》、1999 年《技能发展征税法》、2000 年《促进平等和防止不公正歧视法》、2001 年《养老金基金法》、2010 年《就业服务法》等。可谓立法体系非常完善，基本涉及劳动者权益保护的方方面面。尤其在劳动争议解决方面，不仅设立了非司法程序机构如调解、调停和仲裁委员会和私人争议处理机构，而且建立了专门的司法处理机构如劳动法院。在南非，调解是解决权利争议和利益争议的首选和必经程序，仲裁程序是争议在调解未决之后的解决方式，而司法判决是最终阶段，一般由劳工法庭和劳动上诉法庭组成。在司法审判中，由于南非的法律体系深受英美法的影响，遵循先例原则成为法官判案的嗜好，判例法在案例的审判中有着举足轻重的地位，发挥着重要的作用。

　　本书选取了南非比较有特色的集体谈判制度、工场论坛制度、劳动解雇制度、劳动争议处理制度、劳动合同制度、工资与福利制度、工作时间制度、儿童用工制度、职业健康与安全制度、失业保险制度和劳动检查制度进行了介绍和论述，充分展现了南非在积极吸取外来先进法律文化影响的同时，仍能够结合本国的基本情况，使得外来法与本国法能够相融并存，促进本国法律制度的建设和法律体系的完善，这是值得我们思考和借鉴的方面，为了进一步理解南非劳动法律制度的运行和其中体现的法律理念和精神价值，本书通过理论与实践相结合的方式，选取了三个比较有特色的案例，这三个案例不仅能够反映劳动法特点，并且通俗易懂，有利于深刻理解和分析当前南非的劳动法律制度。这三个案例分别为皮厄纳尔诉斯坦陵布什大学及齐科特教授案、丰田南非汽车有限公司诉刘易斯、格尔布勒及调解、调停和仲裁委员会案，以及开普服装协会诉南部非洲服装和纺织工人联合会、关于服装制造业的国家谈判委员会（开普接待处）案。这三个案例充分展示了南非的不公正解雇制度、劳动仲裁制度、公众假日制度、劳动者带薪休假制度的具体运行状况，以及南非劳动法院中本土习惯法、制定法和司法判例的相互影响和作用。

　　虽然南非的劳动法律体系相比其他非洲国家而言已经比较发达了，然而，在经济发展全球化的时代，南非也不断表现出许多新的劳动问题，如跨国劳动关系的调整、劳动经纪的范围、童工保护、技能发展与非正式工的保护、自由结社权和集体谈判权的保护、劳动法行政属性的明确、行业规范与非正式经济的规范、劳动检查员权限范围的扩大、加强对家政工的保护、失业保险、职业伤害和疾病的赔偿、工作中的健康与安全等问题，以及相关法条相冲突时的调整。由于雇主或雇员在对上述问题的认识和处理上意见不一致或理解错误，导致劳动争议也随之增多，必然影响着社会的稳定和发展。因此，劳动法律的问题成为南非也不得不随时关注的一个重要领域。当前，我国正处于社会主义初级阶段，传统的劳动生产关系已不再适应新经济的发展，必须由原来的传统的产业关系向工业化、市场化的劳动关系转型，这样，市场可以实现对劳动力资源的最佳配置和优化组合，促进我国经济的快速发展。劳动关系是否和谐反映了国家、工会、用人单位在调和劳动关系中所起的作用的结果。因此，当我国在劳动领域面临类似的劳动关系问题时，可以参考与借鉴南非模式，取长补短，加强和完善我国的劳动立法及执法，使其具有可操作性，能够确实有效地保护每位劳动者的权益，而不是流于形式。

# 参考文献

## 一  英文参考文献

Basson et al., *Essential Labour Law*, Volume One, Second Edition, Labour Law Publications, 2000.

Grogan J., *Workplace Law*, Juta & Co. Ltd., 1998.

Du Toit et al., *The Labour Relations Act of* 1995− *A Comprehensive Guide*, Second Edition, Butterworths, 1998.

Thompson B., Benjamin P., *South African Labour Law*, Volume One, Juta Law, 2001.

Alan Glandstone et al., *International Labor Law Reports*, Volume 20, published by Kluwer Law International, 2001.

Antony Lemon, *Apartheid: A Geography of Separation*, published by Saxon House, Teakfield Limited, 1976.

Dawid Van Wyk et al., *Constitution and Right* (Ⅱ), published by Juta & Company Limited, 1995.

P Q R Boberg et al., *Annual Survey of South African Law*, published by Juta & Company Limited, 1998.

WJ Hosten et al., *Introduction to South African Law and Legal Theory* (Ⅰ), Hayne & Gibson Ltd. Pinetown Natal, 1977.

Reinhard Zimmermann and Daniel Visser, *Southern Cross: Civil Law and Common Law in South Africa* (Ⅱ), Clarendon Press · Oxford, 1996.

Dennis Campbell, *Legal Aspects of Doing Business in Africa*, Volume 4, Kluwer Law and Taxation Publishers, 1986.

Dawid Van Wyk et al., *Rights and Constitutionalism* (Ⅳ), published by

Juta & Company Limited, 1995.

Michael Robertson, *South African Human Rights and Labour Law Yearbook*, Volume 1, Oxford University Press, 1990.

Paul Benjamin, *Informal Work and Labour Rights in South Africa*, School of Economics of University of Cape Town, 2008.

Haroon Bhorat, Halton Cheadle, *Labour Reform in South Africa: Measuring Regulation and a Synthesis of Policy Suggestions*, University of Cape Town, 2009.

Paul Benjamin, *Labour Markets and Social Policy*, School of Economics of University of Cape Town, 2005.

Alan Rycroft, Barney Jordaan, *A Guide to South African Labour Law*, Juta & Co., Ltd., 1990.

Neville Botha and Carl Mischke, *Statute Notes: A New Labour Dispensation for South Africa*, Volume 41, Journal of African Law, 1997: 134-146.

Peter Nanyenya Takirambudde, *Protection of Labour Rights in the Age of Democratization and Economic Restructuring in Southern Africa*, Volume 39, Journal of African Law, 1995: 39-62.

The official Website of the South African Goverment., available at http: //www. gov. za/.

The website of the Department of Labour., available at http: // www. labour. gov. za/.

workinfo. com: A non official website which provides access to different sources of the labour law: laws, bills, case law, articles., available at http: //www. workinfo. com/service/refer. html.

National Labour Law Profile: South Africa, available at http: // www. ilo. org/public/english/dialogue/ifpdial/info/national/sa. htm#top.

Minister of labour of South Africa, Employment Equity Amendment Bill (2010),available at http: //www. workinfo. com/Articles/equity_ amendment_ bill_ 2010. htm.

Minister of labour of South Africa, Employment Services Bill (2010), available at http: //www. pmg. za/files/bill/101217 Employment Services

Bill. doc.

Minister of labour of South Africa, Basic Conditions of Employment Amendment Bill (2010), available at http：//www. workinfo. com/Articles/bcea _ 2010.htm.

Minister of labour of South Africa, Labour Relations Amendment Bill (2010), available at http：//www. workinfo. com/Articles/lra_ bill_ 2010. htm.

Makino, Kumiko, The Changing Nature of Employment and the Reform of Labor and Social Security Legislation in Post-Apartheid South Africa, IDE Discussion Paper. No. 140. 2008. 3, available at http：//hdl. handle. net/2344/730.

Labour Law Case of South Africa, available at http：//www.caselaw.co.za/ search.php? court＝0&stype＝caselaw&query＝labour+law+case&sfunc＝0 （2011/ 04/14）. (11) The South African Labour Guide, http：//www.labourguide.co.za/ caselaw/.

## 二　主要中文参考文献

洪永红、夏新华：《非洲法导论》，湖南人民出版社 2000 年版。

何勤华、洪永红主编：《非洲法律发达史》，法律出版社 2006 年版。

夏新华：《非洲法律文化专论》，中国社会科学出版社 2008 年版。

贺文萍：《非洲国家民主化进程研究》，时事出版社 2005 年版。

郑家馨：《南非史》，北京大学出版社 2010 年版。

杨立华主编：《列国志南非》，社会科学文献出版社 2010 年版。

［英］罗斯：《南非简史》（英文版），上海外语教育出版社 2006 年版。

叶兴增：《南非》，重庆出版社 2004 年版。

［南非］海因·马雷：《南非：变革的局限性——过渡的政治经济学》，葛佶、屠尔康译，社会科学文献出版社 2003 年版。

夏吉生：《当代各国政治体制——南非》，兰州大学出版社 1998 年版。

夏吉生主编：《南非种族关系探析》，华东师范大学出版社 1996 年版。

张林初：《非洲卷南部非洲诸国（三）南非——世界资源宝库》，军事谊文出版社 1987 年版。

卫灵：《艰难历程：南非反种族主义斗争始末》，世界知识出版社1997年版。

[英] Jonathan Reuvid 主编：《与南非做生意》，吕博、韩春霖、刘永义、任蓓蓓、孙娜、夏平译，中国海关出版社2004年版。

杨立华、葛佶、何丽儿、舒展、贺文萍：《正在发生划时代变化变革的国度：南非政治经济的发展》，中国社会科学出版社1994年版。

[波] 马利茨基：《种族主义在南非》，世界知识出版社1957年版。

王知津主编：《世界通览 南非 埃及卷（英汉对照）》，哈尔滨工程大学出版社2004年版。

艾周昌：《南非现代化研究》，华东师范大学出版社2000年版。

联合国教科文组织编写，A. 阿杜·博亨主编：《非洲通史》（第7卷），中国对外翻译出版公司，1991年版。

陆庭恩、彭坤元主编：《非洲通史 现代卷》，华东师范大学出版社1995年版。

艾周昌、郑家馨主编：《非洲通史 近代卷》，华东师范大学出版社1995年版。

何芳川、宁骚主编：《非洲通史 古代卷》，华东师范大学出版社1995年版。

欧高敦主编：《非洲：经济增长的新大陆》，经济科学出版社2010年版。

[美] 埃里克·吉尔伯特、乔纳森·T. 雷诺兹等：《非洲史》，黄磷译，海南出版社、三环出版社2007年版。

李琛：《南非工场论坛述评》，硕士学位论文，湘潭大学，2006年。

王益英主编：《外国劳动法和社会保障法》，中国人民大学出版社2001年版。

张伟主编：《外国劳动法和劳动行政管理》，中国劳动出版社1990年版。

谢怀栻、陈明侠：《劳动法简论》，中国财政经济出版社1985年版。

张志京主编：《劳动法学》，复旦大学出版社2008年版。

王全兴：《劳动法》，法律出版社2004年版。

史尚宽：《劳动法原论》，上海世界书局1934年版。

[德国] W. 杜茨：《劳动法》，张国文译，法律出版社2005年版。

中华全国总工会法律工作部编：《劳动争议及其处理程序概论》，中国国家广播出版社 1992 年版。

莫胜男：《劳动法与社会保障法关系研究》，硕士学位论文，华中师范大学，2006 年。

黄昆：《劳动法主体体系研究》，博士学位论文，湖南大学，2007 年。

刘焱白：《劳动关系稳定之法律调整研究》，博士学位论文，湖南大学，2007 年。

洪永红：《非洲劳动法与中国对非投资企业的发展》，载《第二届中非合作论坛——法律论坛论文集》，2010 年 9 月 15—19 日。

姜俊禄：《中非国际劳务合作中的问题及法律思考》，载《第二届中非合作论坛——法律论坛论文集》，2010 年 9 月 15 —19 日。

资讯：《胡锦涛同南非总统会谈 两国成全面战略伙伴关系》，载《中国外资》2010 年第 9 期。

夏新华、刘星：《南非混合法律特性》，载《时代法学》2010 年第 4 期。

对外关系：《南非共和国总统祖马访问我国》，载《新华月报》2010 年 9 月号。

对外关系：《中华人民共和国和南非共和国关于建立全面战略合伙伴关系的北京宣言》，载《新华月报》2010 年 9 月号。

综合短信：《南非期待与中国有更多的能源合作》，载《建材发展导向》2010 年第 4 期。

《南非 Implats 铂矿工人同意进行薪资调节谈判》，载《中国贵金属》2010 年第 8 期。

谢立：《阿波罗公司在南非投资 4000 万美元》，载《现代橡胶工程》2010 年第 4 期。

《南非总工会与印度矿业巨头合资开发煤铁锰》，载《中国金属通报》2010 年第 38 期。

《南非矿业新法或刺激铂金价格飙升》，载《黄金》2010 年第 9 期。

# 后　记

　　本书是笔者国家社科基金项目"南非劳动法研究：历史、制度及个案评析"研究成果，此次付梓出版，是对此项目研究的一个总结。南非是非洲经济最发达的国家之一，与我国都属于发展中国家，虽然中南两国之间在法律文化背景方面存在差异，但在现代经济发展过程中对法律发展的趋同性要求下，尤其是在"一带一路"倡议背景下，南非劳动法研究对我国与南非的经济贸易投资和劳动雇用合作具有重要应用价值。

　　开展本项目研究的初衷主要有：一是随着非洲各民族国家的独立和崛起，各国立法和司法改革活动的活跃，非洲各国为了解决各自所面临的发展问题，非洲也开始出现了一些富有特色的制定法，在经贸、投资、环境保护、旅游、教育等方面创建了一些法律制度对发展中国家具有借鉴价值；二是长期以来，我国法学界对非洲法的研究并不是非常重视，发表的成果也不多，非洲法研究在我国仍然是一个有待开发的领域，尤其是南非劳动法的专题研究，尚是一个空白；三是南非是我国对非贸易、交流与合作的战略伙伴国家，开展本项目的研究，不仅可以加快我国对南非投资和劳动雇用法律制度的深入了解，而且有助于增进中南交流与合作，进一步巩固中南关系。在实际研究中毋容置疑是一个艰辛的过程，项目研究用了近六年的时间，面对资料匮乏，英语水平要求高，没有留学背景，加之笔者身体抱恙。学术研究需要有知难而进、勇于探索的精神，明知是一条艰辛路，也得勇往直前。由于笔者学识水平有限，离初衷目标还有一定差距，书中也难免存在不足之处，恳请读者诸君不吝指教。

　　项目的顺利结项和成果的出版，首先要感谢我的老师、同仁和朋友对我的无私帮助和支持。笔者收集资料的时候，湘潭大学非洲法律与社会研究中心主任洪永红教授、中国社会科学院南非研究中心主任杨立华教授给予了热心的帮助；在写作过程中，我的硕士、博士生导师夏新华教授予以悉心的指导和点拨。此外，还有湘潭大学李交发教授、张全民教授，师兄贺鉴教授、张怀印副教授、李俊强副教授给予了鼓励和帮助。在此，对以上诸君的真诚相助表示诚挚的感谢！

其次，我要感谢家人给予我的理解和支持。感谢我的丈夫和女儿，我所取得的成绩和进步，都有他们默默的付出。他们对我无私的爱与奉献永远是我人生发展中不竭的动力与源泉。

最后，我还要感谢我所在单位贵州财经大学的领导、同事对于本人的教学、研究工作的大力支持；感谢中国社会科学出版社责任编辑、责任校对为本书的出版付出的辛勤劳动；感谢所有关心和帮助过我的人！

肖海英<br>2019 年 11 月 28 日